普通高等教育交通运输专业教材

交通运输法规

（第 4 版）

张永杰　陈海泳　主　编
　　　　刘建勋　副主编
　　　　翁　垒　主　审

人民交通出版社股份有限公司
北　京

内 容 提 要

本书是普通高等教育交通运输专业教材。全书共分四章,主要内容包括交通运输法规的基本理论和一般原理、交通运输管理法规和交通运输经营法律、法规。

本书可作为高等院校交通运输专业本科生教学用书,也可作为交通运输企业、有关科研单位及交通运输管理部门技术和管理人员的参考用书。

图书在版编目(CIP)数据

交通运输法规/张永杰,陈海泳主编.—4版.—北京:人民交通出版社股份有限公司,2021.5
ISBN 978-7-114-17132-1

Ⅰ.①交… Ⅱ.①张…②陈… Ⅲ.①交通运输管理—法规—中国—高等学校—教材 Ⅳ.①D922.14

中国版本图书馆 CIP 数据核字(2021)第 043188 号

书　　名:交通运输法规(第4版)
著 作 者:张永杰　陈海泳
责任编辑:钟　伟
责任校对:赵媛媛
责任印制:张　凯
出版发行:人民交通出版社股份有限公司
地　　址:(100011)北京市朝阳区安定门外外馆斜街3号
网　　址:http://www.ccpcl.com.cn
销售电话:(010)59757973
总 经 销:人民交通出版社股份有限公司发行部
经　　销:各地新华书店
印　　刷:北京市密东印刷有限公司
开　　本:787×1092　1/16
印　　张:14
字　　数:320千
版　　次:2004年2月　第1版
　　　　　2009年3月　第2版
　　　　　2015年11月　第3版
　　　　　2021年5月　第4版
印　　次:2023年12月　第4版　第3次印刷
书　　号:ISBN 978-7-114-17132-1
定　　价:39.00元

(有印刷、装订质量问题的图书由本公司负责调换)

PREFACE 第4版前言

交通运输法规是指国家立法机关为了加强交通运输管理而颁布的法律,以及国家行政机关依照宪法和法律的有关规定制定并颁布的行政法规和行政规章,是集行政法、民法典为一体的调整交通运输关系的法律规范的总称,并以交通运输行政管理和交通运输经营活动法制化为研究对象。

交通运输法规是行政法律规范的重要组成部分,是加强交通运输管理、维护交通运输秩序、保护行政相对人合法权益、推动交通运输业健康发展的基础。

本书第1版是根据教育部普通高等学校"十五"国家级教材规划编写,于2004年2月出版,随后2009年3月、2015年11月依次出版了本书第2版、第3版。本书第3版出版以来,在党中央、国务院全面推进依法治国、建设中国特色社会主义法治体系的指导下,交通运输行业持续推进"放管服"(简政放权、放管结合、优化服务)改革、开展优化营商环境工作,交通运输部相继出台和修订了一系列的行政规章,交通运输法规体系得到进一步完善。为了保持本书内容与现行交通运输法律规范一致,并适应交通运输行业发展的需要,在本书第3版的基础上修订形成第4版。

本书编者多年来从事交通运输管理和交通运输法规的教学和研究工作,在本书修订过程中试图从理论上对现行的交通运输法规做全面系统的分析和阐述,但由于编者的知识和水平所限,本书的内容可能有疏漏和不妥之处,敬请专家、学者和交通运输业内人士给予批评指正。

本书可作为本科交通运输专业教材,同时可供交通运输行业管理人员和交通运输企业经营的管理与技术人员阅读,也希望能够为交通运输法制研究提供一些有益的参考。

本书第一章、第三章由山东交通学院张永杰修订,第二章由山东交通学院陈海泳修订,第四章由重庆交通大学刘建勋修订。全书由张永杰统稿,并由交通运输部安全与质量监督管理司原副司长翁垒主审。本书编写过程中参考了大量现行的交通运输法律规范以及一些专家学者的专著和研究成果,在此表示衷心的感谢。

编　者

2021年1月

CONTENTS 目　　录

第一章　绪论 ·· 1
　第一节　交通运输法规的发展演变 ··· 1
　第二节　交通运输法规的基本概念 ··· 2
　第三节　交通运输法规的渊源 ··· 4
　第四节　交通运输法规的作用 ··· 5
　复习思考题 ·· 6
第二章　交通运输法规的一般原理 ·· 7
　第一节　概述 ··· 7
　第二节　交通运输行政主体与行政相对人 ······································· 11
　第三节　交通运输行政管理行为 ·· 13
　第四节　交通运输行政许可 ·· 23
　第五节　交通运输行政处罚 ·· 30
　第六节　交通运输行政强制 ·· 41
　第七节　交通运输行政复议 ·· 49
　第八节　交通运输行政诉讼 ·· 57
　第九节　交通运输行政赔偿 ·· 72
　复习思考题 ·· 76
第三章　交通运输管理法规 ·· 77
　第一节　概述 ··· 77
　第二节　中华人民共和国道路运输条例 ··· 81
　第三节　道路运输从业人员管理规定 ·· 89
　第四节　道路旅客运输及客运站管理规定 ······································ 97
　第五节　道路货物运输及站场管理规定 ······································· 111
　第六节　道路危险货物运输管理规定 ·· 118
　第七节　危险货物道路运输安全管理办法 ···································· 127
　第八节　超限运输车辆行驶公路管理规定 ···································· 135
　第九节　道路运输车辆技术管理规定 ·· 143
　第十节　城市公共汽车和电车客运管理规定 ································· 147
　第十一节　出租汽车驾驶员从业资格管理规定 ······························ 155
　第十二节　巡游出租汽车经营服务管理规定 ································· 160
　第十三节　网络预约出租汽车经营服务管理暂行办法 ····················· 168

第十四节　机动车驾驶员培训管理规定 …………………………………… 174
　　第十五节　机动车维修管理规定 ……………………………………………… 182
　　第十六节　国际道路运输管理规定 …………………………………………… 190
　　复习思考题 ………………………………………………………………………… 196
第四章　交通运输经营法律、法规 …………………………………………………… 197
　　第一节　交通运输经营法律、法规概述 ……………………………………… 197
　　第二节　道路旅客运输合同 …………………………………………………… 198
　　第三节　道路货物运输合同 …………………………………………………… 202
　　第四节　多式联运合同 ………………………………………………………… 212
　　第五节　道路货物保价运输 …………………………………………………… 214
　　复习思考题 ………………………………………………………………………… 215
参考文献 …………………………………………………………………………………… 216

第一章 绪 论

第一节 交通运输法规的发展演变

我国交通运输法规的历史源远流长。

早在西周、春秋战国时期,我国就设有驿、置、邮、传等官办驿传管理机构,并建立了相应的管理制度,设置道路守卫和驿传管理人员(承驿吏)。为了适应诸侯国之间政治和军事的需要,在大道上设置驿站,备有良马固车,专门传递官府文书、接待往来官吏。

到了秦朝,除了对驿站委派管理官吏外,还制定了有关邮驿的规章、法令,例如对使用的车辆建立了"车同轨"的制度。秦朝时期会对违反相关法令、破坏道路设施的人采取非常严厉的制裁措施,据《法经》记载,当时就有"弃灰于道、断其臂"的法律条文,用现在的话来说,就是在道路上倾倒垃圾、设置障碍、影响交通运输的人,要受到砍下胳膊的法律惩罚。

以后,历代封建统治者都对交通运输管理制定了相应的法律规范,有的甚至更为翔实,便于操作。

20世纪初期,随着汽车的引进,北洋政府内政部于1926年11月发布了《修治道路条例》,开始修建供汽车行驶的公路。国民政府内务部于1936年制定了《路上交通管理规则》等法规,例如征收公路养路费制度起始于北洋政府的"车捐",1939年国民政府改称"养路费",新中国成立后公路养路费制度一直延续到2008年底,直到2009年实行税费改革而取消。

1937年,日本侵略者在华北发动七七事变(又称"卢沟桥事变"),沿海多省相继失守,国民政府被迫迁都重庆。铁路、水路和道路交通中断,交通运输的重点转移到大后方,公路运输成为主要运输方式。为了适应战时运输的需要,国民政府于1939年组建了汽车牌照管理所,并制定了满足战时运输需要的相关法规。

新中国成立初期,国家处于百废待兴、百业待举阶段。各级政府对交通运输工作十分重视,及时制定了相关法规。1950年2月,中央人民政府政务院颁布了《关于航务、公路工作的决定》,规定了交通运输管理工作的分工,成为保证交通运输秩序的重要法规依据。交通部于1952年4月颁布的《汽车运输企业暂行技术标准与定额》作为交通运输的一项重要规范性文件,为建立全国统一的交通运输管理制度奠定了基础。1954年3月,交通部颁布了《公路汽车货物运输规则》《公路旅客运输规则》这两项行政规章,为规范道路客货运输提供了依据。

党的十一届三中全会以来,随着国民经济的快速发展,交通运输在国民经济中的作用越来越大,特别是1984年2月国务院颁布《关于农民个人或联户购置机动车船和拖拉机经营运输业的若干规定》(国发〔1984〕27号)以后,交通运输市场多种经济成分并存。为了规范交通运输经营秩序,加强交通运输法治建设,国务院、交通部相继出台了一系列的行政法规、规章,交通运输管理逐步走向法治化的轨道。

第二节　交通运输法规的基本概念

交通运输法规是指国家立法机关为了加强交通运输管理而颁布的法律,以及国家行政机关依照宪法和法律的有关规定制定和颁布的行政法规、规章,是集行政法、民法典为一体的调整交通运输关系的法律规范的总称。

交通运输法规是调整交通运输行政权力的创设、行使以及监督过程中发生的各种社会关系的法律规范。

制定交通运输法规的目的是维护国家利益,规范交通运输秩序,保护公民、法人和其他组织的合法权益。

一、性质

交通运输法规在法学分类上归属于行政法的范畴,包括一系列交通运输管理、经营方面的法律、行政法规、地方性法规、国务院部门规章和地方政府规章等法律规范,以及大量的技术性规范。

所谓法律规范,是指由国家制定或认可,体现统治阶级的意志,并以国家强制力保证实施的行为准则。

所谓技术性规范,是指属于人们合理利用自然、生产工具、交通工具和劳动对象的行为准则,只调整人与自然之间的关系,并不具有阶级性,但违反了这些行为准则,会造成生命、财产巨大损失和严重危害,因而被直接规定在有关法律文件中,使之成为具有法律规范性质的技术文件。

一些没有规定在法律文件中的技术规范(例如操作规程、技术规程等),一般也被确定为有关人员必须履行的法定义务。

交通运输法规是为了适应交通运输业发展产生的,且随着交通运输业的发展而发生相应的改变。适应交通运输市场要求的法规能够促进交通运输的发展,反之,就会阻碍交通运输的发展。

二、特征

(一) 管理性

交通运输法规的主要功能是对交通运输相关公共事务进行管理,即对交通运输工具以及与交通运输相关的公民、法人和其他组织进行管理,对违反交通运输法律规范的公民、法人和其他组织进行行政处罚。

(二) 强制性

交通运输法规是国家意志的体现,是由国家强制力保证实施的。如果不能有效地实施交通运输法规,交通运输法规公布之后依然属于一纸空文,得不到贯彻执行;如果不对违反交通运输法规的人加以处罚,交通运输法规就形同虚设,没有任何约束力。因此,必须通过实施国家强制力保证交通运输法规的贯彻实施。

(三) 普遍性

交通运输法规是由国家意志单方面规定了行政相对人的权利和义务,任何行政相对人都必须严格履行义务,且不得以任何借口违反。也就是说,交通运输法规具有普遍约束力,违反交通运输法规要受到制裁和处罚。

(四)分散性

交通运输法规是一个总的名称,它分散在各个有关交通运输的法律规范之中,并由法律、行政法规、地方性法规、国务院部门规章和地方政府规章组成。

(五)交织性

交通运输法规是集实体与程序于一体的部门性行政法律规范。在一个法律规范文件中,即规定了交通运输管理权力的取得、行使以及对行政相对人产生的后果等内容,又同时规定了行使行政权力的程序。这不仅是科学效率的要求,而且也是由交通运输行政管理活动本身的特点决定的。

(六)变动性

由于社会关系、经济关系经常处于变动之中,交通运输管理权力以及因交通运输管理权力形成的交通运输行政管理关系也必须随之变动。因此,作为交通运输的法律规范具有较强的变动性,需要经常地"废、改、立"。

三、调整对象

交通运输法规的调整对象,主要包括:

(1)交通运输行政管理权力行使运用过程中交通运输行政管理机关(行政主体)与相对一方的公民、法人或其他组织(行政相对人)之间发生的社会关系,这类关系最为常见,也是最需要法律规范调整的关系。由于交通运输行政管理权力与行政相对人权利之间并不是平等关系,因而如何保障合法、正确地行使交通运输行政管理权力,同时又不侵害行政相对人的合法权利,是一项非常重要的内容。交通运输法规调整这类关系的方式通常是规定双方权力(或权利)的原则,规定各自享有的权力(或权利)和承担的义务以及违反规定所要承担的责任等内容。

(2)交通运输行政管理权力实施监督过程中发生的社会关系。这类关系主要是指国家或地方权力机关与交通运输管理机关之间发生的监督关系;人民法院与交通运输管理机关之间发生的监督关系;人民检察院与交通运输管理机关及其工作人员之间发生的监督关系;社会团体、公民个人、舆论媒体与交通运输管理机关之间的监督关系。

需要指出的是,交通运输管理机关参与的所有社会关系并不是都要受到交通运输法规的调整,交通运输法规只调整那些以交通运输行政管理权力形式出现时所产生的社会关系。

此外,法律授权的交通运输行政管理机构行使行政权力时产生的社会关系也受到交通运输法规的调整。交通运输行政管理机关委托的组织行使交通运输管理权力时形成的社会关系同样受到交通运输法规的调整。

第三节 交通运输法规的渊源

交通运输法规属于行政法规范畴。所谓交通运输法规的法律渊源是指交通运输法规的外部表现形式和根本来源。只有了解掌握交通运输法规的法律渊源,才能正确理解交通运输法规的本质属性和适用范围。我国交通运输法规的法律渊源有以下几种形式。

一、宪法

宪法是国家的根本大法,具有最高法律效力,是国家一切立法的依据。宪法规定了包括交通运输管理在内的行政权力的来源和行使权力的基本形式,行政组织的权限,公民权利与行政权力的关系以及处理原则。

二、法律

法律是指全国人民代表大会及其常委会制定的基本法律和法律。法律中涉及行政权力的取得、行使以及对其加以监督和进行补救的规范,均为与交通运输管理相关的法律规范。例如《中华人民共和国行政处罚法》(以下简称《行政处罚法》)、《中华人民共和国行政强制法》(以下简称《行政强制法》)、《中华人民共和国行政复议法》(以下简称《行政复议法》)、《中华人民共和国行政诉讼法》(以下简称《行政诉讼法》)和《中华人民共和国国家赔偿法》(以下简称《国家赔偿法》)等法律不仅规定了包括交通运输管理在内的行政权力的范围、行使界限、程序,而且规定了对行政权力的监督、对受害的行政相对人补救等内容。这些都是交通运输法规最重要的法律渊源。法律作为交通运输法规的渊源,具有较高的等级,是其他渊源的依据,行政法规、规章等都具有执行性和从属性,是法律的具体化,且不得与法律相抵触。

三、行政法规

行政法规是指国务院根据宪法和法律,按照规定的程序制定并以国务院令形式颁布的各类规范性文件的总称。由于法律对包括交通运输管理在内的有关行政权力规定的比较原则、抽象,不具有很强的操作性,因此还需要由行政机关进一步具体化。行政法规就是法律具体化的一种形式,行政法规的效力仅次于法律,高于地方性法规和规章。行政法规作为法律渊源,必须具备以下两个条件:

(1)行政法规从属于宪法和法律,且不得与宪法和法律相抵触。
(2)行政法规必须是按照法定程序与方式制定和颁布的。

四、地方性法规

地方性法规是指省、自治区、直辖市以及较大市的地方人民代表大会及其常委会根据本地需要,在不与宪法、法律和行政法规相抵触的前提下制定颁布并适用于本行政区域内的规范性文件。

五、民族自治条例和单行条例

民族自治条例和单行条例是民族自治地方的人民代表大会依照宪法、民族区域自治法和其他法律规定的权限,结合当地特点制定的规范性文件。

六、行政规章

行政规章分为国务院部门规章和地方政府规章。国务院部门规章是指国务院组成部门根据法律和国务院的行政法规、决定、命令,在本部门权限内,按照规定程序制定的规定、办法、实施细则等规范性文件的总称。地方政府规章是指省、自治区、直辖市以及较大市的人民政府根据法律和行政法规、地方性法规所制定的适用于本行政区域的规定、办法、实施细则、规则等规范性文件的总称。行政规章是交通运输行政管理活动的重要依据,其数量之多、适用范围之广、使用频率之高是其他形式的法律渊源无法相比的。

七、国际条约

我国参加并批准的国际条约,如果内容涉及交通运输行政权力的行使,涉及公民、法人和其他组织的权利和义务,则这些条约同样是交通运输管理法规的法律渊源。例如,根据2000年8月25日《全国人民代表大会常务委员会关于我国加入世界贸易组织的决定》和2001年11月1日中华人民共和国主席的批准书,《中华人民共和国加入决定书》中有关交通运输方面的协议与其他法律规范一样,对交通运输行政主体以及行政相对人同样具有法律效力。

八、法律解释

有权对法律、法规、规章作出解释的机关所作的解释,如涉及交通运输行政管理权力以及行政相对人的权利和义务,同样也是交通运输法规的渊源。

第四节 交通运输法规的作用

一、维护交通运输秩序

交通运输法规是规范交通运输行政管理权力的法律规范。它通过规范交通运输行政权力来源、行使方式,达到维护交通运输秩序、保障社会公共利益的目的。在社会主义市场经济条件下,交通运输行政主体解决管理中的各种问题的手段就是交通运输行政法律规范。各级交通运输行政主体依照各自的职权通过行政立法、行政执法和行政裁判等手段,能够有效地规范、约束行政相对人的行为,促使其履行法定义务,制止行政相对人危害他人利益和公共利益的违法行为。交通运输行政主体通过建立和维护交通运输秩序,确保充分、有效地实施行政管理。

二、监督行政主体、防止违法滥用行政职权

法律赋予交通运输行政主体行政权力,用于维护交通运输秩序和社会公共利益。然而,由于行政权力客观上存在着对个人权利的侵犯性,故必须对行政权力加以监督和制约。在各类监督方式中,最为有效的监督就是法制监督。通过法规规定交通运输行政管理权力的范围、行使方式及法律责任等,可以有效地防止行政主体违法滥用行政权力。诸如行政复

议、行政诉讼、国家赔偿等法律制度对于防止和纠正行政主体超越职权、失职渎职、滥用职权、不当行政等具有十分重要的作用。

三、保护公民、法人和其他组织的合法权利

由于行政管理权力具有强制性、自我扩张性等特点,交通运输行政主体在行使行政管理权力的过程中,容易侵犯公民、法人和其他组织的合法权利,给行政相对人造成损失。为了保障行政相对人的合法权利不受侵犯,并及时为受到侵害的行政相对人提供补救,必须建立一系列的法律制度来保护行政相对人的合法权利。例如,交通运输行政复议制度就为受到侵害的行政相对人提供了交通运输行政主体内部监督的机会;行政诉讼制度为行政相对人提供了司法救济的手段,人民法院对违法行为有权作出裁判;交通行政处罚制度则通过规定行政处罚权的设定、行政处罚实施程序等方式,为受处罚的行政相对人提供申辩、听证等多项程序;国家赔偿制度为受到国家行政机关违法行为损害的行政相对人提供了获取赔偿的途径。这一系列的法律制度都是用来保护行政相对人权利的。由此可见,交通运输法规不仅能够起到维护公共利益和交通运输秩序、监督行政权力的作用,而且还能够为在交通运输行政管理中处于弱者的行政相对人提供有效的权利保障手段。

复习思考题

1. 什么是交通运输法规?交通运输法规的特征是什么?如何理解交通运输法规的特征?
2. 交通运输法规的调整对象是什么?
3. 交通运输法规的渊源有哪几种形式?
4. 交通运输法规的作用有哪些?
5. 什么是技术规范?如何理解交通运输法规中包含大量的技术性规范?

第二章 交通运输法规的一般原理

第一节 概 述

随着社会主义市场经济体制的完善,交通运输行政管理越来越社会化,管理的领域日趋广泛。调整交通运输行政管理法律关系的法律规范,成为国家行政管理的依据和国家行政法的组成部分。因此,有关行政法的一般原理也普遍适用于交通运输法规。

一、基本原则

(一)概述

交通运输法规的基本原则是贯穿交通运输法规之中,指导交通运输行政管理权力的获得、行使以及对其监督的基本准则。

交通运输行政主体行使行政权力并与行政相对人发生关系时,都必须遵守这一基本原则。交通运输法规的基本原则贯穿所有交通运输行政管理活动之中,调整交通运输行政管理权力行使的各个领域,指导行政行为的各个方面。特别是在交通运输行政管理权力的获得、行使和监督缺乏法律规范依据时,这一基本原则可以为交通运输行政主体提供适当的行为准则,是判断行政权力行使是否合法合理的依据。

(二)交通运输法规基本原则的作用

交通运输法规基本原则的作用主要表现在以下4个方面:

(1)是制定有关交通运输法律规范的基本依据。

(2)能够促进和保证交通运输法律体系的和谐与统一。

(3)在交通运输行政执法过程中具有重要的指导意义,有时还成为交通运输行政执法适用的直接依据。

(4)有助于人们形成正确的法律意识。

(三)交通运输法规的基本原则

1. 合法性原则

合法性原则是指交通运输管理机关作为行政主体必须严格遵守行政法律规范,特别是交通运输行政管理权力的来源、存在与行使必须符合法律规范,而不得与法律相抵触。合法性原则包括符合实体法与符合程序法两个方面,违反实体法和违反程序法均构成对合法性原则的破坏。

合法性原则的具体内容包括:

(1)交通运输行政管理权力的来源与设定合法。交通运输行政管理的一切权力来源于法律规范的授权,凡是法律规范没有授权的领域,交通运输行政主体无权实施行政管理。

(2)交通运输行政管理权力的运用与行使合法。行使交通运输管理权力的主体必须是依法成立的行政组织,管理权力必须在法律规范规定的范围内行使,而不得与法律规范相抵触;交通运输行政管理权力必须以法律规范为依据,不得损害行政相对人的权利或让其承担义务,也不能擅自免去特定行政相对人的法定义务或为特定相对人设定权利。

(3)交通运输行政管理权力的委托合法。通常情况下,交通运输行政管理权力应当由法律法规明确规定的主体——交通运输行政主管机关行使,当交通运输行政主管机关需要将其职权的部分或全部委托给其他组织行使时,必须符合法律法规规定的条件。

(4)交通运输行政主管主体不享有法外特权,一切行政违法行为都必须承担相应的法律责任。

2. 合理性原则

合理性原则又称为行政适当原则,是指交通运输行政管理自由裁量权的行使不仅应当合法,而且应当合理、客观、公正。

自由裁量权是指交通运输行政主体在法律规范明示或默示的范围内,基于行政目的自由斟酌选择适当行为方式的权力。从形式上看,交通运输行政主体基于法定范围内行使自由裁量权而产生的自由裁量行为都是合法行为,即使在客观上背离了社会公共利益、造成了不良后果也只属于不当行为,不产生违法问题;但同时也应该注意到,严重不当的行政行为也会对行政相对人的合法权利造成损害,因此,行使自由裁量权也必须受到法律规范的约束。行使自由裁量权不仅应当合法,更应当合理、客观、公正,这是行政法治原则的基本要求。

行使自由裁量权的合理性原则的具体内容包括:

(1)动机必须正当。

(2)必须符合法定授权的自由裁量目的。

(3)必须基于正确的考虑,应考虑相关的因素,而不能考虑无关的因素。

(4)做出的行政行为必须客观公正、合情合理。

3. 程序公正原则

程序公正原则是行使交通运输行政管理权力的程序性要求,具体包括以下内容:

(1)交通运输行政主体做出影响行政相对人利益的行政行为时,应当听取行政相对人的意见,行政相对人有为自己辩护的权利。

(2)交通运输行政主体做出行政行为时应坚持公开原则,接受行政相对人及社会公众的监督。

(3)交通运输行政主体对交通运输行政行为的争议须接受司法上的审查。

4. 制约原则

制约原则是合法性原则、合理性原则及程序公正原则的保障,具体包括以下内容:

(1)以权力制约权力,即运用国家权力对交通运输行政管理权力实施制约,包括立法制约、行政制约和司法制约3个方面。立法监督一般是指立法机关的监督;行政监督包括上级行政机关以及监察与审计机关的监督;司法监督包括检察机关和审判机关的监督。

(2)以权利制约权力,即调动、运用行政相对人的权利对交通运输行政管理权力实施制约。例如以行政相对人的行政诉讼权制约交通运输行政管理中的违法行为等。

(3)以责任制约权力,即以严厉的法律责任约束交通运输行政管理权力的行使,以防止权力过大、责任过小或有权无责的情况发生。例如建立行政复议、行政诉讼和行政赔偿等实现责任制约。

二、交通运输行政法律关系

(一)概述

交通运输行政主体在履行交通运输行政管理职能时,必然产生大量的社会关系,这种社会关系称为行政关系。行政关系一经法律规范调整,便在当事人之间形成法律上的权利和义务关系。因此,交通运输行政法律关系是指交通运输行政主体在行使行政职权或接受法律监督过程中形成的以行政法律规范所调整的权力和义务关系。

交通运输行政法律关系具有以下特征。

(1)从法律关系的主体来看,行政法律关系的双方当事人中,作为行政主体的交通运输行政管理机关或者法律法规授权的组织作为行政主体必须是行政法律关系的一方当事人,否则不构成行政法律关系。

(2)从法律关系的产生来看,行政法律关系产生的前提条件是行使国家行政管理权力,与行使国家行政管理权力无关的法律关系不是行政法律关系。

(3)从法律关系的内容构成来看,行政法律关系双方的权力(权利)和义务具有不对等性,这一点是行政法律关系的典型特征。

(4)从法律关系的权力和义务内容实现情况来看,行使交通运输行政管理权力涉及公共利益,因此,交通运输管理主体行使行政权力具有不可处分性,即不得放弃职权,不得擅离职守,不得擅自处分交通运输行政管理权力。

(5)从双方当事人在法律关系中所处的地位来看,交通运输行政主体始终处于主导地位,具有很大的优越性。具体体现在:行政法律关系的产生、变更或消灭,大多数取决于行政主体单方面的意思表示而无须与行政相对人协商一致;为保证实现行政法律关系内容,行政主体拥有强制的权力和手段;在发生行政纠纷的情况下,行政主体有处理行政争议的权力。

(二)交通运输行政法律关系的构成

1. 交通运输行政法律关系的主体

交通运输行政法律关系的主体是指在具体的交通运输行政法律关系中享受权力或承担义务的当事人,包括作为行政主体的交通运输行政管理机关和行政相对人双方。不同的法律关系主体,在交通运输行政法律关系中的地位是不同的。

交通运输行政法律关系的主体是行政法律关系的首要构成要素,没有行政法律关系主体,行政法律关系就不能启动,也不能成立。

2. 交通运输行政法律关系的客体

交通运输行政法律关系的客体是指行政法律关系中权力和义务所指向的对象。行政法律关系的客体包括人身(人的身体和身份)、行为(作为和不作为)和财产(具有价值或使用价值的物质资料和精神财富)。

交通运输行政法律关系的客体是行政法律关系内容的最终表现形式,没有客体,法律关系的内容便无从体现。

3. 交通运输行政法律关系的内容

交通运输行政法律关系的内容是指交通运输法律规范所设定权力和义务。在行政主体方面,表现为交通运输行政管理机关可以行使的行政职权以及必须履行的行政职责;在行政相对人方面,表现为行政相对人依据交通运输管理法律规范所享受的权利以及应当履行的义务。

(1)交通运输行政管理机关作为行政主体,在行政法律关系中有以下权力:

①在职权范围内,对交通运输行政事务进行组织和管理。

②依法对不服从行政管理和违反交通运输法规的行政相对人采取行政强制措施、予以行政处罚。

(2)交通运输行政管理机关作为行政主体,在行政法律关系中承担以下义务:

①依法实施交通运输行政管理。

②保护行政相对人合法权利。

③纠正违法或不当交通运输管理行政行为。

④对受到行政侵害的行政相对人给予赔偿和补偿。

(3)行政相对人在行政法律关系中有以下权利:

①实体权利。实体权利是指行政相对人依据交通运输法规实体性的规定所享受的权利,包括取得交通运输经营中各类许可证、资格证的权利,取得国家保护合法经营的权利,拒绝摊派、拒绝非法处罚的权利,合法权利受到侵犯时获得国家赔偿和补偿的权利等。

②程序权利。程序权利是指行政相对人依据交通运输法规程序规定所享受的行政权利,包括听证权、控告权、申诉权、申请行政复议权、提起行政诉讼权等。

(4)行政相对人在行政法律关系中承担以下义务:

①遵守交通运输法律规范。

②接受交通运输行政主体的管理、监督、指导、委托。

③承担因违反交通运输法律规范被行政处罚和行政强制执行。

(三)交通运输行政法律关系的产生、变更和消灭

交通运输行政管理法律规范的存在是法律关系产生、变更和消灭的前提条件,一定法律事实的出现则是法律关系产生、变更和消灭的直接原因。这里所谓法律事实是指能够引起法律关系产生、变更和消灭的客观事实。这种客观事实按照与人的意志关系又可以分为两大类:一是不以人的意志为转移的,能够引起法律关系产生、变更和消灭的法律事件;二是能够引起法律关系产生、变更和消灭的法律行为。

1. 行政法律关系的产生

行政法律关系的产生是指因为一定法律事实的出现,在行政主体与行政相对人之间形成相应的在行政法律关系中的法律上的权力和义务关系。

2. 行政法律关系的变更

行政法律关系的变更是指行政法律关系产生之后、消灭之前,由于一定的法律事实出现,原有法律关系的主体、内容或客体发生了变化。

3. 行政法律关系的消灭

行政法律关系的消灭是指行政法律关系主体之间权力和义务关系的终止。终止可能是由于法律关系双方权力和义务的充分行使和履行造成的,也可能是由于某种法律事实的出现使法律关系双方权力和义务无法行使和履行造成的。

第二节 交通运输行政主体与行政相对人

一、交通运输行政主体

(一)含义

行政主体又称为行政管理主体,是指代表国家实施行政管理权力,能以自己的名义行使国家行政职权并能独立承担因此产生的相应法律责任的组织,包括国家行政机关或得到法律法规授权的其他组织。需要说明的是,行政主体不等同于行政法律关系主体,行政主体必然是行政法律关系主体,但行政法律关系主体还包含行政相对人。

交通运输行政管理机关作为行政主体依法享有国家交通运输行政管理的权力,并具有以下特征:

(1)是一种组织,而不是个人。
(2)可以依法行使行政职权。
(3)能够有以自己的名义行使交通运输行政管理职权的组织。
(4)能够独立承担行政行为的法律效果,并能够对自己的行为负法律责任。

(二)交通运输行政主体享有的权力

交通运输行政主体享有的权力是法律法规授予的行政管理职权,可以归纳为以下7个方面。

1. 交通运输规范性文件的制定权

根据法律法规授权,有权制定行政规章等规范性文件,规定从事交通运输的行政相对人必须遵守的行为准则。

2. 行政处理权

有权依法为行政相对人设立、变更和取消具体的权利和义务。

3. 行政命令权

有权依法要求特定的行政相对人或不特定的行政相对人从事一定的行为或不能从事一定的行为,行政相对人必须服从。

4. 行政处罚权

有权依法对违反交通运输法规的行政相对人实施一定的制裁。

5. 行政强制执行权

对拒绝履行义务的行政相对人,有权依法采取强制措施,促使其履行义务。

6. 行政裁决权

有权处理、解决因执行有关交通运输法律规范而发生的各种纠纷,如进行行政复议和行政仲裁等。

7. 行政监督权

有权采取措施监督交通运输法律规范的实施,监督行政相对人履行交通运输法律规范规定的义务。

(三)交通运输行政主体承担的义务

交通运输行政主体在法律关系中的义务,主要包括以下4个方面。

1. 执行法律、依法行政

交通运输行政主体的基本职能,就是执行国家交通运输法律规范,在实施各项管理活动的过程中必须依据相应的法律规范。

2. 保护行政相对人合法权利

交通运输行政主体应在自己的职权范围内,保护行政相对人的合法权利,维护交通运输秩序。同时,对行政相对人的请求,有依法受理、确认、许可和进行其他积极行政行为的义务。

3. 赔偿、补偿

当行政相对人的合法权利受到交通运输行政主体的非法侵害时,行政主体负有行政赔偿的义务。当行政主体因执行法律或因公共利益的需要损害了行政相对人的经济利益时,行政主体负有依法予以相应补偿的义务。

4. 依法接受监督

交通运输行政主体应自觉接受各方面的监督,减少和纠正因违反交通运输法律规范导致的工作失误。

二、交通运输行政相对人

(一)含义

交通运输行政相对人(以下简称行政相对人)是指在交通运输行政法律关系中与行政主体相对应的另一方当事人,即处于被管理地位的、其权利受到交通运输行政主体的行政行为影响的公民、法人和其他组织。

(二)行政相对人的特征

1. 行政相对人具有相对性

公民、法人和其他组织只有在交通运输行政管理法律关系中,才具有行政相对人的地位。

2. 行政相对人在行政救济中具有主动性

行政相对人认为自己的合法权利受到交通运输行政主体侵害时,可以按照法律规定向行政复议机构提出复议申请,或向人民法院提起行政诉讼。

3. 行政相对人具有广泛性和法定性

交通运输行政管理的广泛性决定了行政相对人的广泛性,任何公民、法人和其他组织在一定条件下都可以成为行政相对人,作为行政相对人享受的权利、承担的义务具有法定性。

(三)行政相对人的权利

行政相对人在交通运输行政法律关系中享有的权利主要包括以下7个方面。

1. 参与权

行政相对人有参与交通运输行政管理及相应行政管理活动的权利。

2. 知情权

行政相对人有了解交通运输行政管理信息权利。

3. 申请权

行政相对人有依法提出申请行政许可、申请奖励等权利。

4. 受益权

行政相对人有依法从交通运输行政主体处获得某种应该得到的利益的权利。

5. 保护权

行政相对人有权依法要求交通运输行政主体在职责范围内保护自己的合法权利。

6. 监督权

行政相对人有权依法对交通运输行政主体的违法失职行为进行批评、控告和揭发。

7. 救济权

行政相对人认为交通运输行政主体的具体行政行为侵犯了自己的合法权利时,有权依法申请行政复议、提起行政诉讼、申请行政赔偿和补偿。

(四)行政相对人的义务

行政相对人在交通运输行政法律关系中享有一定权利的同时,必须承担相应的义务,主要包括以下3个方面。

1. 遵守交通运输法律规范

行政相对人必须自觉遵守交通运输法律规范的规定,才能维持正常的交通运输秩序。

2. 接受和服从管理

行政相对人对交通运输行政主体的管理行为必须服从,即使认为该行政行为不合法或者不合理,在经过法定程序变更或撤销之前,行政相对人也不得拒绝执行。此外,接受管理还包括接受行政主体的行政处罚等。

3. 协助管理

行政相对人对交通运输行政主体依法实施的行政行为有义务支持并加以配合。

第三节　交通运输行政管理行为

一、概述

(一)概念

交通运输行政管理行为(以下简称行政行为),是指行政主体为实现交通运输行政管理的目的,在行使行政职权和履行行政职责过程中所实施的一切具有法律意义、产生法律效果的行为。

(二) 特征

行政行为是行政主体实施交通运输管理的手段与方式。为了保证行政主体有效运用行政行为达到行政管理的目的,同时防范行政主体侵犯行政相对人的合法权益,交通运输法规对行政行为进行了科学、详细的规范。行政行为的法律规范同样是交通运输法规的重要组成部分。

行政行为与其他行为相比,具有以下特征。

1. 行政行为是交通运输行政主体所实施的行为

这是行政行为的主体特征。行政行为是实施交通运输行政管理的活动,只有交通运输行政主体才能实施行政行为。这一特征是区别行政行为与其他各种行为的依据。

2. 行政行为是交通运输行政主体行使职权或履行职责的行为

这是行政行为的法律属性特征。国家以法律规范的形式赋予了交通运输行政主体特定的职权和职责,这是一种国家行政管理的权力,行政行为是实现这种特定权力的方式。

3. 行政行为是能够产生法律效果的行为

这是行政行为的法律后果特性。行政行为是一种行使职权或履行职责的行为,交通运输行政主体通过行政行为的设定而产生、变更、消灭了相应的法律关系,使交通运输行政主体与行政相对人之间形成了一定的权力与义务关系。

4. 行政行为具有多种行为方式

这是行政行为的类型多样化特征。国家在交通运输行政管理方面的范围非常广泛,事物多变,这就要求以多样化的方式予以处理解决。因此,行政行为包括制定交通运输法规和规章的行政立法行为,行政许可、行政处罚和行政强制等行政执法行为,行政复议等行政救济行为。

(三) 行政行为的分类

行政行为按照不同的标准可以分为多种,通过分类可以全面地了解行政行为的特点及具体运用场合。常见的分类如下。

1. 抽象行政行为与具体行政行为

抽象行政行为与具体行政行为是对行政行为的一种最基本的分类。

2. 内部行政行为和外部行政行为

以行政行为所针对的问题是属于行政主体的内部事务还是社会管理事务为标准,行政行为分为内部行政行为和外部行政行为。

内部行政行为是指行政主体对本其内部行政事务管理所实施的行为。根据《行政诉讼法》规定,因内部行政行为而引起的纠纷,不能通过提起行政诉讼的形式解决。

外部行政行为是指行政主体对社会上的交通运输管理事务所实施的行政行为,是对行政相对人产生法律效果的行为。外部行政行为有抽象行政行为,例如《中华人民共和国道路运输条例》(以下简称《道路运输条例》)等行政法规的具体规定就属于抽象行政行为;大量的行政行为则是具体行政行为,例如对违反交通运输法规的行政相对人实施的行政处罚等行为。

3. 依职权的行政行为、依授权的行政行为和依委托的行政行为

以实施行政行为的权力来源为标准,可以将行政行为分为依职权的行政行为、依授权的

行政行为和依委托的行政行为三类。

依职权的行政行为是作为行政主体的交通运输行政管理机关直接按照自己的法定职权所实施的行政行为。在由此而引起纠纷的行政诉讼案件中,实施行政行为的行政机关为被告。

依授权的行政行为是作为行政主体的其他非行政机关的组织,按照法律法规的授权所实施的行政行为。依授权的行政行为而引起纠纷的行政诉讼案件,实施行政行为的组织为被告。

依委托的行政行为是指某些非行政机关的组织经交通运输行政管理机关委托后,在委托的权限内代行政机关所实施的行政行为。依委托的组织实施的行政行为引起纠纷导致的行政诉讼案件,原委托的行政机关为被告。

4. 单方行政行为与双方行政行为

以行政行为是否以交通运输行政主体单方意志就可以形成并产生法律效力为标准,可以将行政行为分为单方行政行为与双方行政行为。

单方行政行为是以行政主体单方意志作出并产生法律效力的行为,无须征得行政相对人一方同意,例如交通运输行政处罚等行为。

双方行政行为是以行政主体与行政相对人的共同意志作出,需双方合意才能产生法律效力的行为。

5. 羁束行政行为与自由裁量行政行为

以行政行为受拘束的程度为标准,可以将行政行为分为羁束行政行为与自由裁量行政行为。

羁束行政行为是指严格受法律规范的具体规定约束,行政主体没有一点自己选择余地的行为,例如税务部门必须严格按照税法规定的税率向道路货物运输的经营者征收车辆购置附加税、车船使用税、增值税和所得税,不能有任何的变动。

自由裁量行政行为是指法律规范只规定原则或一定的范围,行政主体根据原则或在法定的范围内,根据具体需要和实际情况,可以自主作出的行为。例如,交通运输行政管理部门根据《道路运输条例》对客运经营者、货运经营者、道路运输相关业务经营者非法转让、出租道路运输许可证件的,除责令停止违法行为、收缴有关证件、没收违法所得外,可在规定的2000元以上10000元以下的范围内,根据违法的事实和情节轻重自由选择罚款的具体数额。

由此可见,羁束行政行为和自由裁量行政行为分别运用于不同事务,羁束行政行为通常针对严格控制、稳定性较强的事务,自由裁量行政行为通常针对情况比较复杂、多变、需要灵活处理的事务。

6. 要式行政行为与非要式行政行为

以行政行为产生法律效力是否需要特定形式为标准,可以将行政行为分为要式行政行为与非要式行政行为。

要式行政行为是指必须具备法定形式才能产生法律效果的行政行为,例如颁布交通运输行政规章必须以交通运输部令这种特定形式,实施交通运输行政处罚需要有行政处罚决定书这种法定形式。

非要式行政行为是指不要求有特定形式,只要明白表达了意思就能产生法律效果的行政行为,例如口头通知、电话通知等。

目前,绝大多数的行政行为是要式行政行为,非要式行政行为多发生在紧急情况下,是为了保障人民群众的生命财产安全而做出的行政行为。

(四)行政行为的内容

行政行为的内容是指行政行为所包含的意思和目的。行政行为在法律意义上的作用就是产生、变更或消灭一定的法律关系,因此,行政行为的内容与权力和义务有关。行政行为的内容包括以下5个方面。

1. 设定权力和义务

设定权力和义务是通过行政行为规定和确立行政主体与行政相对人各自应享有的权力和承担的义务。设定权力和义务通常属于抽象行政行为的内容,例如法律规定公民、法人有从事交通运输经营活动的权利,在经营活动中有依法纳税的义务。

2. 实现权力与义务

实现权力与义务,是指通过行政行为具体落实行政主体与行政相对人之间的权力和义务。法律规范规定的权力与义务需要通过一定的行为来实现,许多行政行为是实现权力和义务的内容,交通运输行政主体的职权、职责均落实在行政行为之中。同样,行政相对人的法定权利与义务也需要借助行政行为得以实现。在交通运输行政管理中,行政相对人的有些法定权利需要经过一定的程序才能享有,而有些法定的义务需要一定的行政督促才能实际履行,这就需要行政行为发挥作用,行政主体的行政行为有相当一部分就是以实现行政相对人的权利与义务为内容的。

3. 剥夺、限制权利和减免义务

剥夺、限制权利是通过行政行为来取消、制约行政相对人已经取得的某种权利。通常是行政相对人有违法行为而实施的惩处;或者是未及时履行相应的义务而采取的强制措施;也有的是行政相对人不再具备相应的条件而被取消权利。例如,没收非法所得、吊销交通运输经营许可证等行政处罚,扣押财产等行政强制措施,都是以此为内容的行政行为。

减免义务是通过行政行为减免行政相对人原承担的义务。一般是行政相对人在承担法定义务后,因外部情况的变化,或行政相对人自身的原因符合减免条件,由行政主体依法减免所承担的义务。

4. 确认和恢复权利、义务

确认和恢复权利、义务是指当权利和义务出现争议纠纷时,通过行政行为的认定使被歪曲了的权利和义务恢复原状。

5. 确认法律事实

确认法律事实是通过行政行为认定某种与权利和义务有关的法律事实。虽然法律事实本身并不是权利和义务,但它是得到某种权利和义务的条件,通过行政行为确定以后,必然导致相应的权利和义务关系。

(五)行政行为的效力

行政行为的效力是指行政行为的法律效果,行政行为只有产生法律效果才能达到预期的目的。行政行为的效力表现为它产生的特定的法律约束力和强制力,这种法律约束力和强制力要求行政主体和行政相对人都必须遵守和服从,否则就要承担相应的法律责任。

1. 行政行为效力的内容

行政行为效力的内容是指行政行为生效后,对行政法律关系的双方所产生的法律约束力,主要表现在以下3个方面:

(1)行政行为的确定力。行政行为的确定力是指行政行为成立并生效后,其内容具有确定性,非经法律程序不可随意变更和撤销。

行政行为的确定力来源于国家行政权力的权威性,行政行为的确定力对于稳定交通运输秩序、使行政相对人服从行政管理是十分必要的。但行政行为也并非绝对不能改变,具有法定理由并经过法定程序后,行政行为可以依法变更或撤销。

(2)行政行为的拘束力。行政行为的拘束力是指行政行为成立并生效后,其内容对行政主体和行政相对人均产生法律上的约束性,二者都必须遵守和服从,否则将要承担法律责任。

行政行为的拘束力表现为两个方面:一是对行政相对人的约束力,行政行为主要是针对行政相对人的,它要对行政相对人的权利和义务产生约束,而且行政相对人必须服从;二是对行政主体自身的拘束力,行政行为成立并生效后,行政主体也受其拘束,必须按照行政行为的内容履行自己的职责,否则,也要承担相应的法律责任。

(3)行政行为的执行力。行政行为的执行力是指行政行为成立并生效后,行政主体有权依法采取强制手段使行政行为的内容得以实现。行政行为的内容只有得到实现才具有实际意义,行政行为的执行力是行政行为效力不可缺少的组成部分。

2. 行政行为的成立要件

行政行为的成立是指行政行为的做出或者形成,它是判定该行为是否为行政行为的依据。

行政行为的成立要件包括如下4个方面:

(1)行为的主体必须是拥有行政职权或有一定行政职责的国家行政机关,或者法律、法规授权的组织,或者行政机关委托的组织,即主体要件。

(2)行为主体具有凭借国家行政权力产生、变更或消灭某种行政法律关系的意图,并有实现这一意图的意思表示,即主观方面要件。

(3)行为主体在客观上有行使行政职权或履行职责的行为,有一定的外部行为方式所表现出来的客观行为,即客观方面要件。

(4)行为主体实施的行为能直接或间接导致行政法律关系的产生、变更和消灭,即功能要件。

3. 行政行为有效成立的要件

行政行为要产生法律效果必须具备一定的条件,否则,即使根据效力先定的原则产生了法律效力,但终究要被一定的法律程序予以撤销或变更,从而失去或终止法律效力。

行政行为有效成立的要件包括如下4个方面:

(1)行政行为的主体合法。主体条件是要求作出行政行为的主体必须具有行政主体的资格,能以自己的名义独立承担法律责任。即必须是合法成立的交通运输行政管理机关,或者是交通运输法律规范授权的组织,以及得到交通运输行政管理机关委托并以委托机关名义行事的其他组织。

(2)行政行为应当符合行政主体的权限范围。职权职责条件就是要求行政主体作出行政行为时，无论是行使法定职权或履行法定职责，都要符合自身法定的权限分工范围，如果超越范围则属于越权行政或滥用职权行为。

(3)行政行为的内容应当合法、适当、真实、明确。行政行为的内容合法是指行政行为对权利和义务的处置必须完全符合法律的规定，包括符合法律规定的目的、原则和条件等。行政行为内容适当是指做出的行政行为必须合情、合理，符合实际，不能畸轻畸重或带有不良动机。行政行为内容真实是指行政行为必须是行政主体真实意思的表示。行政行为的内容明确是指行政行为所表达的内容清楚、具体，不至于模棱两可，使行政相对人无所适从，以至于不能起到行政行为应有的作用。

(4)行政行为应当符合法定程序和形式。所谓程序是指行政行为成立生效必不可少的过程和步骤，行政行为的程序合法，包括法定的行为做出过程，不能颠倒法定的环节和顺序，要符合法定期限等。所谓形式是指行政主体做出行政行为应具备法定的形式，不具有这类特定形式的行政行为是不能有效成立的，例如实施交通行政处罚必须通过作出行政处罚决定书这一特定形式实现。

4. 行政行为的生效

行政行为主要有以下3种生效规则：

(1)即时生效，是指行政行为一经做出就对行政相对人产生法律效力。

(2)送达生效，是指将表达行政行为内容的法律文书送达给行政相对人，即产生法律效力。

(3)附条件生效，是指行政行为的生效附有专门的日期或条件，一旦日期届满或条件具备，该行政行为就产生法律效力。

(六)行政行为的无效、撤销、变更与终止

1. 行政行为的无效

行政行为的无效是指因行政行为不符合合法成立的条件，由有权的行政主体宣布无效。

行政行为被宣布无效后，行政主体通过该行政行为从行政相对人获得的一切均应返回给行政相对人，所施以行政相对人的一切义务均应取消，对行政相对人所造成的实际损失均应赔偿。

2. 行政行为的撤销

行政行为的撤销是指因行政行为不符合有效成立的条件，由行政主体予以撤销，使其向前向后均失去效力。行政行为不符合有效成立的条件属于违法的行政行为，撤销是对其的完全否定，因而行政行为不仅对以后不具备效力，原则上还要所溯及以往，使其自始至终都归于无效。

行政行为的撤销是因为行政主体的过错所致，由此造成行政相对人合法权益的损失应由行政主体予以赔偿。如果行政行为的撤销是由行政相对人的过错，或行政主体与行政相对人的共同过错所引起的，行政主体通过被撤销的行政行为已经给予行政相对人的权益要收回，行政相对人自己承担因被撤销的行政行为而遭受到的损失。

3. 行政行为的变更

行政行为的变更是指因行政行为的内容不适当而加以改变。变更通常是该行政行为依然存在,只是在种类、幅度等内容上进行了一些变化,使之更加合理、适当。

4.行政行为的终止

行政行为的终止是指行政行为因某些法定因素而不再向后发生法律效力。

终止并不否定该行政行为以前的效力,而且也不是因为该行为存在违法或不当的情况。行政行为终止后,其效力从行为终止之日起失效,行政主体在行为终止之前已经给予行政相对人的权益不再收回也不再给予;行政相对人依原行政行为已履行的义务不能要求给予补偿,但也不再继续履行义务。

行政行为的终止可能是因为行政行为依据的法律、法规、规章等经有权机关依法修改、废止或撤销,相应行政行为如继续实施,则与新的法律、法规、规章等相抵触;或者是因为国际、国内或行政主体所在地区的形势发生重大变化,原行政行为的继续施行将妨碍社会政治、经济、文化发展,甚至给国家和社会利益造成损失;也可能是行政行为已完成原定目标、任务,实现了国家的行政管理目的,没有再继续实施的必要。

二、抽象行政行为

(一) 概念

抽象行政行为是指行政主体针对不特定的对象设定或规定的具有普遍约束力的行为。在交通运输行政管理中,行政主体制定交通运输法规、规章和各种规范性文件等活动均属于抽象行政行为。这类行为是从各种各样的具体管理活动中,"抽象"出交通运输领域中人们应该普遍遵守的、具有概括性内容的行为规范。

(二) 特征

抽象行政行为有以下特征。

1.抽象行政行为的对象是不确定的

凡是针对不确定对象实施的行政行为,一般为抽象行政行为;凡是针对特定对象实施的行为,一般为具体行政行为。因此,行为对象的不确定性,是抽象行政行为的一个重要特征。例如,《道路运输条例》规定从事道路客、货运经营的驾驶人员,应取得相应等级的机动车驾驶证,该规定针对的对象是不特定的,既不是张三,也不是李四,而是所有从事道路客、货运经营的驾驶人员,该规定是一个抽象行政行为。

2.抽象行政行为是可以反复适用的

内容的可反复适用性也是抽象行政行为的一个特征。所谓内容的可反复适用性是指该行政行为对于同类对象可以多次适用并产生效力。例如《中华人民共和国公路法》(以下简称《公路法》)规定,符合国务院交通运输主管部门规定的技术等级和规模的公路,可以依法收取车辆通行费。这一规定,不仅可以适用于张三,也可适用于李四,凡是使用收费公路的人均应按规定缴纳通行费。因此,该规定是可以反复适用的、多次产生法律效力的抽象行政行为。

如果某一行为对同一或同类对象只适用一次,再次适用不产生法律效力的话,就不是抽象行政行为,而是属于下文所述的具体行政行为。例如行政主体针对某人因违反交通运输法规作出的罚款决定,只产生一次拘束力,如果被处罚人缴纳了罚款,就不再适用该罚款决定了。

3.抽象行政行为是向后产生效力的行为

向后产生效力是抽象行政行为的又一特征。所谓效力的向后性,是指行政行为的效力只对行政行为生效后发生的行为产生拘束力,对以前的行为不具有拘束力。例如某地政府决定调整某项由政府定价的交通运输服务价格(如城市公共汽电车票价),那么该价格只对决定生效后的交通运输服务价格产生拘束力,对决定生效以前的交通运输服务价格不具有拘束力,换言之,调整后的新价格对过去不具有溯及力。

(三)范围

在交通运输行政管理领域,抽象行政行为的效力向后性是区分抽象行政行为与具体行政行为的另一个重要标志。例如,国务院颁布的一项行政法规,该法规自生效之日起对未来发生的行为将产生法律效力,不能溯及既往,因而属于抽象行政行为。

国务院制定、颁布的关于交通运输的行政法规,国务院交通运输行政主管机关制定、颁布的行政规章,省级政府制定、颁布的地方规章,各级地方政府及交通运输行政管理部门颁布的具有普遍约束力的决定、命令等都属于抽象行政行为。

三、具体行政行为

(一)概念

具体行政行为指行政主体针对特定的对象适用具体法律规范所做出的、对特定对象具有约束力的行政行为。具体行政行为的范围极为广泛,例如,对某个行政相对人的行政许可、行政处罚等都属于具体行政行为。具体行政行为就功能属性而言是具体运用法律规范而不是设定法律规范,它是针对特定的对象具有约束力的行为。

在交通运输行政管理中,对具体行政行为的定义,包含以下5层含义:

(1)行为的主体主要包括国家和地方交通运输行政管理机关,交通运输法律规范授权的组织以及交通行政主管机关委托的组织。

(2)行为的对象是行政相对人,即具体行政行为所针对的公民、法人或者其他组织。

(3)行为的性质是交通运输行政主体行使行政职权和履行行政职责。

(4)行为的法律后果是直接影响特定的行政相对人一方的权利和义务。

(5)行为的方式包括作为和不作为两种。

(二)具体行政行为成立与有效成立的要件

具体行政行为成立要件与有效成立要件是有一定区别的,前者决定行为是否为具体行政行为,后者决定具体行政行为是否合法有效。此外,在行政诉讼中,具体行政行为要受到人民法院的司法审查。因此,必须区分具体行政行为的两种构成要件:一是要区分具体行政行为与非具体行政行为;二是要区分合法具体行政行为与违法具体行政行为。

1.具体行政行为的成立要件

具体行政行为的成立要件是指决定某一行政行为能构成具体行政行为所必须具备的一切主客观必要条件的总和,这些条件包括以下3个要件:

(1)主体要件。具体行政行为的主体必须是交通运输行政主体,非行政主体的行为不属于具体行政行为。在主体要件上,具体行政行为与有效的具体行政行为是相同的。

(2)功能要件。特定的功能作用是具体行政行为必不可少的构成要件。具体行政行为的功能要件是具体行政行为能够强制性地导致行政法律关系的产生、变更和消灭。行政主体使用具体行政行为这一手段来执行行政法律规范,实现交通运输行政法律规范所规定的权利和义务关系;同时,这一手段具有强制性,并以国家强制力作为后盾。

(3)客观行为要件。行政行为是否客观存在也是具体行政行为成立的一个必要条件,具体行政行为的客观要件就是行政主体在客观上实施了行使职权或履行行责的行为。行政行为的方式可能是多样化的,行为方式并不是客观要件的本质,而行政行为是行使行政职权或履行行政职责的客观存在则是这一要件的核心。

以上3个要件同时具备,则具体行政行为成立。

2. 具体行政行为的有效成立要件

具体行政行为成立并不等同于具体行政行为合法有效。合法有效的具体行政行为应在具体行政行为成立的基础上同时具备以下5个条件。

(1)职权合法。具体行政行为应属于行政主体法定职权与职责范围内的行政行为。这一要件要求行政主体必须依据法定职权或法定职责实施具体行政行为。例如采取法定的方式、法定的种类、法定的幅度等,否则就是超越职权做出的具体行政行为,就不具有合法性和有效性。

(2)意思表示正确、真实。具体行政行为必须是行政主体真实、正确的意思表示。行政主体非出于真实、正确的意思表示而做出的具体行政行为不具有合法性和有效性。非真实、正确的意思表示一般是由以下3种原因造成的:一是行政主体自身的重大误解;二是由于行政相对人的欺骗、胁迫;三是行政机关的工作人员掺杂个人因素故意歪曲行政主体的决定。非真实意思表示做出的具体行政行为或者侵害国家利益,或者侵害行政相对人的合法权益,都不是合法有效的。

(3)依据合法。具体行政行为的依据合法是要求做出具体行政行为必须具有法定依据。具体行政行为是执行行政法律规范的手段,如果做出具体行政行为的依据缺乏法律规范,或者适用法律规范时有错误,或者适用的规范性文件本身就不合法,都会使具体行政行为不具有合法性。

(4)内容合法。具体行政行为的内容合法包括各种法定的实体性内容。具体行政行为只能针对行政主体法定职权与职责范围内的事项,所要求的证据必须充分,所针对的对象符合法定条件,所运用的种类、幅度符合法定条件等。

(5)程序合法。具体行政行为包含的法定行为过程不能缺少,更不能颠倒,而且要符合法定期限和法定形式。特别是对一些特定的具体行政行为还必须符合法定的程序要求,例如要式行政行为要有特定的形式,依申请的行为需要申请程序等。

(三)分类

具体行政行为分类如下。

1. 积极的作为与消极的不作为

以行政主体对做出具体行政行为的态度分类,具体行政行为可分为积极的作为和消极的不作为。

积极的作为是指行政主体依职权积极主动实施的行为,通常是行使行政权力的活动。例如作出行政许可、实施行政处罚和采取行政强制措施等都属于积极的作为。

消极的不作为是指行政主体消极不做的行为方式,包括履行不作为义务的行为和不履行甚至拒绝履行应作为义务的行为两类。前者是合法的不作为,后者则是违法的不作为。例如,行政主体在行政相对人没有提出申请的前提下,不能主动向行政相对人颁发经营许可的有关证照就属于履行不作为义务。又如,行政主体不理睬符合法定条件的行政相对人提出的颁发经营有关证照的申请等行为就属于不履行义务的消极不作为。这种不作为从外表上看似乎没有作为,但从法律意义上讲,却能影响行政相对人的权利,不理睬符合法定条件的行政相对人申请颁发经营有关证照的要求,就制约了行政相对人应有权利的实现。由此可见,不作为也是一种特定的具体行政行为。

2. 职责行为与职权行为

根据具体行政行为是基于行使行政主体的职责或者职权,具体行政行为可分为职责行为和职权行为。

职责行为是行政主体履行法定义务的行为,而职权行为则是行使法定权力的行为,虽然二者在一定条件下密不可分且可以转化,但各自也有相对的稳定性。

职责行为强调的是行政主体有责任必须这样做,不这样做即为违法或失职。

职权行为强调的是行政主体有权这样做,或者有权不这样做。

3. 本源性行为、保障性行为和补救性行为

以具体行政行为发生的顺序过程及其用途分类,具体行政行为可分为本源性行为、保障性行为和补救性行为。

本源性行为是行政主体直接落实法律规范规定的权力、义务的行为。例如交通运输行政主体责令行政相对人履行从事交通运输资质审验等法定义务。

保障性行为是保障本源性行为具有执行效力的行为,或者是对抗拒本源性行为的行政相对人予以惩罚或强制的行为。例如交通运输行政主体对不履行或者抗拒履行法定义务的行政相对人所作出的行政强制执行、行政处罚等均属于保障性行为。

补救性行为是为了补救前两种行为可能发生的违法、错误而做出的行政行为。当本源性行为、保障性行为违法侵害了行政相对人的合法权益时,可以通过补救性行为进行弥补,补救性行为包括行政复议裁决、行政申诉裁决等。

4. 单效行为与复效行为

按发生的效果分类,具体行政行为可分为单效行为和复效行为。

单效行为是指只产生一种效力的具体行政行为。例如一个具体行政行为只能赋予一个行政相对人一种权利,或者只能剥夺一个行政相对人一种权利。

复效行为是指能同时产生两种以上效力的具体行政行为。例如一个具体行政行为既能赋予一个行政相对人一种权利,同时又能剥夺另一个行政相对人的一种权利。复效行为产生复杂的法律效果,能对两个及以上的行政相对人产生两重及以上的行政法律效果。

5. 原本行为与变化行为

以具体行政行为是原来状态还是有所变化分类,具体行政行为可分为原本行为和变化行为。

原本行为是行政主体的决定、执行与预期目的完全一致的行政行为。例如，交通运输行政主体依据《公路法》决定，拆除公路两侧的违法建筑，其工作人员严格按照决定行事，完全符合原决定的要求。这类行为如果发生违法或不当，应由作出决定的行政主体承担法律责任，负责执行的工作人员一般不承担法律责任。

变化行为则分为两种情况：一种是行政主体作出决定后，其工作人员的执行以及所达到的预期目的均发生了变异的行为。例如，交通运输行政主体依据《公路法》决定拆除公路两侧的违法建筑，其工作人员在执行时因故意或过失将违法建筑与合法建筑一并拆除，使行政主体的原决定发生了变化，这种变化了的具体行政行为通常是因为掺杂了工作人员的个人因素，如果这类具体行政行为违法或不当，仍要由交通运输行政主体对受到损害的行政相对人承担法律责任。另一种是交通运输行政主体对行政相对人做出具体行政行为后，行政相对人提出行政复议，行政复议机构复议后作出了改变，导致具体行政行为发生一定的变化。这种因行政复议而发生变化的具体行政行为如果违法或不当，法律责任的承担主体则由原行政主体转移到了行政复议机构。

6. 形式意义的行为与实质意义的行为

以具体行政行为是否存在明确的形式分类，具体行政行为可分为形式意义的行为与实质意义的行为。

形式意义的行为是行政主体做出的具有明确法律形式的具体行政行为。例如根据交通行政处罚决定书进行的行政处罚，颁发交通运输经营许可证的行政许可等，这类具体行政行为从表现形式上比较容易识别。

实质意义的行为是行政主体做出的、不具有明确法律形式但实质上却影响行政相对人的权利的具体行政行为。例如交通运输行政主体对符合法定条件的行政相对人要求颁发道路运输经营许可证的正当申请不予理睬的不作为行为。不予理睬的不作为既无法律文书，又无任何表示，看似无行为发生，但实质上是限制行政相对人获得道路运输经营许可证的合法权利，因此，这类无明确法律形式的行为就属于实质意义的具体行政行为。

7. 单一行为与共同行为

按照具体行政行为是由一个行政主体做出，还是由两个及以上的行政主体共同做出分类，具体行政行为可分为单一的具体行政行为和共同的具体行政行为。单一的具体行政行为是由一个行政主体做出的，共同的具体行政行为是由两个及以上的行政主体共同做出的。

行政相对人对单一的具体行政行为不服提起行政诉讼时，做出具体行政行为的行政主体为被告。行政相对人对共同的具体行政行为不服提起行政诉讼时，则做出共同具体行政行为的两个及其以上的行政主体为共同被告。如果作为原告的行政相对人只起诉了其中的一个行政主体，其他行政主体还将被追加为共同被告。

第四节　交通运输行政许可

行政许可制度历史悠久，我国古代在食盐、酒类专卖制度中，从事食盐和酒类生产经营的非官方商人应持有官方颁发的特许状，这就是一种许可制度。现代意义的行政许可制度已广泛应用于行政管理的各个领域。在交通运输行政管理中，行政许可是一种重要的管理形式。《中华人民共和国行政许可法》(以下简称《行政许可法》)为交通运输行政许可制度提供了法律依据。

一、概念与特征

行政许可是指行政主体根据行政相对人的申请,经依法审查,准予其从事某种特定活动的行为。交通运输行政许可是交通运输行政主体根据行政相对人的申请,依法决定是否准许申请人从事交通运输行政法律规范规定的特定的某种活动的具体行政行为。

行政许可具有以下4个特征:

(1)行政许可是以法律规范的限制为前提,也就是说,行政许可的事项必须是法律规范所限制的事项,它包含两层含义:一是说明法律规范限制一般人从事某项活动。因此,行政相对人若要从事这项活动,必须申请行政许可,只有取得行政许可后才能进行该项活动。如果法律对从事某项活动的行政相对人没有限制,就不存在行政许可。二是说明法律规范对从事某项活动的行政相对人的资格仅仅是限制而不是禁止。如果法律绝对禁止某项活动(例如从事走私、贩毒运输),行政相对人绝对无法获得行政许可。如果法律相对禁止某项活动,行政相对人如果需要解除法律的禁止,则这种行政许可属于行政特许。行政特许是行政许可的特例。

(2)行政许可是对特定行政相对人的法律限制的解除,是一种授权性的具体行政行为,获得了行政许可即意味着行政相对人获得了从事某项活动的权利或资格。例如行政相对人依法取得了某种车型的机动车驾驶证,他就有驾驶这种车型的资格;又如行政相对人依法申请取得了道路运输经营许可证,他就有在道路运输经营许可证上注明的范围内从事道路运输经营的资格。

(3)行政许可是一种依申请的具体行政行为,作出行政许可以行政相对人的申请为前提,行政相对人未提出申请的,行政主体不得主动作出行政许可。

(4)行政许可是一种要式的具体行政行为,通常以许可证的形式表现出来。例如道路运输经营许可证、道路运输证等。

二、许可的设定

根据《行政许可法》设定行政许可,应当遵循经济和社会发展规律,有利于发挥行政相对人的积极性、主动性,维护公共利益和社会秩序,促进经济、社会和生态环境协调发展。《行政许可法》规定下列事项可以设定行政许可:

(1)直接涉及国家安全、公共安全、宏观经济调控、生态环境保护以及直接关系人身健康、生命财产安全的特定活动,需要按照法定条件予以批准的事项。

(2)有限自然资源的开发利用、公共资源配置以及直接关系公共利益的特定行业的市场准入等,需要赋予特定权利的事项。

(3)提供公众服务并且直接关系公共利益的职业、行业,需要确定具备特殊信誉、特殊条件或者特殊技能等资格、资质的事项。

(4)直接关系公共安全、人身健康、生命财产安全的重要设备、设施、产品、物品,需要按照技术标准、技术规范,通过检验、检测、检疫等方式进行审定的事项。

(5)企业或者其他组织的设立等,需要确定主体资格的事项。

(6)法律、行政法规规定可以设定行政许可的其他事项。

以上事项,法律可以设定行政许可;尚未制定法律的,行政法规可以设定行政许可;必要时,国务院可以采用发布决定的方式设定行政许可。实施后,除临时性行政许可事项外,国务院应当及时提请全国人民代表大会及其常务委员会制定法律,或者自行制定行政法规。

尚未制定法律、行政法规的,地方性法规可以设定行政许可。尚未制定法律、行政法规和地方性法规的,因行政管理的需要,确需立即实施行政许可的,省、自治区、直辖市人民政府规章可以设定临时性的行政许可;临时性的行政许可实施满1年需要继续实施的,应当提请本级人民代表大会及其常务委员会制定地方性法规。

地方性法规和省、自治区、直辖市人民政府规章,不得设定应当由国家统一确定的行政相对人资格、资质的行政许可;不得设定企业或者其他组织的设立登记及其前置性行政许可;其设定的行政许可,不得限制其他地区的个人或者企业到本地区从事生产经营和提供服务,不得限制其他地区的商品进入本地区市场。

行政法规可以在法律设定的行政许可事项范围内,对实施该行政许可作出具体规定;地方性法规可以在法律、行政法规设定的行政许可事项范围内,对实施该行政许可作出具体规定;规章可以在上位法设定的行政许可事项范围内,对实施该行政许可作出具体规定。法规、规章对实施上位法设定行政许可作出的具体规定,不得增设行政许可;对行政许可条件作出的具体规定,不得增设违反上位法的其他条件。

其他规范性文件一律不得设定行政许可。

根据《行政许可法》规定,《道路运输条例》对道路旅客运输经营资质、道路货物运输经营资质、道路货物运输站(场)经营资质、机动车驾驶员培训资质、国际道路运输经营资质以及道路运输从业人员的从业资格等作出了具体的行政许可规定。

三、许可的法律效力

(一)法律效力的具体体现

交通运输行政许可一经交通运输行政主体作出,即具有法律效力,具体体现在以下3个方面。

1. 证明力

证明力是指行政许可文书起到证明文书的作用。获得交通运输行政许可的行政相对人可以依此证明自己具有行政主体所赋予的从事某项交通运输活动的权利与资格,即具备了交通运输管理法律规范要求的特定行为能力,而无须再通过其他方式加以证明。

2. 确定力

确定力是指行政许可一经作出就具有不得随意变更的效力。这种确定力不仅针对行政相对人,也针对交通运输行政主体,如果需要变更,不仅要符合法定条件,而且还必须符合法定程序。

3. 约束力

约束力是指行政许可对行政法律关系各方的约束效力,包括两个方面:一是对行政相对人的约束力,即行政相对人必须在行政许可的范围内开展活动;二是对交通运输行政主体的约束力,交通运输行政主体在作出行政许可后就应承担法定义务,在形式上不能随意撤销或者宣布无效,在内容上必须保障行政相对人的合法权利。

(二)行政许可的无效、失效、中止与撤销

行政许可作出后,并非永久不变,而会因为某种情况的出现而影响行政许可的效力,引起行政许可的无效、失效、中止、变更或撤销。

1. 行政许可无效

造成行政许可无效主要有两种情况:一是交通运输行政主体超越职权作出的行政许可,或有权作出行政许可决定的交通运输行政主体的工作人员滥用职权作出的行政许可,会引起行政许可无效;二是申请人以欺诈手段获得的行政许可,主要是指申请人明知不具备行政许可的条件和资格,却采取隐瞒、伪造、欺骗等手段获得的行政许可,这种行政许可为无效的行政许可。

2. 行政许可失效

行政许可失效主要是指行政许可存续一段时间后,由于特定情况的出现,行政许可的效力终止。主要有两种情况:一是行政许可所确定的期限届满自行失效,例如从事道路客、货运经营的驾驶人员年龄超过60周岁,其从业资格证自行失效;二是因行政许可的活动完毕,行政许可失效。

3. 行政许可中止

行政许可中止指行政许可暂时失去效力。例如交通运输行政主体对违法的行政相对人实施暂扣证照、责令停业等行政处罚,在处罚期间,行政许可暂时失去效力。

4. 行政许可撤销

行政许可撤销指被许可的行政相对人违反法律法规规定或不履行法定义务,交通运输行政主体撤销其许可证明。

四、许可的种类

根据不同的标准,行政许可划分为不同的种类,常见的有以下几种:

(1)以许可的范围为标准,分为一般许可和特殊许可。

一般许可是指行政主体对符合法定条件的许可申请都予准许,无特殊限制的许可。例如申请机动车驾驶证的行政许可,只要申请人身体条件合格并通过相应的考试,就可取得机动车驾驶证。

特殊许可是指除符合一般条件外,对申请人还规定了特殊限制的许可。

一般许可与特殊许可反映了国家对不同事项的控制程度不同。通常情况下,一般许可是涉及多数人的一般性和基本性的权利与资格;而特殊许可则是涉及特定有限对象的权利与资格。

(2)以许可享有的程度为标准,分为排他性许可和非排他性许可。

排他性许可又称独占许可,是指行政相对人获得该项许可后,他人均不能再获得许可。例如高速公路收费权转让许可等。

非排他性许可又称共存许可,绝大多数行政许可都是共存许可。例如申请机动车驾驶证的行政许可。

(3) 以许可能否单独使用为标准,分为独立许可与附文件许可。

独立许可是指许可证已规定了所有许可内容,不需要其他文件加以补充说明的许可,例如申请机动车驾驶证的许可就属于此类许可。附文件许可是指由于特殊条件的限制,需要附加文件予以说明的许可。

(4) 以许可是否附加必须履行的义务为标准,分为权利性许可和附加义务许可。

权利性许可也称无条件放弃许可,是指申请人取得行政许可后,并不负有作为的义务,可以自由放弃被许可的权利并且不用承担任何法律责任的许可。例如取得了某一车型的机动车驾驶证就可以驾驶该车型的机动车,也可以不驾驶机动车。

附加义务许可是指被许可人在取得行政许可后,在一定时间内负有作为的义务。被许可人如果没有从事被许可的活动,行政主体将要求被许可人承担一定的责任或者取消许可。例如,巡游出租汽车经营者在车辆经营权期限内,不得擅自暂停或者终止经营;需要变更许可事项或者暂停、终止经营的,应当提前30日向原许可机关提出申请,依法办理相关手续。

(5) 以许可的存续时间为标准,分为永久许可和附期限许可。

永久许可是指被许可人取得行政许可后,只要自己不放弃,或者不因为法定事由被吊销,则许可永久有效。

附期限许可是指行政许可附有一定的期限。

(6) 以许可的目的为标准,分为行为许可和资格许可。

行为许可是指允许符合条件的行政相对人从事某项活动的行政许可。

资格许可是指行政主体根据行政相对人的申请,经过一定的考核程序核发证明文书,允许其享有某种资格或者具有某种能力的行政许可。

五、许可的实施程序

交通运输行政许可程序是指行政相对人向交通运输行政主体申请行政许可后,行政主体审查并向行政相对人颁发许可证的法定程序和方式。行政许可在程序上一般包括以下几个阶段。

(一) 申请与受理

(1) 作为行政相对人的申请人从事特定的交通运输活动,依法需要取得行政许可的,应当向交通运输行政主体提出申请。申请书需要采用格式文本的,行政主体应当向申请人提供行政许可申请书的格式文本。

申请人可以委托代理人提出交通运输行政许可申请,但是依法应当由申请人到现场提出交通运输行政许可申请的除外。

交通运输行政许可申请可以通过信函、传真、电子数据交换和电子邮件等方式提出。

(2) 交通运输行政主体应当将法律、法规、规章规定的行政许可的事项、依据、条件、数量、程序、期限以及需要提交的全部材料的目录和申请书示范文本等在办公场所公示。

申请人要求交通运输行政主体对公示内容予以说明、解释的,应当说明、解释,并提供准确、可靠的信息。

(3) 申请人申请行政许可,应当如实向交通运输行政主体提交有关材料和反映真实情况,并对其申请材料实质内容的真实性负责。交通运输行政主体不得要求申请人提交与其申请的行政许可事项无关的技术资料和其他材料。

(4)交通运输行政主体对申请人提出的行政许可申请,应当根据下列情况分别作出处理:

①申请事项依法不需要取得行政许可的,应当即时告知申请人不受理。

②申请事项不属于本行政主体职权范围的,应当即时作出不予受理的决定,并告知申请人向有权的行政主体申请。

③申请材料存在可以当场更正的错误的,应当允许申请人当场更正。

④申请材料不齐全或者不符合法定形式的,应当当场或者在5日内一次性告知申请人需要补正的全部内容,逾期不告知的,自收到申请材料之日起即为受理。

⑤申请事项属于本行政主体职权范围,申请材料齐全、符合法定形式,或者申请人按照要求提交全部补正申请材料的,应当受理行政许可申请。

交通运输行政主体受理或者不予受理行政许可申请,应当出具加盖专用印章和注明日期的书面凭证。

(5)交通运输行政主体应当建立和完善相关制度,推行电子政务,在其网站上公布行政许可事项,方便申请人采取电子文本等方式提出行政许可申请。应当与其他行政管理主体共享有关行政许可信息,提高行政许可的效率。

(二)审查与决定

(1)交通运输行政主体应当对申请人提交的申请材料进行审查。申请人提交的申请材料齐全、符合法定形式,能够当场作出决定的,应当当场作出书面行政许可决定。根据法定条件和程序,需要对申请材料的实质内容进行核实的,应当指派两名以上工作人员进行核查。

(2)依法应当先经下级交通运输行政主体审查后报上级交通运输行政主体决定的行政许可,下级交通运输行政主体应当在法定期限内将初步审查意见和全部申请材料直接报送上级交通运输行政主体,上级交通运输行政主体不得要求申请人重复提供申请材料。

(3)交通运输行政主体对行政许可申请进行审查时,发现行政许可事项直接关系他人重大利益的,应当告知该利害关系人。申请人、利害关系人有权进行陈述和申辩,交通运输行政主体应当听取申请人、利害关系人的意见。

(4)交通运输行政主体对行政许可申请进行审查后,除当场作出行政许可决定的外,应当在法定期限内按照规定程序作出行政许可决定。

(5)申请人的申请符合法定条件、标准的,交通运输行政主体应当在法定期限内依法作出准予行政许可决定。

交通运输行政主体依法作出不予行政许可决定的,应当说明理由,并告知申请人享有依法申请行政复议或者提起行政诉讼的权利。

(6)交通运输行政主体作出准予行政许可的决定,需要颁发行政许可证件的,应当向申请人颁发加盖本机关印章的下列行政许可证件:

①许可证、执照或者其他许可证书。

②资格证、资质证或者其他合格证书。

③批准文件或者证明文件。

④法律、法规规定的其他行政许可证件。

交通运输行政主体实施检验、检测的,应当在检验、检测合格的设备、设施上加贴标签或者加盖检验、检测印章。

交通运输行政主体作出的准予行政许可决定,应当予以公开,公众有权查阅。

(三)听证

(1)法律、法规、规章规定实施行政许可应当听证的事项,或者交通运输行政主体认为需要听证的其他涉及公共利益的重大行政许可事项,应当向社会公告,并举行听证。

(2)行政许可直接涉及申请人与他人之间重大利益关系的,交通运输行政主体在作出行政许可决定前,应当告知申请人、利害关系人享有要求听证的权利。申请人、利害关系人应在被告知听证权利之日起5日内提出听证申请,交通运输行政主体应当在20日内组织听证。

申请人、利害关系人不承担组织听证的费用。

(3)听证按照下列程序进行:

①交通运输行政主体应于举行听证的7日前将举行听证的时间、地点通知申请人、利害关系人,必要时予以公告。

②听证应当公开举行。

③交通运输行政主体应当指定审查该行政许可申请工作人员以外的人员为听证主持人,申请人、利害关系人认为主持人与该行政许可事项有直接利害关系的,有权申请回避。

④举行听证时,审查该行政许可申请的工作人员应当提供审查意见的证据、理由,申请人、利害关系人可以提出证据,并进行申辩和质证。

⑤听证应当制作笔录,听证笔录应当交听证参加人确认无误后签字或者盖章。

交通运输行政主体应当根据听证笔录,作出许可或者不予许可的决定。

(四)变更与延续

(1)被许可人要求变更行政许可事项的,应当向作出行政许可决定的交通运输行政主体提出申请;符合法定条件、标准的,交通运输行政主体应当依法办理变更手续。

(2)被许可人需要延续依法取得行政许可的有效期的,应当在该行政许可有效期届满30日前向作出行政许可决定的交通运输行政主体提出申请。但是,法律、法规、规章另有规定的,从其规定。

交通运输行政主体应当根据被许可人的申请,在该行政许可有效期届满前作出是否准予延续的决定;逾期未作决定的,视为准予延续。

六、期限

(1)除可以当场作出行政许可决定的外,交通运输行政主体应当自受理行政许可申请之日起20日内作出行政许可决定。20日内不能作出决定的,经本机关负责人批准,可以延长10日,并应当将延长期限的理由告知申请人。但是,法律、法规另有规定的,从其规定。

行政许可采取联合办理、集中办理或者统一办理的,办理的时间不得超过45日;45日内不能办理的,经本级人民政府负责人批准,可以延长15日,并应当将延长期限的理由告知申请人。

（2）依法应当先经下级交通运输行政主体审查后报上级机关决定的行政许可，下级机关应当自其受理行政许可申请之日起20日内审查完毕。但是，法律、法规另有规定的，从其规定。

（3）交通运输行政主体作出准予行政许可的决定，应当自作出决定之日起10日内向申请人颁发、送达行政许可证件，或者加贴标签、加盖检验、检测、检疫印章。

（4）交通运输行政主体作出行政许可决定，依法需要听证、招标、拍卖、检验、检测、检疫、鉴定和专家评审的，所需时间不计算在上述规定的期限内，并将所需时间书面告知申请人。

七、许可的费用

（1）交通运输行政主体实施行政许可和对行政许可事项进行监督检查，不得收取任何费用。

（2）交通运输行政主体提供行政许可申请书格式文本，不得收费。

（3）交通运输行政主体颁发的许可证，可以依据相关法律、法规和规章的规定收取工本费。

（4）交通运输行政主体实施行政许可所需经费应列入本机关的预算，由本级财政予以保障，按照批准的经费预算予以核拨。

第五节　交通运输行政处罚

行政处罚制度是国家行政法律制度的重要部分。1996年《行政处罚法》的实施，标志着国家已经系统地建立了行政处罚设定与实施的法律制度。

为推进全面依法治国、加快社会主义法治国家建设，全国人民代表大会常务委员会于2021年1月对《行政处罚法》进行了修订。

为了贯彻《行政处罚法》，国务院交通运输行政主管部门于1996年发布了《交通行政处罚程序规定》，并于2019年修改为《交通运输行政执法程序规定》，这些法律规范为交通运输行政处罚的实施提供了依据。

一、概念与特征

交通运输行政处罚是指交通运输行政主体对违反交通运输行政管理法规的行政相对人，以依法减损权利或者增加义务的方式予以惩戒的行为。

交通运输行政处罚具有以下特征：

（1）实施行政处罚的主体必须是作为行政主体的交通运输行政管理机关、交通运输法律规范授权的部门以及交通运输行政管理机关依法委托的组织。除此以外，其他任何行政机关和组织均不得实施交通运输行政处罚。

（2）实施交通运输行政处罚所保护的客体是交通运输行政管理秩序。只有在行政相对人违反了交通运输法律规范时，才能对其实施交通运输行政处罚。

（3）交通运输行政处罚实施的对象是违反交通运输法律规范但尚未构成犯罪的行政相

对人。触犯刑事法律构成犯罪,需要追究刑事责任的,不属于交通运输行政处罚对象。

(4)实施交通运输行政处罚具有惩戒性。交通运输行政处罚是对行政相对人违法行为的一种法律惩罚和制裁,具体体现在对违法的行政相对人依法减损权利、增加义务这两个方面。

二、处罚的基本原则

交通运输行政处罚的基本原则是根据《行政处罚法》的规定,在设定和实施交通运输行政处罚时必须遵守的准则,主要包括以下几个方面。

1. 处罚法定原则

处罚法定原则要求行政处罚必须有法定依据,交通运输行政主体、职权必须是法定的,且必须依照法定程序实施处罚。

法定依据是指交通运输法律规范无明确规定的不得处罚,行政相对人的行为只有违反交通运输法律规范,且交通运输法律规范明确规定应予处罚、给予何种处罚时,才能给予处罚。实施行政处罚的行政主体拥有法定的处罚资格,并且在行使行政处罚权时,必须遵守法定职权及符合法定程序,不得越权和滥用权力。

2. 公正、公开原则

公正原则要求设定和实施行政处罚必须做到客观、公平、合理。行政处罚应与当事人的违法行为相对应,做到过罚相当,即违法行为的种类、程度与所应受到的处罚种类、幅度相一致,不偏轻、偏重,更不能畸轻、畸重。同时,交通运输行政主体在行政处罚活动中依法享有自由裁量权,坚持公正原则的另一个关键是在行使自由裁量权时应当公正、平等,要符合法律规范的宗旨,出于正当的动机,对被处罚的行政相对人公正对待、一视同仁,不能厚此薄彼,更不能以感情代替法律规范,反复无常。

公开原则是指处罚公开,包括处罚依据公开(即不能依据未公布的规定或内部文件实施处罚)、处罚的程序公开、获得证据的渠道公开、处罚决定公开。

3. 教育与处罚相结合的原则

教育与处罚相结合的原则,要求行政主体在实施行政处罚的同时,加强对被处罚的行政相对人的法治教育,使其知道自己行为的违法性,保证今后守法,这样才能达到处罚的真正目的。行政主体在处罚时不能为了处罚而处罚,一罚了之。同时,教育与处罚相结合的原则还要求行政主体在实施处罚的过程中,要教育被处罚的行政相对人能够在真正认识到行为违法性和危害性的基础上,改正错误。

4. 保障行政相对人合法权利的原则

保障被处罚的行政相对人合法权利是《行政处罚法》的一项重要原则。保障行政相对人合法权利的原则具体体现在以下几个方面:一是行政相对人有辨认行政主体工作人员身份的权利;二是行政相对人有知情权,即有知悉交通运输行政主体给予行政处罚所认定的事实、证据以及法律依据的权利;三是行政相对人有申请回避的权利;四是行政相对人有陈述、申辩或申请行政主体组织听证的权利;五是行政相对人有对处罚决定提出行政复议的权利;六是行政相对人有对行政处罚决定提起行政诉讼的权利;七是当行政相对人认为行政主体侵害其合法权利并使其遭受损失时,有向行政主体要求行政赔偿,或者向人民法院提起行政赔偿诉讼的权利。

5. 行政处罚不能取代其他法律责任的原则

行政处罚不能取代其他法律责任原则,是指行政处罚不能代替民事责任和刑事责任,行政处罚、民事制裁和刑事制裁虽然都属于法律制裁,但它们性质和范围不同,三者不能相互代替。

6. 保障行政主体依法行政的原则

《行政处罚法》明确规定了行政处罚的实施主体、行政处罚的设定、实施程序等内容;国务院交通运输主管部门颁发的《交通运输行政执法程序规定》,又具体细化、规范了实施交通运输行政处罚的程序。这些规定有效地促进了交通运输行政处罚的实施,保证了依法行政。

7. 行政处罚的监督制约原则

行政处罚的监督制约原则主要体现在以下3个方面:一是交通运输管理行政主体内部制约,例《行政处罚法》规定行政处罚的事实调查与处罚决定相对分离,罚款决定与罚款收缴相分离等;二是上级机关对下级机关的监督,根据《行政处罚法》规定,上级机关可以对下级机关在实施行政处罚过程中的滥用职权和玩忽职守的行为追究责任,对直接负责的主管人员和其他直接责任人员依法给予处分;三是司法监督,主要是指人民法院通过行政审判对实施行政处罚的监督。此外,交通运输行政主体实施行政处罚还受到新闻媒介和人民群众的监督。

三、处罚的种类

(一)行政法学上对行政处罚的分类

根据国家法律、行政法规、地方性法规以及规章的规定,行政处罚的种类已达100余种。按照行政法学理论,按照行政处罚性质不同,行政处罚可以分为以下4类:

(1)申诫罚。申诫罚是一种影响行政相对人声誉,给行政相对人施加一定精神压力的处罚类型,属于行政处罚中最轻的种类。申诫罚具体包括警告、通报批评、责令检讨、责令悔过等,其中交通运输行政处罚中以警告最为典型和常用。申诫罚的主要目的在于教育行政相对人对其实施的违法行为引起足够的重视,并及时纠正,使其今后能够自觉地遵守法律规范。申诫罚主要适用于情节比较轻微、未造成严重危害的违法行为。

(2)财产罚。财产罚是一种剥夺一定财产或者追加新的财产给付义务的处罚类型,包括罚款、没收非法财物或非法所得等。因此,财产罚适用的范围较广。财产罚是交通运输行政处罚中运用最广泛的一种行政处罚。财产罚主要适用于以营利为目的经营活动中的违法行为以及给社会公共利益造成损害的违法行为。另外,财产罚适用的条件还包括行政相对人有一定的财产,违法行为所指的客体可以用一定的财产予以补偿。

(3)行为罚。行为罚是对行政相对人采取限制或者剥夺特定行为能力的制裁,主要有吊销证照、暂扣证照、责令停产停业等。行政相对人的行为能力受到限制或剥夺,则意味着限制或剥夺了其从事某种活动的权利,因此,行为罚是一种比较严厉的行政处罚。

(4)人身罚。人身罚是在短期内限制人身自由的一种处罚,属于最严厉的行政处罚,其主要表现形式是行政拘留。

交通运输行政处罚涉及申诫罚、财产罚和行为罚三种,不包括人身罚。

(二)《行政处罚法》对行政处罚的分类

《行政处罚法》从形式上设定了以下6类行政处罚：

(1) 警告、通报批评。警告、通报批评是对违法的行政相对人予以申诫和谴责的一种处罚，一般适用于情节比较轻微的违法行为，惩罚的程度较轻。

(2) 罚款、没收违法所得、没收非法财物。罚款是指强制违法的行政相对人在一定期限内向国家缴纳一定数量货币而使其遭受一定经济利益损失的一种处罚，主要适用于以谋取非法经济利益为目的的违法行为和危害社会公共利益的违法行为；没收违法所得、没收非法财物是指依法将行政相对人以违法手段取得的金钱、财物、违禁物或违法所得等收归国有的一种处罚。

(3) 暂扣许可证件、降低资质等级、吊销许可证件。暂扣许可证件、降低资质等级、吊销许可证件是指依法限制或者剥夺违法行政相对人原有的行政许可、获得的权利或者资格的一种处罚。暂扣许可证件是指中止行政相对人从事某种活动的权利或资格，待其改正违法行为或经过一段期限后，再发还许可证或者执照，恢复其某种权利或者资格；降低资质等级是指减损行政相对人从事某种活动的权利或资格；吊销许可证件是禁止行政相对人继续从事某种活动、剥夺其某种权利或者取消其某种资格。

(4) 限制开展生产经营活动、责令停产停业、责令关闭、限制从业。限制开展生产经营活动是指依法强制违法的行政相对人不能继续从事某项生产经营活动的一种处罚；责令停产停业、责令关闭是指依法强制违法的行政相对人停止或者终止生产经营活动的一种处罚；限制从业是指限制违法的行政相对人继续从事某种职业活动的一种处罚。

(5) 行政拘留。行政拘留是指公安机关和法律规定的其他机关对违法的行政相对人短期限制人身自由的一种处罚。

(6) 法律、行政法规规定的其他行政处罚。

四、处罚的设定

根据《行政处罚法》，行政处罚的设定是指有权设定行政处罚的国家机关自行创立行政处罚的活动。从不同的立法主体及其规范性文件的形式划分，可以把行政处罚的设定权分为表2-1所列层次。

行政处罚的设定权限　　　　　　　　　　　　表2-1

行政处罚种类		行政处罚设定权限				
		法律	行政法规	地方性法规	国务院部门规章	地方政府规章
(1)	警告、通报批评	√	√	√	√	√
(2)	罚款	√	√	√	√	√
	没收违法所得、没收非法财物	√	√	√	—	—
(3)	暂扣许可证件、降低资质等级、吊销许可证件	√	√	√	—	—
	其中：吊销营业执照	√	√	—	—	—

续上表

行政处罚种类		行政处罚设定权限				
		法律	行政法规	地方性法规	国务院部门规章	地方政府规章
(4)	限制开展生产经营活动、责令停产停业、责令关闭、限制从业	√	√	√	—	—
(5)	行政拘留	√	—	—	—	—
(6)	法律、行政法规规定的其他行政处罚	√	√	—	—	—
备注		限制人身自由的行政处罚只能由法律设定	不得设定限制人身自由的行政处罚	不得设定限制人身自由、吊销营业执照的行政处罚	罚款的限额由国务院规定	罚款的限额由省、自治区、直辖市人民代表大会常务委员会规定

(1)法律可以设定各种行政处罚。

限制人身自由的行政处罚只能由法律设定。

(2)行政法规可以设定除限制人身自由以外的行政处罚。

法律对违法行为已经作出行政处罚规定的,行政法规可以作出具体的规定,但必须是在法律规定的给予行政处罚的行为、种类和幅度的范围内作出规定。

法律对违法行为未作出行政处罚规定的,行政法规为实施法律,可以补充设定行政处罚。拟补充设定行政处罚的,应当通过听证会、论证会等形式广泛听取意见,并向制定机关作出书面说明。行政法规报送备案时,应当说明补充设定行政处罚的情况。

(3)地方性法规可以设定除限制人身自由、吊销营业执照以外的行政处罚。

法律、行政法规对违法行为已经作出行政处罚规定的,地方性法规可以作出具体的规定,但必须在法律、行政法规规定的给予行政处罚的行为、种类和幅度的范围内作出规定。

法律、行政法规对违法行为未作出行政处罚规定的,地方性法规为实施法律、行政法规,可以补充设定行政处罚。拟补充设定行政处罚的,应当通过听证会、论证会等形式广泛听取意见,并向制定机关作出书面说明。地方性法规报送备案时,应当说明补充设定行政处罚的情况。

(4)国务院部门规章可以在法律、行政法规规定的给予行政处罚的行为、种类和幅度的范围内作出具体规定。

尚未制定法律、行政法规的,国务院部门规章对违反行政管理秩序的行为,可以设定警告、通报批评或者一定数量罚款的行政处罚。罚款的限额由国务院规定。

(5)地方政府规章可以在法律、法规规定的给予行政处罚的行为、种类和幅度的范围内作出具体规定。

尚未制定法律、法规的,地方政府规章对违反行政管理秩序的行为,可以设定警告、通报批评或者一定数量罚款的行政处罚。罚款的限额由省、自治区、直辖市人民代表大会常务委员会规定。

（6）国务院部门和省、自治区、直辖市人民政府及其有关部门应当定期组织评估行政处罚的实施情况和必要性，对不适当的行政处罚事项及种类、罚款数额等，应当提出修改或者废止的建议。

（7）除法律、法规、规章外，其他规范性文件不得设定行政处罚。

五、处罚的适用

交通运输行政处罚的适用是指交通运输行政主体在认定行政相对人违法的前提下，依照法律法规规定的原则和方法，决定对行政相对人是否给予行政处罚以及实施何种行政处罚的活动，具体包括以下几个方面。

1. 实施行政处罚应当纠正违法行为

根据《行政处罚法》，交通运输行政主体实施行政处罚，应当责令行政相对人改正或限期改正违法行为。交通运输行政主体实施行政处罚的目的是维护公共利益和交通运输秩序，保护行政相对人的合法利益；是纠正违法行为，教育行政相对人遵守交通运输法规。因此，交通运输行政主体在处理违反交通运输法规的案件时，无论对行政相对人实施何种行政处罚，都应该首先要求行政相对人及时停止并纠正违法行为。例如《道路旅客运输及客运站管理规定》（交通运输部令2020年第17号）规定，客运经营者以欺骗、暴力等手段招揽旅客的，由县级以上道路运输管理机构责令改正，处1000元以上3000元以下的罚款，情节严重的，由原许可机关吊销相应许可。

2. 一事不再罚

针对多头罚款、重复罚款问题，《行政处罚法》规定，对行政相对人的同一个违法行为，不得给予两次以上罚款的行政处罚，同一个违法行为违反多个法律规范应当给予罚款处罚的，按照罚款数额高的规定处罚。

3. 关于不予处罚的规定

《行政处罚法》规定以下5种情况不予处罚：一是不满14周岁的未成年人有违法行为的；二是精神病人、智力残疾人在不能辨认或不能控制自己的行为时有违法行为的；三是违法行为轻微并及时改正，没有造成危害后果的；四是初次违法且危害后果轻微并及时改正的；五是当事人有证据足以证明没有主观过错的，但法律、行政法规另有规定的除外。

4. 关于从轻、减轻处罚的规定

《行政处罚法》规定以下6种情况应当依法从轻或者减轻处罚：一是已满14周岁不满18周岁的未成年人有违法行为的；二是行政相对人主动消除或者减轻违法行为危害后果的；三是行政相对人受他人胁迫有违法行为的；四是主动供述行政主体尚未掌握的违法行为的；五是行政相对人配合行政主体查处违法行为有立功表现的；六是其他依法应该从轻或减轻处罚的。

从轻处罚是指在法定的处罚方式和处罚幅度内，对行政相对人在几种可能的处罚方式中选择较轻的处罚方式或者在同一处罚方式下选择处罚幅度的低限实施处罚；减轻处罚是指在法定的处罚方式和处罚幅度以外，对行政相对人实施行政处罚，在处罚幅度上介于从轻处罚与不处罚之间。

5. 行政处罚的时效

行政处罚的时效是指行政主体对行政相对人的违法行为追究行政责任、实施行政处罚的有效期限。其意义在于：对于未过时效期的违法行为必须依法追究行政责任，以体现交通运输行政执法的严肃性，同时对于已过时效期的违法行为不再追究其行政法律责任，以维护社会稳定。

《行政处罚法》规定，违法行为在2年内未被发现的，不再给予行政处罚。涉及公民生命健康安全、金融安全且有危害后果的，延长至5年。法律另有规定的除外。时效的期限是从违法行为发生之日算起，违法行为有连续或者继续状态的，从行为终了之日算起。

连续状态是指行为人连续实施若干个同一种类的违法行为。例如，未取得运输经营许可而连续多次从事运输经营活动。继续状态是指一个违法行为在时间上的延续。

六、处罚的程序

交通运输行政处罚的程序是交通运输行政主体在查处交通运输违法案件，对行政相对人实施交通运输行政处罚时应遵守的方法和步骤。为了规范交通运输行政处罚的程序，国务院交通运输主管部门依据《行政处罚法》的有关规定，具体规定了行政处罚的管辖、简易程序、一般程序等内容。

（一）交通运输行政处罚的管辖

交通运输行政处罚的管辖是交通运输行政主体对于应予处罚的交通运输违法行为在处理上的权限与分工，包括职能管辖、地域管辖、指定管辖和移送管辖。

1. 职能管辖

职能管辖是指各交通运输行政管理主体之间根据各自的职能在对行政相对人实施行政处罚所做的分工。职能管辖一般是由交通运输法规规定，只能根据职能对违反交通运输法规的行政相对人实施行政处罚。《行政处罚法》明确规定，行政处罚由有行政处罚权的行政主体管辖，从而明确了行政处罚的职能管辖问题。

例如，《道路运输从业人员管理规定》（交通运输部令2019年第18号）规定，未取得相应从业资格证件，驾驶道路客货运输车辆的，由县级以上道路运输管理主体责令改正，处200元以上2000元以下的罚款；未取得相应从业资格证件，从事道路危险货物运输活动的，由设区的市级人民政府交通运输管理主体处5万元以上10万元以下的罚款。

2. 地域管辖

《行政处罚法》规定，行政处罚由违法行为发生地的县级以上地方人民政府具有行政处罚权的行政主体管辖，法律、行政法规、国务院部门规章另有规定的，从其规定。《交通运输行政执法程序规定》（交通运输部令2019年第9号）规定，行政处罚由违法行为发生地的交通运输行政执法主体管辖。

3. 指定管辖

《行政处罚法》规定，两个以上行政主体都有管辖权的，由最先立案的行政主体管辖。对管辖发生争议的，应当协商解决，协商不成的，报请共同的上一级主管部门指定管辖。根据《交通运输行政执法程序规定》，下级交通运输执法主体认为其管辖的案件属重大、疑难案件，或者由于特殊原因难以办理的，可以报请上一级部门指定管辖。

4.移送管辖

根据《交通运输行政执法程序规定》,移送管辖主要包括以下两种情况:一是交通行政执法主体发现所查处的案件不属于本部门管辖的,应当移送有管辖权的其他行政主体。二是交通行政执法主体发现违法行为涉嫌犯罪的,依照《行政执法机关移送涉嫌犯罪案件的规定》(国务院令第 730 号)将案件移送公安机关或其他有关管辖权部门。

(二)简易程序

1.简易程序的适用条件

根据《行政处罚法》规定,适用简易程序的违法案件必须同时具备以下三个条件:一是违法行为确凿;二是有法定处罚依据;三是在程度上,对公民处以 200 元以下的罚款或警告处罚、对法人或其他组织是处以 3000 元以下罚款或警告的处罚。

2.简易程序的内容

交通行政执法人员适用简易程序当场作出行政处罚的,应当按照下列步骤实施:

(1)向行政相对人(当事人)出示交通运输行政执法证件并查明对方身份。

(2)调查并收集必要的证据。

(3)口头告知当事人违法事实、处罚理由和依据。

(4)口头告知当事人享有的权利与义务。

(5)听取当事人的陈述和申辩并进行复核;当事人提出的事实、理由或者证据成立的,应当采纳。

(6)填写预定格式、编有号码的《当场行政处罚决定书》并当场交付当事人,告知当事人在法定期限内可以依法申请行政复议或者提起行政诉讼;《当场行政处罚决定书》应当由交通行政执法人员签名或者盖章。

(7)当事人在《当场行政处罚决定书》上签名或盖章。

(8)作出当场处罚决定之日起 5 日内,将《当场行政处罚决定书》副本提交所属交通行政执法主体备案。

(三)普通程序

普通程序是对交通运输行政处罚案件实施处罚的基本程序,其手续相对严格、完整、适用广泛,主要包括以下几个方面。

1.立案

立案是实施交通运输行政处罚主体对所发现的、应当追究行政相对人(当事人)行政责任的违法行为,将其登记并确立为应受到调查处理案件的活动。

立案的来源包括现场发现的违法行为案件、群众举报、受害人控告揭发的违法行为案件以及上级部门交办的违法行为案件。立案后应指派承办人员负责案件的调查工作。

2.调查取证

证据是指能够证明违法案件真实情况的事实,包括书证、物证、视听资料、电子数据、证人证言、当事人陈述、鉴定意见、勘验笔录和现场笔录。在调查取证过程中,交通运输行政主体应对案件进行合法、及时、全面、客观、公正的调查并收集证据;必要时,依照法律规范的规定进行检查。

调查取证工作应遵守以下规定：

(1)调查、收集证据不得少于两人，并应主动向当事人出示执法身份证件。

(2)询问证人首先要告知其权利和义务，询问证人与当事人应分别进行，并制作《询问笔录》，笔录经被询问人阅核后，由询问人和被询问人签名或者盖章。

(3)勘验检查的对象仅限于与案件有关的物品或者现场，并应当通知当事人到场，当事人拒不到场的，可以请在场的其他人员见证。勘验检查应制作《勘验检查记录》。

(4)对需要采取抽样调查取证方法的，应制作《抽样取证凭证》。

(5)对涉及专门性问题的，应当指派或者聘请具有相关专业知识与技能的部门或人员进行鉴定，并制作《鉴定意见书》。

(6)在证据可能灭失或者以后难以取得的情况下，经行政主体负责人批准，可以先行登记保存，制作《证据登记保存清单》，并在7日内及时作出处理决定。

在充分进行调查取证、查清事实的基础上，承办人员要准确适用法律规范提出有关事实和处理结论的书面意见，制作《交通违法行为调查报告》，由交通运输行政主体负责人审查批准。对情节复杂或者重大违法行为给予较重的行政处罚，行政主体负责人应当集体讨论决定。在决定前应依法向当事人履行告知义务，听取当事人的陈述、申辩。

3. 听取当事人的陈述、申辩

交通运输行政主体负责人对《交通违法行为调查报告》审核后，认为应当免予处罚或不予处罚的，应当撤销案件；认为应当给予行政处罚的，交通运输行政主体应当制作《交通违法行为通知书》送达当事人，在通知书中载明认定的违法事实、拟给予的行政处罚内容、理由及依据。当事人要求陈述、申辩的，应当如实记录当事人的陈述、申辩意见。行政主体应当充分听取当事人的意见，对当事人提出的事实、理由、证据认真进行复核；当事人提出的事实、理由或者证据成立的，应当予以采纳。不得因当事人申辩而加重处罚。

4. 听证

听证程序是《行政处罚法》规定的、在实施交通运输行政处罚过程中应当遵循的程序。它是指作出重大交通运输行政处罚决定之前，在违法案件调查承办人员和当事人参加的情况下，由交通运输行政主体专门人员组织听取当事人申辩、质证和意见，进一步核实证据和查清事实，保证处理结果公正、合法的程序之一。

在行政处罚中设立听证程序，是为了加强行政处罚的民主化、公开化，保障交通运输行政处罚的公正性、合理性，督促交通运输行政主体依法实施行政处罚，在事前有效地防范行政相对人的合法权利受到侵害。

(1)听证程序的适用范围。由于行政处罚的适用面大，数量繁多，而且各种处罚的轻重程度不一，因此，听证程序尚不宜针对所有的行政处罚。《行政处罚法》规定，对几种重大的行政处罚适用听证程序，包括：

①较大数额罚款。

②没收较大数额违法所得、没收较大价值非法财物。

③降低资质等级、吊销许可证件。

④责令停产停业、责令关闭、限制从业。

⑤其他较重的行政处罚。

⑥法律、法规、规章规定的其他情形。

地方交通运输管理主体对"较大数额罚款"应按照省级人大常委会或者省级人民政府规定或其授权部门规定的标准执行,海事执法部门按照对自然人处1万元以上、对法人或者其他组织10万元以上执行。交通运输行政主体在作出处罚决定前,应当告知当事人有要求举行听证的权利,当事人要求听证的,应当组织听证。

(2)听证主持人员。为了正常有效地举行听证活动,交通运输行政主体应当确定主持听证的工作人员,一般应指定法制工作机构的工作人员,案件调查人员不得担任听证主持人或记录员。

(3)听证的举行。听证活动大致包括以下7个方面。

①当事人要求听证的应当在交通运输行政主体告知后5日内提出。

②交通运输行政主体应在举行听证的7日前向当事人送达《听证通知书》,通知当事人举行听证的时间、地点。

③听证应公开举行,但涉及国家秘密、商业秘密及个人隐私的除外。

④当事人可以亲自参加听证,也可委托1～2人(包括律师)代理,如认为听证主持人与案件有利害关系的,当事人有权申请其回避。

⑤当事人及其代理人无正当理由拒不出席听证或者未经许可中途退出听证的,视为放弃听证权利,行政主体终止听证。

⑥听证步骤如下:一是由听证主持人核对参加者的身份,并宣布听证会开始;二是调查人员提出当事人违法的事实、证据和行政处罚的建议;三是当事人进行申辩和质证。

⑦当事人或者其委托的代理人阅读、修改《交通运输行政处罚案件听证会笔录》,并签字或者盖章。

听证主持人应当在听证会结束后,将听证情况和处理意见制作成《交通运输行政处罚案件听证报告》呈交行政主体负责人,在报告中,听证主持人要提出听证的结论和对案件的处理意见。

5.作出行政处罚决定程序

在听取当事人陈述、申辩或组织听证后,交通运输行政主体应根据不同情况作出以下处理决定:

(1)违法事实清楚,证据确凿充分,根据情节轻重,作出处罚决定。

(2)案件还需要进一步调查处理的,责令案件调查人员补充调查。

(3)违法行为轻微,依法可以不予行政处罚的,不予行政处罚。

(4)违法事实不能成立的,不得给予行政处罚。

(5)违法行为已构成犯罪的,应当将案件有关材料移送有管辖权的司法机关。

交通运输行政主体作出行政处罚决定必须制作《交通运输行政处罚决定书》。

6.送达程序

《交通运输行政处罚决定书》应当在宣告后当场交付被处罚的当事人,被处罚人不在场的,应当在7日内送达被处罚人。

送达处罚决定书和其他有关行政处罚文书必须使用《交通运输行政处罚文书送达回证》,由被处罚人注明签收日期并签名或盖章,被处罚人在《交通运输行政处罚文书送达回证》上的签收日期为送达日期。被处罚人同意并签订确认书的,可以采用传真、电子邮件等方式,将行政处罚决定书等送达当事人。

被处罚人不在场的,送达人交其同住的成年家属签收,并且在备注栏内写明与被处罚人的关系;被处罚人已指定代收人的,交代收人签收。

被处罚人拒绝接收的,送达人应当邀请有关基层组织的代表或者其他人员到场,说明情况,在《交通运输行政处罚文书送达回证》上写明拒收事由和日期,由送达人、见证人签名或者盖章,把《交通运输行政处罚决定书》留在被处罚人的住处,即视为送达。

直接送达交通运输行政处罚文书有困难的,可以委托其他交通管理行政主体代为送达,或者以邮寄、公告的方式送达。邮寄送达,挂号回执上注明的收件日期为送达日期;公告送达,自发出公告之日起经过60日即视为送达。

七、处罚的执行

(一)执行原则

《行政处罚法》为行政处罚的执行规定了一般原则,交通运输行政处罚必须遵循如下3条原则。

1. 当事人自觉履行在先,强制执行在后的原则

《行政处罚法》规定,行政处罚决定依法作出以后,当事人应当在行政处罚规定的期限内予以履行。因此,行政处罚决定生效后,首先由当事人自觉履行,只有当事人逾期不履行行政处罚决定的,才可以开始强制执行。

2. 行政处罚决定不因为行政复议或行政诉讼而停止执行的原则

《行政处罚法》规定,当事人对行政处罚决定不服,申请行政复议或者提起行政诉讼的,行政处罚不停止执行,法律另有规定的除外。同时,《行政复议法》《行政诉讼法》对行政复议、行政诉讼不停止原行政处罚决定的原则和例外情况作了明确规定。

3. 依法强制原则

《行政强制法》规定,对行政处罚决定的强制执行有两种方式:一是行政主体自行强制执行,二是由作出行政处罚的行政主体申请人民法院强制执行。

(二)关于罚款决定的执行

针对行政管理工作中罚款的滥用及混乱状况,《行政处罚法》专门对执行罚款决定作了详细的规定,建立了一系列的制度,交通运输行政处罚须遵守相关制度。

1. 实行作出罚款决定的行政主体与收缴罚款机构分离,并由指定的银行代收罚款

《行政处罚法》规定,除依法当场收缴的罚款外,作出行政处罚决定的主体及其执法人员不得自行收缴罚款,当事人应当自收到行政处罚决定书15日内,到指定银行或者通过电子支付系统缴纳罚款,银行应当收受罚款,并将罚款直接上缴国库。一般情况下,作出处罚决定的行政主体也就是该处罚决定的执行主体,因此,实行作出罚款决定的行政主体与收受罚款的机构相分离,意味着罚款决定的执行与罚款收缴相分离。

2. 严格规定行政主体自行收缴罚款的范围

《行政处罚法》还规定了行政主体及其执法人员自行收缴罚款的范围以及当场收缴的罚款的适用范围。

《行政处罚法》规定,行政主体及其执法人员可以当场收缴罚款的情况有以下几种:一是给予100元以下的罚款;二是不当场收缴事后难以执行的;三是在边远、水上、交通不便地区,执法主体及其执法人员依法作出罚款决定后,行政相对人到指定银行或者通过电子支付系统缴纳罚款确有困难,经当事人提出,行政主体及其执法人员可以当场收缴罚款。

行政主体及其执法人员当场收缴罚款的,必须向当事人出具国务院财政部门或者省、自治区、直辖市人民政府财政部门统一制发的专用票据;不出具财政部门统一制发的专用票据的,当事人有权拒绝缴纳罚款。

3.明确规定行政主体自行收缴罚款的处理办法

《行政处罚法》规定,执法人员当场收缴的罚款,应当在收缴之日起2日内交至行政主体;在水上当场收缴的罚款,应当至抵岸之日起2日内交至行政主体,行政主体应当在2日内将罚款缴付指定的银行。

4.建立了罚款全部上缴国库制度

《行政处罚法》规定,除依法应当予以销毁的物品外,依法没收的非法财物必须按照国家规定公开拍卖或者按照国家有关规定处理。罚款、没收的违法所得或者没收非法财物拍卖的款项,必须全部上缴国库,任何行政机关或者个人不得以任何形式截留、私分或者变相私分。罚款、没收的违法所得或者没收非法财物拍卖的款项,不得同作出行政处罚决定的行政主体及其工作人员的考核、考评直接或者变相挂钩。除依法应当退还、退赔的外,财政部门不得以任何形式向作出行政处罚决定的行政主体返还罚款、没收的违法所得或者没收非法财物拍卖的款项。

八、结案

有下列情形之一的,行政主体的工作人员制作《结案报告》,经其负责人批准后予以结案:

(1)决定撤销立案的。
(2)作出不予行政处罚决定的。
(3)行政处罚决定已执行完毕的。
(4)案件移送有管辖权的行政主体或者司法机关的。
(5)作出行政处罚决定后,因执行标的灭失、被处罚人死亡等客观原因导致无法执行或者无须执行的。
(6)其他应予结案的情形。

第六节 交通运输行政强制

交通运输行政强制措施与强制执行是国家行政法律制度的重要部分。2012年《行政强制法》的实施,标志着国家已经系统地建立了行政强制的法律制度,为交通运输行政主体采取行政强制措施和强制执行的实施提供了法律依据。

一、概念与特征

(一)概念

根据《行政强制法》,行政强制包括行政强制措施和行政强制执行。

所谓行政强制措施,是指行政主体在行政管理过程中,为制止违法行为、防止证据损毁、避免危害发生、控制危险扩大等情形,依法对公民的人身自由实施暂时性限制,或者对行政相对人的财物实施暂时性控制的行为。

所谓行政强制执行,是指行政主体或者行政主体申请人民法院,对不履行行政决定的行政相对人,依法强制履行义务的行为。

(二)交通运输行政强制措施

根据《行政强制法》,交通运输行政强制措施是指交通运输行政主体在实施交通运输行政管理过程中,为制止交通运输违法行为,根据交通运输法规对行政相对人的运输车辆等财物实施暂扣的行为。

交通运输行政强制措施具有以下特征。

1. 交通运输行政强制措施是具体行政行为

交通运输行政强制措施是交通运输行政主体为实现特定的行政管理目的,针对特定的行政相对人的财物、就特定的事项所做出的具体行政行为。

2. 交通运输行政强制措施具有强制性

虽然任何作为体现交通运输管理意志的具体行政行为都具有强制性,但交通运输行政强制措施相对于其他具体行政行为具有更强与更直接的强制性。

3. 交通运输行政强制措施是从属性的行政行为

交通运输行政强制措施是为了实现一定的交通运输管理目的,具体就是为保障其他具体行政行为的顺利做出或实现而采取的一种行政手段。例如,交通运输行政主体根据《道路运输条例》暂扣没有道路运输证又无法当场提供其他有效证明的车辆,就是为了确保实施行政处罚而采取的行政强制措施。

4. 交通运输行政强制措施具有权益的限制性

交通运输行政主体对行政相对人采取交通运输行政强制措施后,必然限制了行政管理相对人的权利。交通运输行政强制措施属于行政限权行为,而不是行政赋权行为。

5. 交通运输行政强制措施是一种临时性的措施

交通运输行政强制措施是对一种权利的临时约束,而不是对这种权利的最终处分。例如,扣押从事道路运输经营车辆的行政强制措施,扣押车辆本身不是目的,扣押只是约束被扣押车辆的使用,而不是对被扣押车辆所有权的最终处分。

6. 交通运输行政强制措施具有非制裁性

交通运输行政强制措施不是以制裁交通违法为直接目的,而是以实现某一交通运输行政管理目标为直接目的。行政强制措施并不是以行政相对人违法为前提,行政强制措施的做出,既可以针对违法的行政当事人,也可针对合法的行政当事人,这正是行政强制措施与行政处罚的区别所在。

7. 交通运输行政强制措施具有可诉性

交通运输行政强制措施在法律救济上适用行政复议和行政诉讼。根据相关法律的规定,行政相对人对交通运输行政主体的行政强制措施不服的,可以申请行政复议和提起行政诉讼。

(三)交通运输行政强制执行

1.含义

根据《行政强制法》,交通运输行政强制执行是行政相对人不履行其法定义务,交通运输行政主体以强制方式促使其履行或实现与履行具有相同状态的具体行政行为。交通运输行政强制执行包含以下4层含义:

(1)交通运输行政强制执行是以行政相对人不履行法定义务为前提的。没有这一前提条件的存在,强制执行就不可能发生。行政相对人不履行法定义务可能有两种情况:一是行政相对人不履行的义务是交通行政执法决定明确的内容;二是行政相对人不履行的义务直接来自交通法律、法规或者规章的规定。

(2)交通运输行政强制执行的行政主体是交通运输行政管理机关和法律、法规授权的交通运输管理机构。其他任何部门都不能成为交通运输行政强制执行的行政主体。

(3)交通运输行政强制执行的内容是行政相对人未履行交通运输法律规范规定的义务时,交通运输行政主体为确保行政相对人履行这些法定义务而采取的法定措施。

(4)交通运输行政强制执行是单方行政行为。在实施过程中,交通运输行政主体与行政相对人不存在执行的调解问题。

2.特征

(1)行政性。行政性包含两层含义:一是交通运输行政强制执行发生在交通行政执法过程中,是交通运输行政主体在贯彻实施交通运输法律规范过程中的一种具体行政行为;二是交通运输行政强制执行的主体是依法享有行政强制执行权的交通运输行政管理机关和法律、法规授权的交通运输管理机构。

(2)强制性。交通运输行政强制执行是在行政相对人不履行法定义务的前提下实施的,不通过强制手段已不足以使行政相对人履行法定义务,这种强制性不考虑行政相对人是否接受。

(3)执行性。就行政相对人而言,不愿意履行交通运输法律规范规定的义务,而不是无法履行法定义务,否则,就不能实施交通运输行政强制执行;就交通运输行政主体而言,交通运输行政强制执行必须是该主体作出了具有执行内容的行政执法决定,否则,不存在行政强制执行问题。

二、强制原则

根据《行政强制法》,交通运输行政强制应遵循以下基本原则。

(一)法定原则

交通运输行政强制的设定和实施,应当依照法定的权限、范围、条件和程序进行。

(1)权限法定。行政强制必须法定,法律法规没有规定的,交通运输行政主体不得实施行政强制。交通运输行政主体必须在自己法定的行政强制权限范围内采取行政强制措施,否则,就要承担相应的法律后果。

(2)范围法定。对于应采取行政强制的事项,如果法律法规规定了范围,交通运输行政主体只能在法律法规规定的范围内采取行政强制。

(3)条件法定。交通运输行政主体只有在符合法律法规规定的条件时,才能采取行政强制。

(4)程序法定。交通运输行政主体采取行政强制时,不仅行政强制的内容要合法,还必须符合法定程序。

(二)适当原则

适当原则要求交通运输行政主体必须准确把握交通运输行政管理的目的,充分了解实现该目的所必要的手段以及既有的手段,在确保达到交通运输行政管理目的的基础上,做到尽量选择非强制手段,或选择较轻的强制手段,所选择的行政强制手段与所要达到交通运输行政管理目的的需求程度相适应。

(三)行政强制与教育相结合的原则

行政强制与教育相结合的原则强调的是应当致力于教育行政相对人自觉守法,减少其对交通运输行政管理活动的抵触,自觉履行法定义务;经过合理时间,采取适当的方法进行教育仍达不到交通运输行政管理目的的,再依法实施强制。行政强制是在教育手段仍不能实现行政目的时而采取的不得已手段。

(四)不得使用行政强制权谋取私利的原则

交通运输行政主体及其工作人员不得为个人私利滥用行政强制权。不得使用行政强制权为单位和个人谋取利益。交通运输行政主体及其工作人员在行使行政强制权时,不得掺杂本部门及个人目的,不得徇私枉法。

(五)权利救济原则

交通运输行政强制在法律救济上适用行政复议和行政诉讼。根据相关法律规定,行政相对人对行政主体的行政强制不服的,可以申请行政复议或者提起行政诉讼。

三、交通运输行政强制与交通运输行政处罚的区别

(一)交通运输行政强制措施与交通运输行政处罚的区别

(1)交通运输行政处罚是对行政相对人权利的最终处分。例如没收非法所得是对行政相对人财产所有权最终剥夺的处分。而行政强制措施是对行政相对人权利的一种临时限制,例如扣押道路运输车辆,不是对车辆所有权的最终处分,仅是在短期内对车辆使用权的临时限制。

(2)交通运输行政处罚是一种行政制裁行为,必然以行政相对人的行为违法为前提。交通运输行政强制措施不是一种行政制裁行为,与行政相对人的行为是否违法没有必然联系。

(3)交通运输行政处罚是一种最终行政行为,作出交通运输行政处罚决定,表明该交通行政违法行为处理完毕,例如没收非法所得表达了对该非法所得的最终处理。交通运输行政强制措施是一种中间行为,它是为保证做出最终行政行为所采取的一种临时性措施,并没有到达最终处理完毕的状态。如扣押道路运输车辆,扣押不是最终目的,而是为保证以后作出行政处理决定和执行处理决定所采取的临时性措施。

(二)交通运输行政强制执行与交通运输行政处罚的区别

(1)前提条件不同。交通运输行政强制执行以行政相对人不履行法定义务为前提,交通

运输行政处罚则以行政相对人实施了违法行为为前提。

(2)目的不同。交通运输行政处罚的目的是对违反交通行政法律规范的行政相对人给予制裁,制止和纠正违法行为,维护社会秩序和公共利益。交通运输行政强制执行的目的是使行政相对人没有自觉履行的法定义务得到履行,达到履行义务所要求的状态。

(3)表现形式不同。交通运输行政处罚是警告、罚款、暂扣和吊销证照等形式。交通运输行政强制执行有强制拆除、征收滞纳金等形式。

四、强制措施的种类

《行政强制法》规定了以下5类行政强制措施:

(1)限制公民人身自由。

(2)查封场所、设施或者财物。

(3)扣押财物。

(4)冻结存款、汇款。

(5)其他行政强制措施。

根据《行政强制法》,法律可以设定各类行政强制措施;行政法规可以设定除限制公民人身自由、冻结存款汇款以外的行政强制措施;地方性法规可以设定查封场所、设施或者财物以及扣押财物的行政强制措施;法律、行政法规和地方性法规以外的其他规范性文件不得设定行政强制措施。法律中未设定行政强制措施的,行政法规、地方性法规不得设定行政强制措施,但是,法律规定特定事项由行政法规规定具体管理措施的,行政法规可以设定除限制公民人身自由、冻结存款汇款以外的以及应当由法律规定的行政强制措施以外的其他行政强制措施。

在交通运输行政管理中,对可能灭失或者以后难以取得的证据的,可以采用查封场所、设施以及财物的行政强制措施,也可以采用扣押财物的行政强制措施。例如,在实施道路运输监督检查过程中,交通运输行政主体调查发现从事道路运输经营活动的客运车辆,没有道路运输证且无法提供其他有效证件,可实施对客运车辆进行暂扣这一行政强制措施。

五、执行方式

(一)行政强制执行的方式

《行政强制法》规定的行政强制执行的方式包括以下6种:

(1)加处罚款或者滞纳金。

(2)划拨存款、汇款。

(3)拍卖或者依法处理查封、扣押的场所、设施或者财物。

(4)排除妨碍、恢复原状。

(5)代履行。

(6)其他强制执行方式。

行政强制执行由法律设定。法律没有规定行政主体强制执行的,作出行政决定的行政主体应当申请人民法院强制执行。

(二)交通运输行政强制执行

目前交通运输行政主体采取的行政强制执行的方式主要有加处罚款或者滞纳金以及代履行。对于交通运输行政相对人拒不履行其他义务的,应申请人民法院强制执行。

六、执行程序

(一)一般程序

交通运输行政主体依法作出行政决定后,行政相对人在行政决定的期限内不履行义务的,交通运输行政主体可根据《行政强制法》的规定进行强制执行。

1. 催告

交通运输行政主体在作出强制执行决定前,应当事先催告行政相对人履行义务。催告以书面形式作出,并载明下列事项:

(1)履行义务的期限。

(2)履行义务的方式。

(3)涉及金钱给付(罚款、没收非法所得、赔偿损失)的,应当有明确的金额和给付方式。

(4)行政相对人依法享有的陈述和申辩权。

行政相对人收到催告书后有权进行陈述和申辩。行政主体应当充分听取行政相对人的意见,对行政相对人提出的事实、理由和证据,应当进行记录、复核。行政相对人提出的事实、理由或者证据成立的,行政主体应当采纳。

2. 作出强制执行决定

经催告,行政相对人逾期仍不履行义务,且无正当理由的,交通运输行政主体可以作出强制执行决定。强制执行决定应当以书面形式作出,并载明下列事项:

(1)行政相对人的姓名或者名称、地址。

(2)强制执行的理由和依据。

(3)强制执行的方式和时间。

(4)申请行政复议或者提起行政诉讼的途径和期限。

(5)交通运输行政主体的名称、印章和日期。

在催告期间,对有证据证明行政相对人有转移或者隐匿财物迹象的,交通运输行政主体可以作出立即强制执行决定。

3. 送达

催告书、行政强制执行决定书应当直接送达行政相对人。行政相对人拒绝接收或者无法直接送达相对人的,依照法律规定的方式送达。

4. 中止执行

(1)行政相对人履行行政决定确有困难或者暂无履行能力的。

(2)第三人对执行的标的主张权利,确有理由的。

(3)执行可能造成难以弥补的损失,且中止执行不损害公共利益的。

(4)行政主体认为需要中止执行的其他情形。

中止执行的情形消失后,交通运输行政主体应当恢复执行。对没有明显社会危害、当事人确无能力履行、中止执行满3年未恢复执行的不再执行。

5.终结执行

有下列情形之一的,终结执行:

(1)公民死亡,无遗产可供执行,又无义务承受人的。

(2)法人或者其他组织终止,无财产可供执行,又无义务承受人的。

(3)执行标的灭失的。

(4)作为执行依据的行政强制执行决定书被撤销的。

(5)行政主体认为需要终结执行的其他情形。

6.其他规定

在执行中或者执行完毕后,作为执行依据的行政强制执行决定书被撤销、变更或者执行错误的,应当恢复原状或者退还财物;不能恢复原状或者退还财物的,依法给予赔偿。

实施行政强制执行,交通运输行政主体可以在不损害公共利益和他人合法权利的情况下,与行政相对人达成执行协议。执行协议可以约定分阶段履行;行政相对人采取补救措施的,可以减免加处的罚款或者滞纳金。执行协议应当履行,行政相对人不履行执行协议的,行政主体应当恢复强制执行。

(二)金钱给付义务的执行

交通运输行政主体依法作出金钱给付义务(罚款、没收非法所得、赔偿损失)的行政决定,行政相对人逾期不履行的,行政主体可以依法加处罚款或者收缴滞纳金。应当告知行政相对人加处罚款或者滞纳金的标准。

加处罚款或者滞纳金的数额不得超出金钱给付义务的数额。

实施加处罚款或者滞纳金超过30日,经催告行政相对人仍不履行的,可以强制执行。

行政相对人在法定期限内不申请行政复议或者提起行政诉讼,经催告仍不履行的,交通运输行政主体在实施行政管理过程中已经采取查封、扣押措施的,可以将查封、扣押的财物依法拍卖抵缴罚款。

(三)代履行

交通运输行政主体依法作出要求行政相对人履行排除妨碍、恢复原状等义务的行政决定,行政相对人逾期不履行,经催告仍不履行,其后果已经或将危害交通运输安全、造成环境污染或者破坏自然资源的,交通运输行政主体可以代履行,或者委托没有利害关系的第三人代履行。代履行应当遵守下列规定:

(1)代履行前送达决定书,代履行决定书应当载明行政相对人的姓名或者名称、地址,代履行的理由、依据、方式、时间、标的、费用预算以及代履行人。

(2)代履行3日前,催告行政相对人履行,行政相对人履行的,停止代履行。

(3)代履行时,作出决定的交通运输行政主体应当派员到场监督。

(4)代履行完毕,交通运输行政主体到场监督的工作人员、代履行人和行政相对人或者见证人应当在执行文书上签名或者盖章。

代履行的费用按照成本合理确定,由行政相对人承担;代履行不得采用暴力、胁迫以及其他非法方式。

需要立即清除道路、河道、航道或者公共场所的遗洒物、障碍物或者污染物,行政相对人不能清除的,交通运输行政主体可以决定立即实施代履行;行政相对人不在场的,应当在事后立即通知当事人,并依法作出处理。

(四)申请人民法院强制执行

根据《行政强制法》规定,行政相对人在法定期限内不申请行政复议或者提起行政诉讼,又不履行行政决定的,交通运输行政主体可以自期限届满之日起3个月内,申请人民法院强制执行。

在申请人民法院强制执行前,应当催告行政相对人履行义务。催告书送达10日后行政相对人仍未履行义务的,交通运输行政主体可以向所在地有管辖权的人民法院申请强制执行。具体方式和程序如下。

1. 交通运输行政主体提出申请

交通运输行政主体需要人民法院强制执行的,应依法向人民法院提出书面的执行申请,并提供以下材料:

(1)强制执行申请书。
(2)行政决定书及作出决定的事实、理由和依据。
(3)行政相对人的意见及行政机关催告情况。
(4)申请强制执行标的。
(5)法律、行政法规规定的其他材料。

强制执行申请书应当由交通运输行政主体负责人签名,加盖公章,并注明日期。

2. 人民法院审查裁定与执行

(1)人民法院收到交通运输行政主体的强制执行申请,应当在5日内受理。交通运输行政主体对人民法院不予受理的裁定有异议的,可以在15日内向上一级人民法院申请复议,上一级人民法院应当自收到复议申请之日起15日内作出是否受理的裁定。

(2)人民法院对交通运输行政主体强制执行的申请进行书面审查,对符合行政强制执行规定,且行政决定具备法定执行效力的,人民法院应当自受理之日起7日内作出执行裁定。

(3)人民法院发现明显缺乏事实根据、明显缺乏法律法规依据以及其他明显违法并损害被执行人合法权益的,在作出裁定前可以听取被执行人和行政主体的意见,并自受理之日起30日内作出是否执行的裁定。裁定不予执行的,应当说明理由,并在5日内将不予执行的裁定送达交通运输行政主体。

(4)交通运输行政管理行政主体对人民法院不予执行的裁定有异议的,可以自收到裁定之日起15日内向上一级人民法院申请复议,上一级人民法院应当自收到复议申请之日起30日内作出是否执行的裁定。

(5)因情况紧急,为保障公共安全,交通运输行政主体可以申请人民法院立即执行。经人民法院院长批准,人民法院应当自作出执行裁定之日起5日内执行。

(6)交通运输行政主体申请人民法院强制执行,不缴纳申请费。强制执行的费用由被执行人承担。

(7)人民法院以划拨、拍卖方式强制执行的,可以在划拨、拍卖后扣除强制执行的费用。

(8)依法拍卖财物,由人民法院委托拍卖机构依照《中华人民共和国拍卖法》的规定办理。

(9)划拨的存款、汇款以及拍卖和依法处理所得的款项应当上缴国库或者划入财政专户,不得以任何形式截留、私分或者变相私分。

第七节　交通运输行政复议

一、概述

(一)交通运输行政复议的概念

根据《行政复议法》的相关规定,交通运输行政复议是指行政相对人认为交通运输行政主体做出的具体行政行为侵犯了自己的合法权益,在法定期限内向行政复议机构提出行政复议申请,行政复议机构受理后,依法进行审查并作出行政复议决定的一种法律制度。

(二)交通运输行政复议的特征

交通运输行政复议具有以下特征:

(1)交通运输行政主体做出的具体行政行为存在争议为行政复议的前提。交通运输行政主体在行使行政管理职权过程中,依法对行政相对人单方面采取了能够直接发生法律效果的具体行政行为,行政相对人对这一具体行政行为不服而产生行政争议。

(2)行政复议是由不服交通运输行政主体做出的具体行政行为而依法提出申请的行为。不服具体行政行为的行政相对人只有以书面或口头的形式表达向行政复议机构提出申请这一明确的意思后,才能启动行政复议程序。因此,行政复议是一种被动引发的行为,如果行政相对人尽管不服行政行为,但放弃了申请行政复议的权利,行政机关不能也不会主动启动行政复议程序。

(3)行政复议既审查具体行政行为的合理性,又审查具体行政行为的合法性;既审查具体行政行为,又审查规章以下的抽象行政行为。

(4)交通运输行政复议是一种法定的程序性活动,交通运输行政复议必须依照法定程序进行,不得违反法定程序。

二、目的和原则

(一)交通运输行政复议的目的

实施交通运输行政复议的目的有2个:一是维护和监督交通运输行政主体依法行使行政管理职权,防止和纠正违法或者不当的行政行为;二是保护行政相对人的合法权益。

(二)交通运输行政复议的原则

《行政复议法》规定,行政复议机关履行行政复议职责,应当遵循合法、公正、及时、便民的原则,坚持有错必纠,保障法律、法规的正确实施。公民、法人或者其他组织对行政复议决定不服的,可依照行政诉讼法的规定向人民法院提起行政诉讼,但是法律规定行政复议决定为最终裁决的除外。据此,行政复议的基本原则包括以下几个方面。

1. 合法原则

合法原则是指交通运输行政复议机构在行使行政复议权时必须合法、具体,要依据《行政复议法》及《交通行政复议规定》开展行政复议活动。交通运输行政复议机构的复议活动不仅要形式上合法,作出的行政复议决定也要合法。交通运输行政复议机构不仅要遵循法定的行政复议的期限、方式、方法等程序性规定,还要按照法定的管辖权限,依法对复议的具体行政行为的合法性、合理性进行审查,作出相应的复议决定。

2. 公正原则

交通运输行政复议既要合法又要公正,应当在合法的前提下尽可能做到合理、充分、无偏差。具体就是交通运输行政复议机构在行使行政复议权力时应当公正对待下级交通运输行政主体和行政相对人,特别是要正确处理交通复议机构与下级行政主体的关系,真正体现复议机构对下级行政主体的监督与控制,充分发挥交通运输行政复议对行政相对人的救济作用。

3. 公开原则

公开原则是指行政复议活动应当公开进行,交通运输行政复议案件的受理、审查、审理、决定等一切活动,都应当尽可能地公开进行,使社会了解交通运输行政复议活动的具体过程,以增强社会公众对交通运输行政复议的信任。

4. 及时原则

及时原则是指在法律规定的期限内尽可能快地完成交通运输行政复议活动,确保行政复议的效率,在合法的前提下尽快地解决问题。

5. 便民原则

便民原则是指交通运输行政复议机构在合法、公正的前提下,尽可能地使行政复议制度成为行政相对人有效维护自己合法权利的救济制度。这一原则主要包含两个方面:一是复议活动要简便,不能过于烦琐、累赘,要在法律允许的范围内为行政相对人提供方便;二是要尽力使复议活动切实有效,尽可能地降低复议后的诉讼率,降低社会成本,充分发挥行政复议制度应有的功能和作用。

6. 有错必纠原则

行政复议制度由于法律化、程序化而最为规范,是最为有效的内部监督手段,能够切实有效地推行有错必纠原则。

7. 保障法律、法规正确实施原则

这一原则要求交通运输行政复议机构必须严格依照法律、法规开展行政复议活动。既要对具体行政行为进行审查,也要对根据做出具体行政行为的规章以下的抽象行政行为进行审查;既审查行政行为的合法性又审查行政行为的合理性,以保障法律、法规的正确实施。

三、复议范围

交通运输行政复议范围是指交通运输行政复议机构行使行政复议权、受理行政争议案件的范围,也是行政相对人向交通运输复议机构提出复议申请的范围。由于复议范围直接关系行政复议机构的监督范围和行政相对人行政救济的范围,根据《行政复议法》规定,交通运输行政复议的范围包括以下内容。

(一)具体行政行为的复议范围

根据《行政复议法》规定,结合交通运输行政复议的特点,行政相对人可以依法申请交通运输行政复议。

1. 不服交通运输行政处罚的

行政处罚在交通运输行政执法活动中运用的范围最广。目前,交通运输行政主体依据法律、法规、规章规定的处罚形式,主要有警告、罚款、暂扣或吊销证照、责令停产、没收非法所得等。

2. 不服交通运输行政强制措施的

鉴于交通运输行政管理活动的特点,所采取的行政强制措施主要限于财产方面。

3. 认为交通运输行政管理机关侵犯法律、法规规定的经营自主权的

经营自主权是指具有经营权资格的公民、法人和其他组织依据法律、法规所拥有的调配、使用自己的人力、物力、财力自行组织生产经营的权利,受国家法律保护。交通运输行政主体侵犯行政相对人的经营自主权,必须具备两个基本条件:一是经营自主权受到侵犯是由交通运输行政主体做出的具体行政行为引起的;二是受侵犯的必须是法律、法规所保护的经营自主权。

4. 认为符合法定条件申请交通运输行政主体颁发证照,交通运输行政主体拒绝颁发或者不予答复的

交通运输行政主体颁发证照是一种具体行政行为,它是指交通运输行政主体应行政相对人的请求,依据法律、法规、规章颁发的准许行政相对人从事某种活动的法律资格证书。如果行政相对人认为符合法定条件而遭到拒绝或者不予答复的,可以申请行政复议。

5. 认为交通运输行政主体违法要求履行义务的

交通运输行政主体有权为行政相对人设定或者免除某项义务,但必须严格依法执行,任何超越法律、法规、规章规定所设立的义务,都属于违法行为。对此,行政相对人有权申请行政复议。例如,交通运输行政主体违法向企业摊派人力、物力等行为均属违法要求履行义务的行为,行政相对人有权提出行政复议申请。

6. 认为交通运输管理主体侵犯其他人身权、财产权的

依照《行政复议法》的规定,行政相对人认为自己的人身权、财产权受到交通运输行政主体侵害时,有权提出行政复议申请。

(二)抽象行政行为的复议范围

《行政复议法》将部分抽象行政行为纳入了行政复议的范围,使得对抽象行政行为的监督更趋完善。

《行政复议法》规定,行政相对人认为行政主体的具体行为所依据的规定不合法,在对具体行政行为申请行政复议时,可以一并对该规定提出审查申请,具体包括:一是国务院部门的规定;二是县级以上地方各级人民政府及其工作部门的规定;三是乡、镇人民政府的规定。这些规定不含国务院部门规章和地方政府规章,规章的审查依照法律、行政法规办理。

对此,具体纳入交通运输行政复议的抽象行政行为包括:国务院交通运输主管部门的规定、县级以上地方各级政府及其交通运输主管部门的规定,不包括国务院交通运输主管部门的规章。

行政相对人对抽象行政行为申请复议,只能针对具体行政行为所依据的抽象行政行为提出,如果抽象行政行为尚未被适用于具体行政行为和具体的行政相对人,则不能提出行政复议。

对抽象行政行为申请复议采取与具体行政行为一并提起的方式,即申请复议的行政相对人必须在对具体行政行为的复议申请中一并提出对作为该具体行政行为所依据的抽象行政行为进行审查的申请。

四、复议管辖与复议机构

(一)交通运输行政复议管辖

交通运输行政复议管辖是指不同层级的交通运输行政主体在受理行政复议案件方面的分工与权限。即根据法律、法规、规章的规定,行政相对人应当向哪一级交通运输行政主体提出行政复议申请,由哪一级交通运输行政主体负责受理、审理并作出行政复议决定的法律制度。

1. 确定管辖权的意义

(1)使交通运输行政主体明确受理交通运输行政复议案件的分工和权限,便于享有管辖权的交通运输行政主体行使行政复议权,依法进行行政复议审理活动。

(2)便于行政相对人行使行政复议申请权,使其明确应当向哪一级交通运输行政主体提出行政复议申请。

(3)有利于上级对下级的行政管理活动进行监督,以便及时发现和纠正问题。

2. 交通运输行政复议的管辖

(1)对县级以上地方人民政府交通运输管理机关的具体行政行为不服的,可以向本级人民政府申请行政复议,也可以向其上一级人民政府交通运输管理机关申请行政复议。

(2)对县级以上地方人民政府交通运输管理机关依法设立的派出机构,以自己的名义依法做出的具体行政行为不服的,向设立该派出机构的交通运输管理机关或者该机关的本级地方人民政府申请行政复议。

(3)对县级以上地方人民政府交通运输管理机关依法设立的交通运输管理机构依照法律、法规授权,以自己的名义依法做出的具体行政行为不服的,向设立该管理机构的交通运输管理机关申请行政复议。

(4)对下列具体行政行为不服的,可以向国务院交通运输主管机关申请行政复议:

①省级人民政府交通运输管理机关做出的具体行政行为。

②国务院交通运输主管机关直属海事管理机构做出的具体行政行为。

③长江航务管理局、珠江航务管理局做出的具体行政行为。

(二)交通运输行政复议机构

依照《行政复议法》和《交通行政复议规定》履行交通运输行政复议职责的交通运输管理机关是交通运输行政复议机关。交通运输行政复议机关设置的法制工作机构具体办理交通运输行政复议事项,履行《行政复议法》规定的以下职责:

(1)受理行政复议申请。

(2) 向有关组织和人员取证、查阅文件和资料。
(3) 审查申请行政复议的具体行政行为是否合法与适当,拟定行政复议决定。
(4) 处理或者转送行政规章以下的抽象行政行为的审查申请。
(5) 对行政主体违反《行政复议法》规定的行为依照权限和程序提出处理建议。
(6) 办理因不服行政复议决定而提起行政诉讼的应诉事项。
(7) 法律、法规规定的其他职责。

五、复议参加人

交通运输行政复议参加人是指与争议的具体行政行为有利害关系而参与行政复议的当事人以及与当事人法律地位类似的人。复议当事人通常指申请人和被申请人,在个别情形下,还包括第三人,与复议当事人法律地位类似的人指的是代理人。

(一) 申请人

1. 申请人的概念和条件

交通运输行政复议申请人是指认为具体行政行为侵害了自己合法权利,以自己的名义向复议机构提出申请,要求复议机构对该具体行政行为进行审查并作出相应裁决的人。

交通运输行政复议申请人必须具备以下条件:

(1) 申请人必须是具体行政行为直接处理的行政相对人。

(2) 申请人必须是认为具体行政行为侵犯自己合法权利的行政相对人,即申请人必须与具体行政行为有直接的利害关系。

(3) 申请人必须是以自己的名义申请行政复议的行政相对人,如果不是以自己的名义而是代理人的名义申请行政复议的,则为复议代理人。

2. 申请人的种类

(1) 公民,即具有中华人民共和国国籍的自然人。

(2) 法人,即具有民事行为能力,依法享有民事权利,承担民事义务的组织。可以作为行政复议申请人的既包括企业法人,也包括机关、事业单位和社会团体法人。

(3) 其他组织,即不具备法人资格的社会团体或经济实体。

(4) 外国人、无国籍人和外国组织。

(二) 被申请人

1. 被申请人的条件

被申请人是指申请人的对方当事人,即做出申请人认为侵犯其合法权益的具体行政行为的交通运输行政主体。被申请人必须符合下列条件:

(1) 必须是交通运输行政主体,非行政主体不能成为行政复议的被申请人。

(2) 必须实施了具体行政行为。

(3) 必须实施了申请人认为侵犯了其合法权益的具体行政行为。

2. 被申请人的种类

依据《行政复议法》规定,被申请人包括以下几类:

(1) 行政相对人对行政主体的具体行政行为不服申请复议的,做出具体行政行为的行政主体是被申请人。

(2)两个或两个以上的行政主体以共同名义做出具体行政行为的,共同做出具体行政行为的行政主体是共同被申请人。

(3)法律、法规授权组织做出具体行政行为的,该组织是被申请人。

(4)行政主体委托的组织做出具体行政行为的,委托的行政主体是被申请人。

(5)做出具体行政行为的行政主体被撤销后,申请人不服该行政主体撤销前做出的具体行政行为而申请复议的,由继续行使其权力的行政主体作为被申请人。

(三)第三人

行政复议的第三人,是指与被申请复议的具体行政行为有利害关系,经复议机构批准的除申请人和被申请人以外而参加行政复议行政相对人。第三人参加行政复议的条件有3个:

(1)与被申请复议的具体行政行为有独立的利害关系,所谓独立的利害关系即第三人与具体行政行为的利害关系既不依附于申请人,也不依附于被申请人,而是独立的。

(2)必须以自己的名义,并为了维护自己的合法权利而参加复议。

(3)必须在行政复议过程中提出申请并经复议机构批准参加行政复议。

(四)代理人

行政复议代理人,是指以被代理人的名义在代理权限范围内参加复议,其法律后果由被代理人承担的人。

《行政复议法》规定,有权申请行政复议的公民为无民事行为能力或者限制民事行为的人,其法定代理人可以代为申请行政复议;此外申请人、第三人可以委托代理人代为参加复议。

六、复议程序

交通运输行政复议程序是指交通运输行政复议机构和行政复议申请人在行政复议过程中,按照一定的方式和步骤进行的连贯性活动。根据《行政复议法》《交通行政复议规定》等法律规范,结合交通运输行政复议工作的实践,交通运输行政复议的程序主要包括以下5个阶段。

(一)申请

1. 申请的条件

根据《交通行政复议规定》,交通运输行政复议的申请应当具备以下条件:

(1)申请人是认为交通运输行政主体做出的具体行政行为直接侵犯了自己合法权益的行政相对人。

(2)有明确的被申请人。

(3)有具体的复议请求和事实根据。

(4)属于复议范围和受理的复议机构管辖。

(5)法律、法规规定的其他条件。

2. 申请期限

根据《行政复议法》规定,行政相对人认为具体行政行为侵犯自己合法权益的,可以自知道该具体行政行为之日起60日内提出行政复议申请,但是法律规定的申请期限超过60日的除外。

因不可抗力或者其他正当理由耽误了法定申请期限的,申请期限自障碍消除之日起继续计算。

3.申请方式

申请人申请行政复议,可以书面申请,也可以口头申请。对于口头申请的,交通运输行政复议机构应当当场记录申请人的基本情况、行政复议的主要事实、理由和时间。

(二)受理

1.受理的概念

交通运输行政复议的受理是指申请人在法律规定期限内提出复议申请后,经过交通运输行政复议机构审查认为符合申请条件,决定立案审理的活动。

根据《行政复议法》,交通运输行政复议机构收到行政复议申请后,应当在5日内进行审查。对不符合《行政复议法》规定的行政复议申请,决定不予受理,并书面告知申请人;对符合《行政复议法》规定,但是不属于本复议机构受理的行政复议申请,应当告知申请人向相关复议机关提出。除此以外,交通运输行政复议自复议机构法制工作部门收到申请之日起即为受理。

《行政复议法》规定,法律规范规定了应当先向复议机构申请行政复议,对行政复议决定不服,再向人民法院提起行政诉讼的,行政复议机构决定不予受理或者受理后超出规定期限不作答复的,行政相对人可以自收到不予受理决定书之日起或者行政复议期满之日起15日内,依法向人民法院提起行政诉讼。

《行政复议法》规定,行政相对人依法提出行政复议申请,复议机构无正当理由不予受理的,其上级机关应当责令其受理,必要时上级机关也可以直接受理。

2.受理的法律效果

受理是一种法律行为,复议机构受理后,交通运输行政复议即告成立,正式开始行政复议程序,并产生以下法律后果。

(1)复议机构、申请人、被申请人成为该行政复议法律关系的主体,各自享有一定的权利并承担一定的义务。

(2)复议机构、申请人和被申请人都必须严格按照行政复议程序进行行政复议活动,非经法定程序,交通运输行政复议不得随意中止或终结。

(3)交通运输行政复议期间原具体行政行为不停止执行,但是,有下列情形之一的,可以停止执行:

①被申请人认为需要停止执行的。

②复议机构认为需要停止执行的。

③申请人申请停止执行,复议机构认为其要求合理,决定停止执行的。

④法律规定停止执行的。

(三)审理

1.审理方式

根据《行政复议法》,交通运输行政复议原则上采取书面审查形式,但是申请人提出要求或者交通运输行政复议机构认为有必要时,可以向有关人员调查情况,听取申请人、被申请人和第三人的意见。

2. 审理期限

根据《行政复议法》,交通运输行政复议机构法制工作部门应当自收到行政复议申请之日起7日内,将行政复议申请书副本或者申请笔录复印件发送至被申请人,被申请人应当自收到申请书副本或者申请笔录复印件之日起10日内,提出书面答复,并提交当初做出具体行政行为的证据、依据和其他材料。

交通运输行政复议机构应当自受理申请之日起60日内作出行政复议决定;但是法律规定的行政复议期限少于60日的除外。情况复杂,不能在规定期限内作出行政复议决定的,经行政复议机构的负责人批准,可以适当延长,并告知申请人和被申请人,但是延长期限最长不超过30日。

(四)复议决定

交通运输行政复议机构应当对被申请人做出的具体行政行为进行审查,提出意见,经负责人同意或者集体讨论通过后,按照下列规定作出交通运输行政复议决定。

(1)具体行政行为认定的事实清楚、证据确凿,适用的依据正确、程序合法、内容适当的,决定维持。

(2)被申请人不履行法定职责的,责令其在一定期限内履行。

(3)具体行政行为有下列情形之一的,决定撤销、变更或者确认该具体行政行为违法;决定撤销或者确认该具体行政行为违法的,可以责令被申请人在一定期限内重新做出具体行政行为:

①主要事实不清、证据不足的。

②适用的法律依据错误的。

③违反法定程序的。

④超越或者滥用职权的。

⑤具体行政行为明显不当的。

交通运输行政复议机构责令被申请人重新做出具体行政行为的,被申请人不得以同一的事实和理由做出与原具体行政行为相同或者基本相同的具体行政行为。

(4)被申请人不按规定提出书面答复、提交当初做出具体行政行为的证据、依据和其他有关材料的,视为该具体行政行为没有证据、依据,决定撤销该具体行政行为。

(五)复议决定的执行

行政复议决定书一经送达,即发生法律效力。

被申请人应当履行行政复议决定,被申请人不履行或者无正当理由拖延履行行政复议决定的,行政复议机构或者有关上级行政部门应当责令其限期履行。

申请人逾期不起诉又不履行行政复议决定的,或者不履行最终裁决的行政复议决定的,分别按照下列规定处理:

(1)维持具体行政行为的行政复议决定,一般由做出具体行政行为的交通运输行政主体申请人民法院强制执行。

(2)变更具体行政行为的行政复议决定,一般由交通运输行政复议机构申请人民法院强制执行。

(六)复议的有关问题

(1)交通运输行政复议决定作出前,申请人要求撤回行政复议申请的,经说明理由并由复议机构记录在案,可以撤回。申请人撤回行政复议申请,应当提交撤回交通运输行政复议的书面申请书或者在《撤回交通运输行政复议申请笔录》上签名或者盖章。

撤回行政复议申请的,交通运输行政复议终止,交通运输行政复议机构制作《交通运输行政复议终止通知书》送达申请人、被申请人和第三人。

(2)申请人在申请交通运输行政复议时,对《行政复议法》规定的抽象行政行为提出审查申请的,交通运输行政复议机构对该规定有权处理的,应当在30日内依法处理;无权处理的,应当在7日内制作《规范性文件转送处理函》,按照法定程序转送有权处理的行政机关依法处理。

交通运输行政复议机构对有关规定进行处理或者转送处理期间,中止对具体行政行为的审查。中止对具体行政行为审查的,应当制作《交通运输行政复议中止审查通知书》,并及时送达申请人、被申请人和第三人。

(3)交通运输行政复议机构在对被申请人做出的具体行政行为审查时,认为其依据不合法,本机构有权处理的,应当在30日内依法处理;无权处理的,应当在7日内按照法定程序转送有权处理的有关机关依法处理。处理期间,中止对具体行政行为的审查。

交通运输行政复议机构中止对具体行政行为审查的,应当制作《交通运输行政复议中止审查通知书》,并送达至申请人、被申请人和第三人。

第八节 交通运输行政诉讼

一、概述

(一)含义与特征

根据《行政诉讼法》,所谓行政诉讼是指行政相对人认为行政主体及其工作人员的具体行政行为侵犯其合法权益,有权依法向人民法院提起的诉讼活动。

交通运输行政诉讼是指行政相对人认为交通运输行政主体及其工作人员的具体行政行为侵犯了自己的合法权益,向人民法院提起行政诉讼的活动。

交通运输行政诉讼具有以下特征:

(1)交通运输行政诉讼的原告必须是交通运输行政管理的行政相对人,包括公民、法人或者其他组织。

(2)交通运输行政诉讼的被告只能是做出具体行政行为的交通运输行政主体,包括交通运输行政管理机关以及法律、法规授权的交通运输管理机构。

(3)交通运输行政诉讼所指向的对象只能是交通运输行政主体所做的具体行政行为。

(4)交通运输行政诉讼的原因是行政相对人认为交通运输行政主体所做的具体行政行

为违法并侵犯了自己的合法权利,它是一种主观上的标准。

(5)交通运输行政诉讼的主管机关是人民法院,行政诉讼是由人民法院对具体行政行为进行审理并作出裁判的诉讼活动。

(二)基本原则

行政诉讼的基本原则是指《行政诉讼法》规定的,贯穿行政诉讼过程中,对行政诉讼活动起支配作用的基本行为准则。交通运输行政诉讼同样应该遵守这9条基本原则:

(1)保障行政相对人起诉权利的原则。

(2)人民法院独立行使审判权的原则。

(3)以事实为依据,以法律为准绳的原则。

(4)对具体行政行为合法性审查的原则。

(5)合议、回避、公开审判和两审终审原则。

(6)当事人法律地位平等原则。

(7)使用本民族语言、文字进行行政诉讼的原则。

(8)辩论原则。

(9)人民检察院对行政诉讼有权实行法律监督的原则。

(三)行政诉讼与刑事、民事诉讼的区别

交通运输行政诉讼是行政诉讼的一种,行政诉讼与刑事、民事诉讼的区别同样适用于交通运输行政诉讼。

1. 行政诉讼和刑事诉讼的区别

(1)受理案件的性质不同。刑事诉讼受理的是危害社会,触犯刑事法律,构成犯罪,应当给予刑事处罚的案件;而行政诉讼受理的则是行政相对人因不服行政主体的具体行政行为而提起的诉讼。

(2)诉讼参加人不同。刑事诉讼分为公诉和自诉两大类,公诉的参加人有代表国家提起公诉的人民检察院,被告人是触犯刑事法律的公民或法人;行政诉讼提起诉讼的是行政相对人,被告是特定的行政主体。对于交通运输行政诉讼而言,被告是做出具体行政行为的交通运输行政主体。

(3)适用的实体法不同。刑事诉讼适用是全国统一的刑事法典;而行政诉讼适用的是行政法,行政法我国目前无统一法典,大量的是单行的法律、法规和规章。在交通运输行政诉讼中,诉讼适用的是交通运输法律、法规(含地方法规)和规章。

(4)举证责任不同。刑事诉讼由公安机关侦查取证、检察院审查起诉,举证责任主要由政法机关承担;而行政诉讼举证责任由被告行政主体承担。

(5)审理目的与结果不同。刑事诉讼中,法院审理目的在于查明被告人是否构成犯罪,对构成犯罪的依法追究刑事责任;行政诉讼中,法院审理的目的在于审查具体行政行为的合法性,合法的应维持,违法的则撤销。

2. 行政诉讼同民事诉讼的区别

世界上大多数国家的行政诉讼法都是从民事诉讼法中发展而来的,所以二者联系紧密。我国行政诉讼法也与民事诉讼法有密切联系。但是,二者是两类不同性质的诉讼,主要区别在于如下8点：

(1) 纠纷性质不同。民事诉讼是建立在平等、自愿、公平、等价有偿基础上的,诉讼主体之间是平等的,因此民事案件双向性强、横向性强、有偿性强;行政诉讼是建立在一方(行政主体)有权处理另一方基础之上的,因此单向性强、纵向性强。

(2) 诉讼主体不同。民事诉讼中原告、被告是不特定的、相对的,即谁起诉谁是原告,谁被起诉谁是为被告,还可以互为原告、被告;而行政诉讼中的被告是特定的行政主体。

(3) 引起诉讼的原因不同。民事诉讼是因物权、用益物权、合同、人格权、婚姻家庭、继承、侵权责任等纠纷引起的;行政诉讼则是因行政相对人不服行政主体的具体行政行为引起的。

(4) 适用的实体法不同。民事诉讼主要适用《中华人民共和国民法典》(以下简称《民法典》);行政诉讼则适用行政法律规范。

(5) 诉讼中权力不同。民事诉讼因为原告、被告是相对的,所以允许被告人反诉,被告人在反诉中可能会获得新的利益;行政诉讼产生于原告不服被告具体行政行为的起诉,被告是行使行政权力的行政主体,无须反诉,只反驳原告即可。

(6) 结案方式不同。民事诉讼可以判决结案,也可调解结案,而且还要求人民法院要着重调解;在行政诉讼中,一般不适用调解,只有行政赔偿、行政补偿以及行政主体行使自由裁量权的案件可以调解。

(7) 举证责任不同。民事诉讼中举证是分摊的,即"谁主张什么,谁就证明什么",法院有权全面、主动地收取证据;行政诉讼中举证责任则是作为被告行政主体。

(8) 赔偿责任不同。民事诉讼中损害赔偿责任是由侵害人承担;行政赔偿责任则是由行政主体承担。

二、诉讼范围

行政诉讼的范围是指人民法院依照《行政诉讼法》受理行政案件的范围,通俗地讲即受案范围。行政诉讼的范围直接涉及交通运输行政管理主体的哪些行政行为可能引起行政诉讼,法院可以受理哪些诉讼请求。

《行政诉讼法》规定了诉讼的范围必须是具体行政行为,交通运输行政诉讼的范围必须符合《行政诉讼法》的规定。

(一) 列举的内容

《行政诉讼法》共列举了12类受案范围:

(1) 对行政拘留、暂扣或者吊销许可证和执照、责令停产停业、没收违法所得、没收非法财物、罚款、警告等行政处罚不服的。

(2) 对限制人身自由或者对财产的查封、扣押、冻结等行政强制措施和行政强制执行不服的。

(3) 申请行政许可,行政机关拒绝或者在法定期限内不予答复,或者对行政机关作出的有关行政许可的其他决定不服的。

(4) 对行政机关作出的关于确认土地、矿藏、水流、森林、山岭、草原、荒地、滩涂、海域等自然资源的所有权或者使用权的决定不服的。

(5)对征收、征用决定及其补偿决定不服的。

(6)申请行政机关履行保护人身权、财产权等合法权益的法定职责,行政机关拒绝履行或者不予答复的。

(7)认为行政机关侵犯其经营自主权或者农村土地承包经营权、农村土地经营权的。

(8)认为行政机关滥用行政权力排除或者限制竞争的。

(9)认为行政机关违法集资、摊派费用或者违法要求履行其他义务的。

(10)认为行政机关没有依法支付抚恤金、最低生活保障待遇或者社会保险待遇的。

(11)认为行政机关不依法履行、未按照约定履行或者违法变更、解除政府特许经营协议、土地房屋征收补偿协议等协议的。

(12)认为行政机关侵犯其他人身权、财产权等合法权益的。

行政诉讼中的"其他人身权、财产权等合法权益",是为了概括前面11大类中没有写明的内容。

(二)概括的内容

行政诉讼在列举了12类受案范围之后,又规定"除前款规定外,人民法院受理法律、法规规定可以提起诉讼的其他行政案件"。这一规定的意义在于:一是可以将无法列举的行政诉讼范围包括在内;二是可以将地方性法规(包括自治条例、单行条例)规定可以提起诉讼的包括在内。

(三)排除的内容

排除的内容是指不能提起诉讼的事项,《行政诉讼法》规定了人民法院不受理公民、法人或者其他组织对以下事项提起的诉讼:

(1)国防、外交等国家行为。国家行为又称为政府行为、统治行为,主要是涉及国防和外交方面的行政行为。如向某国宣战,承认外国政府,签订国际条约等。国家行为可能损害某些人的利益。如宣战以后交通运输中断会导致某些交通运输经营者的经济利益受到损害,但不能据此提起行政诉讼。

(2)行政法规、规章或者行政主体制定、发布的具有普遍约束力的决定、命令。这种决定、命令有时也可能会损害某些人的利益,例如交通运输行政管理部门与发展改革部门联合颁布调整城市公共交通价格的决定,但遭受损失者不能提起行政诉讼。

(3)行政主体对其工作人员的奖惩、任免等决定。这类行政行为仅仅对行政主体内部发生约束力,而不对行政相对人产生约束力。

(4)法律规定由行政主体最终裁决的行政行为。法律规定了行政主体的行政行为属于最终裁决的,不能提起行政诉讼。

三、诉讼管辖

行政诉讼的管辖是指人民法院审理第一审行政案件的分工与权限。就人民法院而言,管辖解决的是人民法院内部审理行政案件的分工问题;对行政相对人而言,行政诉讼的管辖决定其应向哪一个人民法院起诉;对行政主体而言,行政诉讼的管辖意味着其行政行为应接受哪一个人民法院的司法监督。

我国确定行政诉讼管辖的一般原则是:一是便于当事人进行诉讼,二是便于人民法院行使审判权,三是保证各级人民法院之间分工合理和负担均衡。

(一)级别管辖

级别管辖是指上下级人民法院审理第一审行政诉讼案件的分工与权限。

1. 基层人民法院管辖第一审行政案件

除法律规定应由中级人民法院、高级人民法院管辖的第一审行政诉讼案件外,其他行政诉讼案件都由基层人民法院管辖。一般交通运输行政诉讼大多由基层人民法院管辖。

2. 中级人民法院的管辖

中级人民法院管辖的第一审行政诉讼案件有4类:一是对国务院部门或者县级以上地方人民政府所做的行政行为提起诉讼的案件;二是海关处理的案件;三是本辖区内重大、复杂的案件;四是其他法律规定由中级人民法院管辖的案件。

3. 高级及最高人民法院的管辖

高级人民法院管辖本辖区重大、复杂的第一审行政诉讼案件;最高人民法院管辖全国范围内重大、复杂的行政诉讼案件。

(二)地域管辖

地域管辖是指同级人民法院审理第一审行政案件的分工与权限,它又分为一般地域管辖与特殊地域管辖。

1. 一般地域管辖

行政诉讼案件由最初做出具体行政行为的行政主体所在地的人民法院管辖,这又包括两种情况:一是原告未经行政复议直接起诉的,由被告行政主体所在地法院管辖;二是经复议的案件,复议机构维持原具体行政行为的,由最初做出具体行政行为的行政主体所在地的人民法院管辖。

2. 特殊地域管辖

经复议且改变原具体行政行为的诉讼案件,由复议机构所在地人民法院管辖。

经最高人民法院批准,高级人民法院可以根据审判工作的实际情况,确定若干人民法院跨行政区域管辖行政诉讼案件。

对限制人身自由的行政强制措施不服提起行政诉讼的,由被告所在地或者原告所在地人民法院管辖。

因不动产提起行政诉讼的,由不动产所在地人民法院管辖。

(三)共同管辖

共同管辖是指两个及以上的人民法院对同一个诉讼案件都有合法的管辖权,原告可以选择其中一个法院提起行政诉讼。

(四)选择管辖

选择管辖是指原告向两个或两个以上有管辖权的人民法院提起诉讼的,由最先立案的法院管辖。

(五)移送管辖

人民法院发现受理的行政诉讼案件不属于本院管辖的,应当移送到有管辖权的人民法院,受移送的人民法院应当受理。受移送的人民法院认为该案件按照规定不属于本院管辖的,应当报请上级人民法院指定管辖,不得再自行移送。

(六)指定管辖

有管辖权的人民法院由于特殊原因不能行使管辖权的,由上级人民法院指定管辖。

人民法院对管辖权发生争议,由争议双方协商解决,协商不成的,报争议双方共同的上级人民法院指定管辖。

(七)移转管辖

上级人民法院有权审理下级人民法院管辖的第一审行政案件。

下级人民法院对其管辖的第一审行政案件,认为需要由上级人民法院审理或者指定管辖的,可以报请上级人民法院决定。

四、诉讼当事人

(一)当事人

当事人是指以自己的名义参加行政诉讼活动并与行政诉讼有直接利害关系并受人民法院裁决约束的人,包括原告、被告、共同诉讼人、第三人。

当事人在整个审理程序中的名称是不同的。在第一审程序中称为原告、被告,其中被告是特定的行政主体。在第二审程序中称为上诉人、被上诉人,不服一审判决提起上诉的即为上诉人,对方为被上诉人;如果双方均不服一审判决而上诉的则互为上诉人、被上诉人。在执行程序中称为申请人、被执行人,向法院提出申请要求强制执行的为申请人,对方(不履行判决、裁定的)为被执行人。

(二)当事人的诉讼权利与义务

1. 当事人的诉讼权力

(1)作为原告的行政相对人有向人民法院提起行政诉讼的权力,在行政诉讼中有放弃、变更和增加诉讼请求的权利。

(2)作为被告的行政主体有答辩的权利。

(3)当事人有委托诉讼代理人进行诉讼的权利。

(4)当事人有使用本民族语言文字进行诉讼的权利。

(5)在诉讼中,当事人有进行辩论的权利。

(6)当事人有申请审判员、书记员和鉴定、翻译人员回避的权利。

(7)在诉讼中,经审判长许可,当事人有向证人、鉴定人、勘验人员发问的权利,即质证权。

(8)当事人有查阅并申请补正庭审记录的权利。

(9)除涉及国家机密或个人隐私的材料外,当事人经法院许可,有查阅本案庭审材料、请求复制本案庭审材料和法律文书的权利。

(10)在法院宣判或裁定之前,原告有权申请撤诉,但是否准许,由人民法院裁定。

(11)当事人有上诉的权利。

(12)当事人有申请强制执行的权利。

第二章 交通运输法规的一般原理

(13)当事人有申诉的权利。

(14)被告在法院宣判或裁定之前,可以改变具体行政行为,如改变后原告同意并申请撤诉的,是否准许,由法院裁定。

2.当事人诉讼义务

(1)当事人有依法行使权利,不得滥用权力的义务。

(2)当事人有遵守法庭秩序,服从法庭指挥,不得妨碍诉讼活动顺利进行的义务。

(3)当事人有接受合法传唤,按时参加诉讼的义务。

(4)当事人有自觉履行已生效的判决、裁定义务。

(三)原告

《行政诉讼法》规定,行政行为的相对人以及其他与行政行为有利害关系的公民、法人或者其他组织,有权提起诉讼。

由此可见,交通运输行政诉讼中的原告,是指不服交通运输行政主体的具体行政行为、依法以自己的名义向人民法院提起诉讼、请求人民法院保护其合法权利的选择性的人。

(四)被告

交通运输行政诉讼中的被告,是被原告指控侵犯了其合法权益,并由人民法院通知应诉的交通运输行政主体。被告是一种法律上的称呼,是法律用语,并不意味着输理、失格或做错事情。《行政诉讼法》规定了作为行政诉讼被告的各种情况,在交通运输行政诉讼中必须遵守:

(1)行政相对人直接向人民法院提起诉讼的,做出具体行政行为的行政主体是被告。

(2)经行政复议的案件,行政复议机构决定维持原具体行政行为的,做出原具体行政行为的行政主体和行政复议机构是共同被告。

(3)复议机构改变原具体行政行为的,复议机构是被告。所谓改变原具体行政行为包括3种情况,一是改变原具体行政行为所认定的事实;二是改变原具体行政行为所适用的法律、法规或者规章;三是改变原具体行政行为的处理结果,包括撤销、部分撤销或者变更原具体行政行为。

(4)复议机构在法定期限内未作出复议决定,行政相对人起诉原具体行政行为的,做出原具体行政行为的行政主体是被告;起诉复议机构不作为的,复议机构是被告。

(5)2个以上行政主体做出同一具体行政行为的,共同做出行政行为的行政主体是共同被告。这种情况通常发生在2个以上的行政主体联合执法活动中。

(6)行政主体委托的组织所作的具体行政行为,实施委托的行政主体是被告。

(7)行政主体被撤销或者职权变更的,继续行使其职权的行政主体是被告。

(五)共同诉讼人

《行政诉讼法》规定当事人一方或者双方为2人以上,因同一具体行政行为发生的行政诉讼案件,或者因同类具体行政行为发生的行政诉讼案件、人民法院认为可以合并审理并经当事人同意的,为共同诉讼。

当事人一方人数众多的共同诉讼,可以由当事人推选代表人进行诉讼。代表人的诉讼行为对其所代表的当事人发生效力,但代表人变更、放弃诉讼请求或者承认对方当事人的诉讼请求,应当经被代表的当事人同意。

(六)第三人

所谓第三人是指在已经开始的行政诉讼中,与原、被告讼争的具体行政行为有利害关系的公民、法人或者其他组织。《行政诉讼法》规定,公民、法人或者其他组织同被诉讼的具体行政行为有利害关系但没有提起诉讼,或者同案件处理结果有利害关系的,可以作为第三人申请参加行政诉讼,或者由人民法院通知参加行政诉讼。人民法院判决第三人承担义务或者减损第三人权益的,第三人有权依法提起上诉。

第三人的主要特征有如下3点:

(1)必须是在已经开始的行政诉讼中参加的。

(2)既非原告,又非被告,而是与原、被告诉讼的具体行政行为有利害关系的其他公民、法人或其他组织。所谓利害关系是指与被诉讼的具体行政行为有法律上的权利和义务关系。

(3)是为了保护自己的合法权益而主动参加或由人民法院通知参加行政诉讼。

(七)诉讼代理人

当事人、法定代理人,可以委托1~2人作为诉讼代理人。

下列人员可以被委托为诉讼代理人:

(1)律师、基层法律服务工作者。

(2)当事人的近亲属或者工作人员。

(3)当事人所在社区、单位以及有关社会团体推荐的公民。

代理行政诉讼的律师,有权按照规定查阅、复制所代理案件的有关材料,有权向有关组织和公民调查,收集与所代理案件有关的证据。对涉及国家秘密、商业秘密和个人隐私的材料,应当依照法律规定保密。当事人和其他诉讼代理人有权按照规定查阅、复制所代理案件的庭审材料,但涉及国家秘密、商业秘密和个人隐私的内容除外。

五、诉讼证据及交通运输行政主体的举证责任

(一)行政诉讼证据与举证责任

行政诉讼的证据包括书证、物证、视听资料、电子数据、证人证言、当事人的陈述、鉴定意见、勘验笔录、现场笔录。证据必须经过法庭审查属实,才能作为认定案件事实的依据。

举证责任是指特定的诉讼当事人根据规定必须对有关主张和请求提出的事实根据加以证明,否则将承担败诉的法律责任。在诉讼过程中,败诉是最严重的法律后果。举证责任制度就是把举证这一程序性活动与法院对案件的实体性判决的后果联系起来的一种制度。

(二)举证责任的承担

《行政诉讼法》规定,被告对做出的具体行政行为负有举证责任,应当提供做出该具体行政行为的证据和所依据的法律规范。被告不提供或者无正当理由逾期提供证据,视为没有相应证据。但是,被诉具体行政行为涉及第三人合法权益,第三人提供证据的除外。原告或者第三人提出了其在行政处理程序中没有提出的理由或者证据的,经人民法院准许,被告可以补充证据。因此,在交通运输行政诉讼中举证的承担者是作为被告的交通运输行政主体。

在交通运输行政执法活动中,行政主体不论是对行政相对人增加义务、实施制裁,还是赋予权利、确认资格,其所做出的具体行政行为都必须建立在充分的事实根据与法律依据的基础上,"先取证、后裁决"是行政活动的基本程序规则和最起码的要求。在进入行政诉讼后,如交通运输行政主体还举不出做出具体行政行为的证据及其所依据的法律规范,那么,只能认为交通运输行政主体做出具体行政行为的事实根据不足或法律依据不充分,在这种情况下只能由交通运输行政主体承担败诉的法律后果。其目的是促进交通运输行政主体依法行政,以防止行政权滥用。

在交通行政法律关系中,交通运输行政主体处于管理者地位,行政相对人则处于被管理者地位,行政主体的具体行政行为在绝大多数情况下是依其单方面意志做出的,对于做出具体行政行为的事实根据及法律依据,行政主体比行政相对人更清楚明了,这就决定了行政诉讼举证责任只能由行政主体承担。

《行政诉讼法》还规定了原告可以提供证明具体行政行为违法的证据,原告提供的证据不成立的,不免除被告的举证责任。

(三)举证责任的内容

《行政诉讼法》规定的"被告对做出的具体行政行为有举证责任",其内容就是应当提供做出具体行政行为的证据和所依据的法律规范。因此,在交通运输行政诉讼中,交通运输行政主体举证责任的内容包括两方面:一是做出具体行政行为的证据,二是具体行政行为所依据的法律法规。

作为被告的交通运输行政主体做出具体行政行为的证据是指被告在做出具体行政行为之前收集、保全的证据。

具体行政行为所依据的法律规范包括法律、行政法规、地方性法规、规章及其他规范性文件。需要注意的是,具体行政行为所依据的法律规范和人民法院审查行政行为所适用的法律文件不完全一致,人民法院审查行政行为只适用法律、法规,参照规章,其他规范性文件一律不得作为司法审查的法律依据。

(四)在行政诉讼中对取证权的限制

《行政诉讼法》规定,在行政诉讼过程中,被告及其诉讼代理人不得自行向原告、第三人和证人收集证据;并规定了"以非法手段取得的证据,不得作为认定案件事实的根据"。这一规定是对被告在行政诉讼过程中取证权的限制,这就意味着在行政诉讼过程中被告所提供的证据只能是在被诉具体行政行为做出之前所收集的证据。法律作出这一限制的目的是要求行政主体在作出具体行政行为时必须遵循"先取证、后裁决"的程序规则;相反,如果允许行政主体在诉讼过程中再取证,就意味着法律允许行政机关颠倒成了"先裁决、后取证"。此外,在行政诉讼过程中,不仅被告不享有取证权,作为被告代理人的律师,同样不得向原告、第三人和证人收集证据。

六、起诉与受理

(一)概念

起诉是指行政相对人认为行政主体的具体行政行为侵犯其合法权利,依法向人民法院提出诉讼请求,请求人民法院对该具体行政行为进行审查并作出相应裁判,以维护自己合法权利的行为。

受理是指人民法院通过审查原告的起诉,认为符合法律规定的起诉条件,决定接受其诉讼请求予以立案审查,从而引起行政诉讼第一审程序开始的行为。

由此可见,行政诉讼的成立是原告的起诉行为和人民法院的受理行为相结合的产物,也就是说,起诉和受理相结合,才能启动具体的行政案件诉讼程序。

(二)起诉

交通运输行政诉讼必须符合《行政诉讼法》规定的以下条件。

(1)对属于人民法院受案范围的行政诉讼案件,行政相对人可以先向行政复议机构申请行政复议,对行政复议决定不服的,再向人民法院提起行政诉讼;也可以直接向人民法院提起行政诉讼。法律、法规规定应当先向行政复议机构申请行政复议,对行政复议决定不服再向人民法院提起诉讼的,从其规定。

(2)行政相对人不服行政复议决定的,可以在收到行政复议决定书之日起15日内向人民法院提起行政诉讼。行政复议机构逾期不作决定的,申请人可以在行政复议期满之日起15日内向人民法院提起行政诉讼。法律另有规定的除外。

(3)行政相对人直接向人民法院提起行政诉讼的,应当自知道或者应当知道作出具体行政行为之日起6个月内提出,法律另有规定的除外;因不动产提起行政诉讼的案件自具体行政行为作出之日起超过20年,其他案件自具体行政行为作出之日起超过5年提起行政诉讼的,人民法院不予受理。

(4)行政相对人申请行政主体履行保护其人身权、财产权等合法权益的法定职责,行政主体在接到申请之日起2个月内不履行的,行政相对人可以向人民法院提起行政诉讼。法律、法规对行政主体履行职责的期限另有规定的从其规定。行政相对人在紧急情况下请求行政主体履行保护其人身权、财产权等合法权益的法定职责,行政主体不履行的,提起诉讼不受前述规定期限的限制。

(5)起诉应当符合下列条件:

①原告应是行政相对人。

②有明确的被告。

③有具体的诉讼请求和事实根据。

④属于人民法院受案范围和受诉人民法院管辖。

(6)起诉应当向人民法院递交起诉状,并按照被告的人数提出副本。书写起诉状确有困难的,可以口头起诉,由人民法院记入笔录,出具注明日期的书面凭证,并告知被告。

(三)受理

1. 对起诉的处理

(1)受理。人民法院接到起诉状,经审查认为原告的起诉符合规定起诉条件的,应当登记立案。对当场不能判定是否符合规定起诉条件的,应当接收起诉状,出具注明收到日期的书面凭证,并在7日内决定是否立案。

(2)告知起诉人补正。起诉状内容欠缺或者有其他错误的,应当给予指导和释明,并一次性告知当事人需要补正的内容。不得未经指导和释明即以起诉不符合条件为由不接收起诉状。对于不接收起诉状、接收起诉状后不出具书面凭证,以及不一次性告知当事人需要补正的起诉状内容的,当事人可以向上级人民法院投诉,上级人民法院应当责令改正,并对负有直接责任的主管人员和其他直接责任人员依法给予处分。

(3)裁定不予立案。不符合起诉条件的,作出不予立案的裁定,裁定书应当载明不予立案的理由。原告对裁定不服的,可以提起上诉。

(4)其他规定。人民法院既不立案,又不作出不予立案裁定的,当事人可以向上一级人民法院起诉。上一级人民法院认为符合起诉条件的,应当立案、审理,也可以指定其他下级人民法院立案、审理。行政相对人认为具体行政行为所依据的国务院部门和地方人民政府及其部门制定的规范性文件(不含行政规章)不合法,在对具体行政行为提起诉讼时,可以一并请求对该规范性文件(不含行政规章)进行审查。

2.起诉成立的法律效力

交通运输行政诉讼案件经人民法院审查后决定立案,就标志着行政诉讼程序的开始,由此产生一系列法律效力。主要表现如下3个方面:

(1)起诉成立后,人民法院有权对行政案件行使审判权,同时也承担依法审理案件,解决行政争议的职责。人民法院与当事人之间形成了诉讼上的权利和义务关系,并排除了其他法院对该案件的管辖权。即使在审理过程中出现原告住所发生变化、被告发生变化等情况,该案件的管辖不会改变。

(2)起诉成立后,确定了当事人诉讼地位、案件的双方当事人分别取得原告和被告的法律地位,各自依法享有诉讼权力并承担诉讼义务。

(3)起诉成立后未经法定条件和程序,不得随意中止或终结诉讼,原告未经法定程序不得擅自撤回起诉,另外原告也不能因为同一具体行政行为对同一被告重复起诉。

七、审理和判决

(一)一般规定

(1)人民法院公开审理行政诉讼案件,但涉及国家秘密、个人隐私和法律另有规定的除外。涉及商业秘密的案件,当事人申请不公开审理的,可以不公开审理。当事人认为审判人员与本案有利害关系或者有其他关系可能影响公正审判的,有权申请审判人员回避。

(2)行政诉讼期间,不停止具体行政行为的执行。但有下列情形之一的,裁定停止执行:

①被告认为需要停止执行的。

②原告或者利害关系人申请停止执行,人民法院认为该具体行政行为的执行会造成难以弥补的损失,并且停止执行不损害国家利益、社会公共利益的。

③人民法院认为该具体行政行为的执行会给国家利益、社会公共利益造成重大损害的。

④法律、法规规定停止执行的。

当事人对停止执行或者不停止执行的裁定不服的,可以申请复议一次。

(3)经人民法院传票传唤,原告无正当理由拒不到庭,或者未经法庭许可中途退庭的,可以按照撤诉处理;作为行政主体的被告无正当理由拒不到庭,或者未经法庭许可中途退庭的,可以缺席判决。

(4)人民法院审理行政案件,不适用调解。但是,行政赔偿、补偿以及行政主体行使法律、法规规定的自由裁量权的案件可以调解。调解应当遵循自愿、合法原则,不得损害国家利益、社会公共利益和他人合法权益。

(5)在涉及行政许可、登记、征收、征用和行政主体对民事争议所作裁决的行政诉讼中,当事人申请一并解决相关民事争议的,人民法院可以一并审理。在行政诉讼中,人民法院认为行政诉讼案件的审理需以民事诉讼的裁判为依据的,可以裁定中止行政诉讼。

(6)人民法院对行政案件宣告判决或者裁定前,原告申请撤诉的,或者被告改变其所做的具体行政行为,原告同意并申请撤诉的,是否准许,由人民法院裁定。

(7)人民法院审理行政诉讼案件,以法律和行政法规、地方性法规为依据,地方性法规仅适用于本行政区域内发生的行政诉讼案件。人民法院审理民族自治地方的行政诉讼案件,并以该民族自治地方的自治条例和单行条例为依据。人民法院审理行政诉讼案件,参照规章执行。

(8)人民法院在审理行政诉讼案件中,经审查认为规范性文件不合法的,不作为认定具体行政行为合法的依据,并向规范性文件的制定机关提出处理建议。

(9)人民法院应当公开发生法律效力的判决书、裁定书,供公众查阅,但涉及国家秘密、商业秘密和个人隐私的内容除外。

(10)人民法院在审理行政案件中,认为行政主体的负责人、直接责任人违法违纪的,应当将有关材料移送监察机关、该行政主体或者其上一级行政主体;认为有犯罪行为的,应当将有关材料移送公安、检察机关。人民法院对被告经传票传唤无正当理由拒不到庭,或者未经法庭许可中途退庭的,可以将被告拒不到庭或者中途退庭的情况予以公告,并可以向监察机关或者被告的上一级行政主体提出依法给予其主要负责人或直接责任人处分的司法建议。

(二)行政诉讼第一审普通程序

1. 概述

行政诉讼第一审程序是指人民法院从裁定受理到作出第一审判决的全部诉讼程序。

在第一审中,人民法院应当在立案之日起5日内,将起诉状副本发送给被告。作为行政主体的被告应当在收到起诉状副本之日起15日内向人民法院提交做出具体行政行为的证据和所依据的法律规范,并提出答辩状。人民法院应当在收到答辩状之日起5日内,将答辩状副本发送给原告。被告不提出答辩状的,不影响人民法院审理。

2. 行政诉讼一审判决

一审判决是指人民法院在第一审程序中对行政诉讼案件所作出的判决。

根据《行政诉讼法》,包括交通运输行政诉讼在内的一审判决分为以下6种。

(1)维持判决。具体行政行为证据确凿,适用法律、法规正确,符合法定程序的,或者原告申请被告履行法定职责或者给付义务理由不成立的,人民法院判决驳回原告的诉讼请求。

(2)判决撤销或部分撤销、判决被告重新做出具体行政行为。

行政行为有下列情形之一的,人民法院判决撤销或者部分撤销,并可以判决被告重新做出具体行政行为:

①主要证据不足的。
②适用法律、法规错误的。
③违反法定程序的。
④超越职权的。
⑤滥用职权的。
⑥明显不当的。

人民法院判决被告重新做出具体行政行为的,作为行政主体的被告不得以同一事实和理由做出与原具体行政行为基本相同的具体行政行为。

(3)履行判决。人民法院经过审理,查明作为行政主体的被告不履行法定职责的,判决被告在一定期限内履行。

人民法院经过审理,查明作为行政主体的被告依法负有给付义务的,判决被告履行给付义务。

(4)判决确认违法,但不撤销具体行政行为。具体行政行为有下列情形之一的,人民法院判决确认违法,但不撤销具体行政行为:

①具体行政行为依法应当撤销,但撤销会给国家利益、社会公共利益造成重大损害的。
②具体行政行为的程序轻微违法,但对原告权利不产生实际影响的。

具体行政行为有下列情形之一,不需要撤销或者判决履行的,人民法院判决确认违法:
①具体行政行为违法,但不具有可撤销内容的。
②被告改变原违法具体行政行为,原告仍要求确认原具体行政行为违法的。
③被告不履行或者拖延履行法定职责,判决履行没有意义的。

(5)判决确认无效。具体行政行为的实施主体不具有行政主体资格或者没有法律依据等重大且明显违法情形,原告申请确认具体行政行为无效的,人民法院判决确认无效。

人民法院判决确认违法或者无效的,可以同时判决责令被告采取补救措施;给原告造成损失的,依法判决被告承担赔偿责任。

(6)变更判决。变更判决是指人民法院对于显失公正行政处罚决定的内容予以改变的判决。变更判决适用于行政处罚显失公正的情形。

行政处罚明显不当,或者其他具体行政行为涉及对款额的确定、认定确有错误的,人民法院可以判决变更。

人民法院判决变更,不得加重原告的义务或者减损原告的权益。但利害关系人同为原告,且诉讼请求相反的除外。

3.其他规定

(1)行政复议机构与做出原具体行政行为的行政主体为共同被告的案件,人民法院应当对行政复议决定和原具体行政行为一并作出裁判。

(2)人民法院对公开审理和不公开审理的案件,一律公开宣判。当庭宣判的,应当在10日内发送判决书;定期宣判的,宣判后立即发给判决书。

(3)宣判时,必须告知当事人上诉权利、上诉期限和上诉的人民法院。

(4)人民法院应当在立案之日起6个月内作出第一审判决,有特殊情况需要延长的,由高级人民法院批准;高级人民法院审理第一审案件需要延长的,由最高人民法院批准。

(三)行政诉讼简易程序

(1)人民法院审理下列第一审行政诉讼案件,认为事实清楚、权利和义务关系明确、争议不大的,可以适用简易程序:

①被诉具体行政行为是依法当场做出的。

②行政诉讼案件涉及款额在 2000 元以下的。

③属于政府信息公开案件的。

除上述规定以外的第一审行政诉讼案件,各方当事人同意适用简易程序的,可以适用简易程序。

发回重审、按照审判监督程序再审的案件不适用简易程序。

(2)适用简易程序审理的行政诉讼案件,由审判员一人独任审理,并应当在立案之日起 45 日内审结。

(3)人民法院在审理过程中,发现案件不宜适用简易程序的,裁定转为普通程序。

(四)行政诉讼第二审程序

1. 概述

行政诉讼二审程序是指在一审判决或裁定生效前因一审当事人提起上诉所引起的诉讼程序,故又称上诉审判程序。由于行政诉讼案件的第二审程序是对上诉案件审理后作出的判决或裁定,是终审判决、裁定,当事人不得再上诉,二审程序又称为终审程序。在我国,人民法院通过二审程序所作出的判决或裁定是终审判决和裁定。

根据《行政诉讼法》,当事人不服人民法院第一审判决的,有权在判决书送达之日起 15 日内向上一级人民法院提起上诉;当事人不服人民法院第一审裁定的,有权在裁定书送达之日起 10 日内向上一级人民法院提起上诉。逾期不提起上诉,人民法院的第一审判决或者裁定发生法律效力。

人民法院对上诉案件,应当组成合议庭,开庭审理。经过阅卷、调查和询问当事人,对没有提出新的事实、证据或者理由的,合议庭认为不需要开庭审理的,也可以不开庭审理。

人民法院审理上诉案件,应当对原审人民法院的判决、裁定和被诉具体行政行为进行全面审查。

人民法院审理上诉案件,应当在收到上诉状之日起 3 个月内作出终审判决。有特殊情况需要延长的,由高级人民法院批准;高级人民法院审理上诉案件需要延长的,由最高人民法院批准。

2. 行政诉讼二审判决

二审判决的种类有如下 4 种:

(1)原判决、裁定认定事实清楚,适用法律、法规正确的,判决或者裁定驳回上诉,维持原判决、裁定。

(2)原判决、裁定认定事实错误或者适用法律、法规错误的,依法改判、撤销或者变更。

(3)原判决认定基本事实不清、证据不足的,发回原审人民法院重审或者在查清事实后改判。

(4)原判决存在遗漏当事人或者违法缺席判决等严重违反法定程序的,裁定撤销原判决,发回原审人民法院重审。

原审人民法院对发回重审的案件作出判决后,当事人提起上诉的,第二审人民法院不得再次发回重审。

人民法院审理上诉案件,需要改变原审判决的,应当同时对被诉具体行政行为作出判决。

(五)审判监督程序

当事人(原告、被告、第三人)对已经发生法律效力的判决、裁定,认为确有错误的,可以向上一级人民法院申请再审,但判决、裁定不停止执行。

当事人的申请符合下列情形之一的,人民法院应当再审:

(1)不予立案或者驳回起诉确有错误的。
(2)有新的证据,足以推翻原判决、裁定的。
(3)原判决、裁定认定事实的主要证据不足、未经质证或者系伪造的。
(4)原判决、裁定适用法律、法规确有错误的。
(5)违反法律规定的诉讼程序,可能影响公正审判的。
(6)原判决、裁定遗漏诉讼请求的。
(7)据以作出原判决、裁定的法律、法规被撤销或者变更的。
(8)审判人员在审理该案件时有贪污受贿、徇私舞弊、枉法裁判行为的。

各级人民法院院长对本院已经发生法律效力的判决、裁定,发现上述规定情形之一,或者发现调解违反自愿原则或者调解书内容违法,认为需要再审的,应当提交审判委员会讨论决定。

最高人民法院对地方各级人民法院已经发生法律效力的判决、裁定,上级人民法院对下级人民法院已经发生法律效力的判决、裁定,发现有上述规定情形之一,或者发现调解违反自愿原则或者调解书内容违法的,有权提审或者指令下级人民法院再审。

最高人民检察院对各级人民法院已经发生法律效力的判决、裁定,上级人民检察院对人民法院已经发生法律效力的判决、裁定,发现上述规定情形之一,或者发现调解书损害国家利益、社会公共利益的,应当提出抗诉。

地方各级人民检察院对同级人民法院已经发生法律效力的判决、裁定,发现有上述规定情形之一,或者发现调解书损害国家利益、社会公共利益的,可以向同级人民法院提出检察建议,并报上级人民检察院备案;也可以提请上级人民检察院向同级人民法院提出抗诉。

各级人民检察院对审判监督程序以外的其他审判程序中审判人员的违法行为,有权向同级人民法院提出检察建议。

八、执行

行政诉讼的执行是当事人逾期不履行人民法院依法作出并已经产生法律效力的判决或裁定,人民法院或有关的行政主体依法采取强制措施,从而使生效的判决或裁定得以实现的活动。

(一)对行政相对人的执行

《行政诉讼法》规定,行政相对人必须履行人民法院发生法律效力的判决、裁定、调解书,行政相对人拒绝履行判决、裁定、调解书的,行政主体或者第三人可以向第一审人民法院申请强制执行,或者由行政主体依法强制执行。

(二)对行政主体的强制执行

《行政诉讼法》规定,行政主体拒绝履行判决、裁定、调解书的,第一审人民法院可以采取下列措施:

(1)对应当归还的罚款或者应当给付的款额,通知银行从该行政主体的账户内划拨。

(2)在规定期限内不履行的,从期满之日起,对该行政主体负责人按日处 50~100 元的罚款。

(3)将行政主体拒绝履行的情况予以公告。

(4)向监察机关或者该行政主体的上一级行政机关提出司法建议。接受司法建议的行政机关,根据有关规定进行处理,并将处理情况告知人民法院。

(5)拒不履行判决、裁定、调解书,社会影响恶劣的,可以对该行政主体的直接责任人予以拘留;情节严重构成犯罪的,依法追究刑事责任。

(三)其他规定

行政主体及其工作人员做出的具体行政行为侵犯行政相对人的合法权益造成损害的,由该行政主体负责赔偿;行政主体赔偿损失后,应当责令有故意或者重大过失的工作人员承担部分或者全部赔偿费用。

第九节 交通运输行政赔偿

一、概念及构成要件

行政赔偿作为国家赔偿的重要组成部分,已成为各国行政救济制度的重要内容,但各国行政赔偿的含义不尽相同。行政赔偿是指行政主体违法行使职权,造成行政相对人合法权益的损害,由国家承担的赔偿责任。交通运输行政赔偿,必须按照《国家赔偿法》的规定执行。

按照《国家赔偿法》的规定,行政赔偿必须符合下列构成要件:

(1)侵权主体是行政主体,即行政相对人合法权益的损害是行政主体在执行职务过程中造成的。

(2)侵权行为是职权行为,即国家负责行政赔偿的损害是行政主体行使职权中造成的。

(3)损害行为是违法行为,行政赔偿是行政主体违法行使职权所引起的法律责任,没有违法这一前提,就不可能引起行政赔偿责任。

(4)行政赔偿以侵害行政相对人的合法权益并造成损害为条件,即行政主体违法行使职权所侵害的是行政相对人的合法权益,而不是违法权益,而且还必须造成了合法权益的实际损害。

(5)行政赔偿以依法赔偿为原则,即行政赔偿是一种法定责任,只有符合法律规定的各项条件,国家才予以赔偿。

二、行政赔偿与相关概念的区别

1. 行政赔偿与国家赔偿

行政赔偿是国家赔偿的一部分。根据《国家赔偿法》,国家赔偿包括行政赔偿和刑事赔偿。

2. 行政赔偿与行政补偿

行政赔偿是国家对行政主体违法行使职权造成行政相对人合法权利损害而承担的赔偿责任;而行政补偿是国家对行政主体在行政活动中因正当原因和合法行为致使特定的行政相对人在经济上遭受损失或者承受特殊损失而进行财产弥补的补救制度。

3. 行政赔偿与民事赔偿

行政赔偿是行政主体违法行使职权引起的国家责任,而民事赔偿是由平等民事主体之间侵权行为或违约等引起的民事责任。

三、赔偿范围

行政赔偿的范围是指国家对行政行为造成的损害承担赔偿责任的领域,对此《国家赔偿法》作了明确的规定。交通运输行政赔偿必须遵守这一规定。

1. 赔偿权利的获得

有下列侵犯人身权情形之一的,受害人有获得赔偿的权利:

(1)违法拘留或者违法采取限制公民人身自由的行政强制措施的。

(2)非法拘禁或者非法剥夺公民人身自由的。

(3)以殴打等暴力行为或者唆使他人以殴打等暴力行为造成公民伤害或者死亡的。

(4)违法使用武器、器械造成公民身体伤害或者死亡的。

(5)造成公民身体伤害或者死亡的其他违法行为。

2. 侵犯财产权的范围

行政主体在行使职权时有下列侵犯财产权情形之一的,受害人有取得赔偿的权利:

(1)违法实施罚款、吊销许可证或执照、责令停产停业、没收财物等行政处罚的。

(2)违法对财产采取查封、扣押、冻结等行政强制措施的。

(3)违反国家规定征收财物、摊派费用的。

(4)造成财产损失的其他违法行为。

3. 行政赔偿责任的排除

属于下列情形之一的,国家不承担赔偿责任:

(1)行政主体工作人员与行使职权无关的个人行为。

(2)因行政相对人的行为致使损害发生的。

(3)法律规定的其他情形。

四、赔偿请求人与赔偿义务机关

1. 行政赔偿请求人

行政赔偿请求人是指因行政主体违法行使职权而使其合法权益受到损害,依法请求国家予以赔偿的行政相对人,行政赔偿的请求人既可以是公民,也可以是法人或其他组织。

《国家赔偿法》规定了行政赔偿请求人的资格:受害的公民、法人和其他组织有权要求赔偿;受害的公民死亡,其继承人和其他有抚养关系的亲属有权要求赔偿;受害的法人或者其他组织终止,承受其权利的法人或者其他组织有权要求赔偿。

2. 行政赔偿义务机关

行政赔偿义务机关是指依法代表国家履行行政赔偿义务,承担赔偿责任的行政机关及法律法规授权的组织。

关于行政赔偿义务机关的确立,《国家赔偿法》规定了以下标准:

(1)行政机关及其工作人员行使行政职权侵犯公民、法人和其他组织的合法权益造成损害的,该行政机关为赔偿义务机关;2个以上行政机关共同行使行政职权时侵犯公民、法人和其他组织的合法权利并造成损害的,共同行使职权的行政机关为共同赔偿义务机关。

(2)法律、法规授权的组织在行使法律、法规授予的行政权力时侵犯公民、法人和其他组织的合法权利造成损害的,该组织为行政赔偿义务机关。

(3)受行政机关委托的组织在行使委托的行政权力时侵犯公民、法人和其他组织的合法权益造成损害的,委托的行政机关为赔偿义务机关。

(4)赔偿义务机关被撤销的,继续行使其职权的机关为赔偿义务机关;没有继续行使其职权的行政机关的,以撤销该赔偿义务机关的行政机关为赔偿义务机关。

(5)经复议机构复议的,以最初造成侵权行为的行政机关为赔偿义务机关;但复议机构的复议决定加重损害的,复议机构对加重的部分履行赔偿义务。

五、赔偿程序

《国家赔偿法》规定,赔偿请求人要求赔偿应当先向赔偿义务机关提出,也可以在申请行政复议和提起行政诉讼时一并提出。根据这一规定,我国行政赔偿请求的提出和实现有2种途径:一是受害人单独提出行政赔偿请求,二是受害人在申请行政复议或提起行政诉讼时一并提出行政赔偿。

(一)行政赔偿请求的提出

根据《国家赔偿法》规定,行政赔偿请求人自行政主体行使职权时的违法行为被依法确认违法之日起2年内,有权向行政赔偿义务机关提出书面赔偿请求。要求赔偿应当递交申请书,申请书应当载明以下事项:

(1)受害人的姓名、性别、年龄、工作单位和住所,法人或者其他组织的名称、住所和法人代表或者主要负责人的姓名、职务。

(2)具体的要求、事实根据和理由。

(3)申请的年、月、日。

(二)对赔偿请求的处理

根据《国家赔偿法》规定,行政赔偿义务机关应当自收到申请书之日起2个月内依法处理。行政赔偿义务机关作出行政赔偿决定的,应当制作《行政赔偿决定书》,并载明下列内容:

(1)赔偿请求人及其赔偿请求。
(2)所认定的事实、理由和依据。
(3)赔偿的依据、标准、方式或赔偿金的数额。
(4)不服行政赔偿决定的起诉权。

赔偿义务机关决定不予赔偿的,应制作《不予赔偿决定书》,不予赔偿决定书应载明不予赔偿的理由和依据。当事人对不予赔偿的决定不服的,可以依法提起行政复议或行政诉讼。

六、赔偿的方式、时效

(一)行政赔偿的方式

行政赔偿的方式,是指国家以何种形式向行政相对人承担赔偿责任。《国家赔偿法》规定,我国行政赔偿的方式主要有支付赔偿金(金钱赔偿)、恢复原状、返还财产、消除影响、恢复名誉、赔礼道歉。

1. 支付赔偿金

《国家赔偿法》规定,国家赔偿以支付赔偿金为主要方式。根据这一规定,支付赔偿金是国家承担行政赔偿责任的主要形式。支付赔偿金主要适用于下列范围和情形:

(1)侵犯公民人身自由权、生命健康权的。
(2)违法查封、扣押、冻结财产并造成财产损坏或者灭失的。
(3)应当返还的财产损坏且不能恢复原状的。
(4)应当返还的财产灭失的。
(5)财产已经被拍卖的。
(6)对公民、法人和其他组织的财产权造成其他损失的。

2. 返还财产

《国家赔偿法》规定,能够返还财产的,予以返还财产。但返还财产应以原物存在并完好无损或虽有损坏但能够恢复原状为前提条件。在具体形式上,返还财产包括返还金钱和返还其他财物两方面。

3. 恢复原状

《国家赔偿法》规定,应当返还的财产损坏的,能够恢复原状的恢复原状,不能恢复原状的,依照损害程度给付相应的赔偿金。

4. 消除影响、恢复名誉、赔礼道歉

《国家赔偿法》规定,行政赔偿义务机关造成受害人名誉权、荣誉权损害的,应当在侵权行为影响的范围内,为受害人消除影响、恢复名誉、赔礼道歉。

(二)赔偿费用

行政侵权赔偿费用应当列入各级财政预算。

直接赔偿和经过行政复议确定的赔偿费用,由本级财政或行政机关直接给付。

经过诉讼确定的赔偿,应当先从财政列支,再由财政部门报请同级人民政府责令有责任的行政主体支付部分或者全部赔偿费用。

复习思考题

1. 简述交通运输法规的基本原则。
2. 如何理解交通运输法规的合法性原则与合理性原则?
3. 如何理解交通运输法规的程序公正原则和制约原则?
4. 简述交通运输行政法律关系的概念、交通运输行政法律关系的主体和客体的含义。
5. 简述交通运输行政法律关系的内容。
6. 简述交通运输行政主体的概念、交通运输行政主体的权利和义务。
7. 简述交通运输行政相对人的概念、交通运输行政相对人的权利和义务。
8. 简述行政行为的概念与内容。
9. 抽象行政行为和具体行政行为、羁束行政行为和自由裁量行政行为、要式行政行为和非要式的行政行为的概念分别是什么?
10. 简述具体行政行为的分类及具体行政行为成立和有效成立的要件。
11. 简述行政许可的概念与程序。目前,哪些交通运输经营项目需取得交通运输行政许可?
12. 简述交通运输行政处罚的概念、基本原则。交通运输行政处罚在行政法学和《行政处罚法》中分别是如何分类的?
13. 交通运输行政处罚的简易程序和一般程序分别适用于哪些场合? 二者的步骤有何区别?
14. 简述执行交通运输行政处罚应遵循的原则。
15. 简述交通运输行政强制措施的概念及应遵循的原则。
16. 简述交通运输行政强制执行的概念及应遵循的原则。
17. 简述交通运输行政复议的概念和实行交通运输行政复议制度的目的。
18. 简述交通运输行政复议应遵循的原则。
19. 简述交通运输行政复议的范围。
20. 简述交通运输行政诉讼的概念和实行交通运输行政诉讼制度的目的。
21. 简述行政诉讼的程序。
22. 简述行政赔偿的概念、范围,以及申请行政赔偿应满足的条件。

第三章 交通运输管理法规

第一节 概　　述

交通运输管理法规是指由国家权力机关或行政机关根据宪法和法律制定并公布,体现国家交通运输管理意志,维护交通运输秩序,调整交通运输行政主体在对交通运输行政管理的过程中与行政相对人形成的社会关系,并通过国家强制力保证实施的法律规范的总称。

一、特征

(一)交通运输管理法规具有综合性的特征

所谓综合性是指交通运输管理法规既非公法所能涵盖,又非私法所能涵盖,而是兼具有公法规范和私法规范的性质。作为公法规范的交通运输管理法规主要是指交通运输行政管理法规;作为私法规范主要是指调整道路客货运输、运输相关业务经营者与服务对象等方面的法律规范。

(二)交通运输管理法规具有变动性的特征

交通运输管理法规以客货运输、运输相关业务为调整对象。随着技术的进步,交通运输业快速发展,运输市场变化迅速,要求不断完善和修改交通运输法规以适应交通运输业的发展。同时随着技术的进步,交通运输管理的方式与手段也会日趋完善,这也必然涉及进一步规范和修改交通运输管理法规。

(三)交通运输管理法规具有技术性的特征

交通运输业涉及运输工具、运输组织方法和信息传递等方面的技术。随着技术的进步,在运输工具和装卸设备、运输组织等方面将会采用大量的新技术,交通运输管理法规必定包含大量的技术规范。

二、作用

(一)保证交通运输业又好又快发展

交通运输对提高广大人民群众生活水平,推动社会、经济、文化和国防事业的发展具有重要的作用。交通运输管理法规能够保证国家对交通运输业行使行政管理权。交通运输法规的完善能够更好地促进交通运输业健康、规范、有序发展。

(二)保证公民、法人和其他组织的合法权益

交通运输业的发展,必然涉及公民和法人的合法权益。必须通过立法的手段明确政府和公民、法人和其他组织之间在交通运输中的权利、义务,保障公民、法人和其他组织的合法权益。

(三)加强国家对交通运输业的依法管理

交通运输业对国家的政治、经济、文化和国防建设具有重要意义,同时涉及广大人民群众的合法利益,国家必须加强对交通运输业的管理。交通运输管理是国家行政管理的重要组成部分。为防止权力滥用,保护交通运输业健康、有序发展,保护交通运输经营者和使用者的合法权益,交通运输行政管理机关必须依法行政、依法管理。

(四)协调交通运输参与者的权利与义务,维护正常交通运输秩序

法律规范以调整社会关系为对象,通过对人们在社会关系中权利与义务的设定和免除,维持整个社会的正常秩序。交通运输管理法规通过明确规定交通运输参与者的权利和义务,使参与交通运输各方的行为有章可循,避免和减少纠纷,起到维护正常交通运输秩序的作用。法律规范是国家法律体系中的重要组成部分。

三、性质

交通运输管理法规在国家部门法的分类上归属于行政法的范畴,包括一系列客货运输及运输相关业务等方面的法律规范。

交通运输管理法规是国家依法实施交通运输管理的基础,具有鲜明的阶级性,体现了广大人民群众的根本利益。

四、要件

交通运输管理法规的要件,包括交通运输管理法规的产生要件和执行要件。

(一)交通运输管理法规产生的必要条件

1. 交通运输管理法规的产生是法治的需要

为了适应经济发展的需要,交通运输业必须健康、快速发展。社会主义市场经济是法制经济和规则经济,交通运输业是国民经济的重要组成部分,交通运输业也需要一系列法律法规规范自身的发展。

2. 交通运输管理法规的产生是客观的需要

交通运输业与国民经济各行各业联系紧密。这种关系使交通运输业与国民经济其他部门互相推动,促进了国民经济的健康、协调发展。但交通运输业与国民经济其他部门也存在着矛盾,同时交通运输业内部存在如何协调发展的问题,国家依法对交通运输业的管理应有合理的分工,这就为交通运输管理法规的产生提供了客观条件。

(二)交通运输管理法规执行的必要条件

1. 交通运输管理法规内容必须实用

交通运输管理法规是为了推动交通运输业的发展而制定并实施的,这一目的要求交通运输管理法规的内容必须符合交通运输业的发展规律,并与其他行政法规协调一致,使交通运输管理法规得到更好的执行。

2. 交通运输管理法规必须具备三个要素

交通运输管理法规在构成上与其他法律规范相同,应包含法定条件、行为准则、法律责任,即假设、处理、罚则三要素。法定条件是指交通运输管理法规适用的条件和场合;行为准则是指当某种条件和场合出现时,行为人必须做出某种行为(作为和不作为),或者可以做出某种行为(作为和不作为);法律责任是确定当某种条件和场合出现时,行为人没有做出行为准则要求的某行为应承担的法律责任。交通运输管理法规的法定条件、行为准则和法律责任构成了交通运输管理法规的三要素。

3. 严格按行政法治原则执行

交通运输管理法规在执行上必须按行政法治的基本原则进行,要依法行政、依法管理。任何行政主体及其工作人员的行政行为必须依照法律法规规定的职权和程序执行,不能越权,不能与法律法规相违背,不能违反法定程序,要做到有法必依、执法必严。

4. 建立相应的制约机制

交通运输管理法规在执行时,必须有相应的制约机制。交通运输行政主体要接受来自立法、司法、监察等机关的监督,确保交通运输管理法规得以顺利执行。

5. 加强执法队伍建设

执行交通运输管理法规,必须建立相应的管理机构。执法队伍的建设是执行交通运输管理法规的必要条件之一。

(三)构成交通运输法规的要件

通过以上分析可见,构成交通运输管理法规的要件包括如下6点:

(1)交通运输管理法规属于要求交通运输行政主体及其工作人员必须遵守的法律规范。

(2)交通运输管理法规是由有权的立法机关、有权的行政机关(包括有权的交通运输管理机关)制定的。

(3)交通运输管理法规的内容(行政权利)必须是法律规定的行政主体依法行使的职权范围之内。

(4)交通运输管理法规所规定的行为规则不得与宪法、法律相抵触。

(5)交通运输管理法规必须通过一定形式(如条例、规定、办法、意见、章程、实施细则等)表现出来。

(6)交通运输管理法规体现了国家的意志和广大人民群众的根本利益。

五、调整对象

交通运输管理法规调整交通运输行政主体行使交通运输行政管理权而产生的法律关系,包括交通运输行政主体与行政相对人之间的外部行政关系,即交通运输行政主体因行使交通运输管理权与行政相对人发生的行政管理法律关系;还包括不同交通运输行政主体之间以及交通运输行政主体与其工作人员之间形成的内部行政关系。

国家权力、司法和监察机关对交通运输行政管理权力的行使进行监督,但这些部门涉及交通运输事宜而与交通运输行政主体发生行政法律关系时,则这些部门处于特定的行政相对人的地位,成为交通运输管理法规的调整对象。

总之,交通运输管理法规所调整的是交通运输业健康发展所产生的各种法律关系。交通运输业为社会各方面提供交通运输服务,交通运输管理法规调整的对象和范围是极其广泛的。

六、法规体系

为了规范交通运输经营秩序,加强交通运输法治建设,国务院、国务院交通运输主管部门相继出台了一系列的行政法规、规章,对保障我国交通运输事业的健康发展发挥了重要作用。

目前,在交通运输管理方面,已形成由相关法律、行政法规、国务院部门规章和地方性法规构成的涉及道路客货运输、道路运输相关业务和交通运输行政执法等内容的比较完善的交通运输管理法规体系。现行有效的交通运输管理法规主要包括以下6个方面。

(一)综合运输法规、规章

综合综合性法规、规章包括《道路运输条例》《国际道路运输管理规定》(交通部令2005年第3号)、《道路运输服务质量投诉管理规定》(交通运输部令2016年第70号)、《道路运输车辆技术管理规定》(交通运输部令2019年第19号)、《道路运输车辆动态监督管理办法》(交通运输部令2016年第55号)等。

(二)旅客运输管理规章

旅客运输管理规章主要包括《道路旅客运输及客运站管理规定》(交通运输部令2020年第17号)、《城市公共汽车和电车客运管理规定》(交通运输部令2017年第5号)、《巡游出租汽车经营服务管理规定》(交通运输部令2016年第64号)、《网络预约出租汽车经营服务管理暂行办法》(交通运输部令2019年第46号)等。

(三)货物运输管理规章

货物运输管理规章主要包括《道路货物运输及站场管理规定》(交通运输部令2019年第17号)、《超限运输车辆行驶公路管理规定》(交通运输部令2016年第62号)、《道路危险货物运输管理规定》(交通运输部令2019年第42号)、《危险货物道路运输安全管理办法》(交通运输部令2019年第29号)、《放射性物品道路运输管理规定》(交通运输部令2016年第71号)等。

(四)运输相关业务管理规章

运输相关业务管理规章主要包括《机动车驾驶员培训管理规定》(交通运输部令2016年第51号)、《机动车维修管理规定》(交通运输部令2019年第20号)等。

(五)从业人员管理规章

从业人员管理规章主要包括《道路运输从业人员管理规定》(交通运输部令2019年第18号)、《出租汽车驾驶员从业资格管理规定》(交通运输部令2016年第63号)等。

(六)交通运输法制建设类规章

交通运输法制建设类规章主要包括《交通运输法规制定程序规定》(交通运输部令2018年第41号)、《交通运输行政执法程序规定》(交通运输部令2019年第9号)、《交通行政复议规定》(交通运输部令2015年第18号)等。

此外,多数省、自治区、直辖市颁布了在其行政区域内实施的《××省(自治区、直辖市)道路运输管理条例》等地方性法规。

国家虽然已经建立了比较完善的交通运输法规体系,但应当承认,交通运输法规法律层级不高,所有的规范性文件除了《道路运输条例》属于行政法规外,其余均处于部门规章和地方性法规层次。

国家现阶段交通运输管理法制建设的任务是制定层级更高、涉及交通运输各方面、内容完善、条文准确、操作性强的法律,并在此基础上,修订和完善现有的交通运输管理法规,形成以法律为基础、以行政法规以及行政规章和为地方性法规配套的交通运输法律规范体系,用于规范交通运输市场主体行为、维护市场秩序、促进运输市场的健康发展。

为此,本章重点对《道路运输条例》以及《道路运输从业人员管理规定》《道路旅客运输及客运站管理规定》《道路货物运输及站场管理规定》《道路危险货物运输管理规定》《危险货物道路运输安全管理办法》《超限运输车辆行驶公路管理规定》《道路运输车辆技术管理规定》《城市公共汽车和电车客运管理规定》《出租汽车驾驶员从业资格管理规定》《巡游出租汽车经营服务管理规定》《网络预约出租汽车经营服务管理暂行办法》《机动车驾驶员培训管理规定》《机动车维修管理规定》《国际道路运输管理规定》等法规、规章进行探讨。

第二节 中华人民共和国道路运输条例

为了规范道路运输活动,维护道路运输市场秩序,保障道路运输安全,保护道路运输有关各方当事人的合法权益,促进道路运输业的健康发展,国务院2004年4月30日颁布了《道路运输条例》,自2004年7月1日起施行;2012年11月9日国务院颁布了《国务院关于修改和废止部分行政法规的决定》,对《道路运输条例》进行了第一次修正;2016年2月6日国务院颁布了《国务院关于修改部分行政法规的决定》,对《道路运输条例》进行了第二次修正;2019年3月2日国务院颁布了《国务院关于修改部分行政法规的决定》,对《道路运输条例》进行了第三次修正。

为有效提升道路运输管理服务质量和水平,优化营商环境,《道路运输条例》的修订工作已经启动,国务院交通运输主管部门于2020年11月2日公布了《道路运输条例(修订草案征求意见稿)》,向社会公开征求意见。

《道路运输条例》作为国家的行政法规,是目前道路运输管理的主要依据。道路运输经营包括道路旅客运输经营和道路货物运输经营,道路运输相关业务包括站(场)、机动车维修、机动车驾驶员培训等。从事道路运输经营以及道路运输相关业务,应当遵守《道路运输条例》。

《道路运输条例》共分7章83条,包括总则、道路运输经营、道路运输相关业务、国际道路运输、执法监督、法律责任和附则。

《道路运输条例》规定了以下原则:

(1)从事道路运输经营以及道路运输相关业务活动的行政相对人,应当依法经营,诚实信用,公平竞争;交通运输行政主体在行使行政管理职权的过程中应坚持公平、公正、公开和便民的原则。

(2)国家鼓励发展乡村道路运输,采取必要的措施提高乡镇和行政村的通班车率以满足广大农民的生活和生产需要。

(3)鼓励道路运输企业实行规模化、集约化经营,并规定任何单位和个人不得封锁或者垄断道路运输市场。

(4)国务院交通运输主管部门主管全国道路运输管理工作,县级以上地方人民政府交通运输主管部门负责组织领导本行政区域的道路运输管理工作,并授权县级以上道路运输管理机构负责具体实施道路运输管理工作。

一、运输经营

(一)道路旅客运输

1. 申请道路旅客运输经营的资质条件

(1)有与其经营业务相适应并经检测合格的车辆。

(2)有符合规定条件的驾驶人员。

(3)有健全的安全生产管理制度。

申请从事班线客运经营的,还应当有明确的线路和站点方案。

2. 道路旅客运输车辆驾驶人员的资质条件

(1)取得相应的机动车驾驶证。

(2)年龄不超过60周岁。

(3)3年内无重大以上交通责任事故记录。

(4)经设区的市级道路运输管理机构对有关客运法律法规、机动车维修和旅客急救基本知识考试合格。

3. 道路旅客运输经营许可的申请与实施程序

道路客运经营许可根据经营区域实施分级管理,申请从事客运经营的,应当依法向市场监督管理部门办理有关登记手续后,按照下列规定提出申请并提交符合经营资质条件的相关材料:

(1)从事县级行政区域内客运经营向县级道路运输管理机构提出申请。

(2)从事省、自治区、直辖市行政区域内跨2个县级以上行政区域的客运经营向其共同的上一级道路运输管理机构提出申请。

(3)从事跨省、自治区、直辖市行政区域客运经营向所在地的省、自治区、直辖市道路运输管理机构提出申请。

道路运输管理机构自受理申请之日起20日内审查完毕,作出许可或者不予许可的决定。予以许可向申请人颁发道路运输经营许可证、配发道路运输证;不予许可书面通知申请人并说明理由。

对跨省、自治区、直辖市行政区域客运经营的申请,有关省、自治区、直辖市道路运输管理机构在作出许可决定、颁发道路运输经营许可证前,应当与运输线路目的地的省、自治区、直辖市道路运输管理机构协商;协商不成报国务院交通运输主管部门决定。

取得道路运输经营许可证的客运经营者,需要增加客运班线的,应当依照上述规定办理有关手续。

4. 道路运输管理机构进行道路旅客运输经营许可的注意事项

(1)县级以上道路运输管理机构应定期公布客运市场供求状况,在审查客运申请时应考虑客运市场的供求状况、普遍服务和方便群众等因素。

(2)同一线路有3个以上申请人,可以通过招标的形式作出许可决定。

(3)客运班线的经营期限为4~8年。经营期限届满需要延续客运班线经营许可的,重新提出申请。

(4)客运经营者需要终止客运经营,在终止前30日内告知原许可机关。

5. 道路客运经营者的义务

(1)客运经营者应当为旅客提供良好的乘车环境,保持车辆清洁、卫生,并采取必要的措施防止在运输过程中发生侵害旅客人身、财产安全的违法行为。

(2)班线客运经营者取得道路运输经营许可证后,应当向公众连续提供运输服务,不得擅自暂停、终止或者转让班线运输。

(3)包车客运按照约定的起始地、目的地和线路运输;旅游客运在旅游区域按照旅游线路运输。

(4)客运经营者不得强迫旅客乘车,不得甩客、敲诈旅客;不得擅自更换运输车辆。

6. 旅客的义务

旅客应当持有效客票乘车,遵守乘车秩序,讲究文明卫生,不得携带国家规定的危险物品及其他禁止携带的物品乘车。

(二)道路货物运输

1. 申请道路货物运输经营的资质条件

(1)有与其经营业务相适应并经检测合格的车辆。

(2)有符合规定条件的驾驶人员。

(3)有健全的安全生产管理制度。

2. 道路货物运输车辆驾驶人员的资质条件

(1)取得相应的机动车驾驶证。

(2)年龄不超过60周岁。

(3)经设区的市级道路运输管理机构对有关货运法律法规、机动车维修和货物装载保管基本知识考试合格(使用总质量4500千克及以下普通货运车辆的驾驶人员除外)。

3. 道路危险货物运输附加资质条件

申请从事道路危险货物运输经营,在达到普通货物运输经营许可条件外还应当具备下列条件:

(1)有5辆以上经检测合格的危险货物运输专用车辆、设备。

(2)有经所在地设区的市级人民政府交通运输主管部门考试合格,取得从业资格的驾驶人员、装卸管理人员、押运人员。

(3)危险货物运输专用车辆配有必要的通信工具。

(4)有健全的安全生产管理制度。

4. 道路货物运输经营许可的申请与实施程序

申请从事货运经营的,应当依法向市场监督管理部门办理有关登记手续后,按照下列规定提出申请并提交符合经营资质条件的相关材料:

(1)从事危险货物运输经营以外的货运经营,向县级道路运输管理机构提出申请。

(2)从事危险货物运输经营,向设区的市级道路运输管理机构提出申请。

道路运输管理机构自受理申请之日起20日内审查完毕,作出许可或者不予许可的决定。予以许可的,向申请人颁发道路运输经营许可证,并向申请人投入运输的车辆配发道路运输证;不予许可的,书面通知申请人并说明理由。

使用总质量4500千克及以下普通货运车辆从事普通货运经营的,无须申请取得道路运输经营许可证及道路运输证。

5. 道路货运经营者的义务

(1)货运经营者不得运输法律、行政法规禁止运输的货物;对于法律、行政法规规定必须办理有关手续后方可运输的货物,货运经营者应当查验有关手续。

(2)国家鼓励货运经营者实行封闭式运输,保证环境卫生和货物运输安全;货运经营者应当采取必要措施防止货物脱落、扬撒等;运输危险货物应当采取防止危险货物燃烧、爆炸、辐射、泄漏的必要措施。

(3)运输危险货物应当配备必要的押运人员,保证危险货物处于押运人员的监管之下,并悬挂明显的危险货物运输标志。

6. 托运人的义务

托运人托运危险货物,应当向货运经营者说明危险货物的品名、性质、应急处置方法等情况,并严格按照国家有关规定包装,设置明显标志。

(三)客运和货运的共同规定

(1)客、货运经营者应加强对从业人员的安全教育、职业道德教育,确保道路运输安全;道路运输从业人员应当遵守道路运输操作规程,不得违章作业;驾驶人员连续驾驶时间不得超过4个小时。

(2)生产(改装)客运车辆、货运车辆的企业应当按照国家规定标定车辆的核定人数或者载质量,严禁多标或者少标车辆的核定人数或者载质量;客、货运经营者应使用符合国家规定标准的车辆从事道路运输经营。

(3)客、货运经营者应加强对车辆的维护和检测,保证车辆符合国家规定的技术标准;不得使用报废的、擅自改装的或其他不符合国家规定的车辆从事道路运输经营。

(4)道路运输车辆应当随车携带道路运输证,不得转让、出租。

(5)道路运输车辆运输旅客的,不得超过核定的人数,不得违反规定载货;运输货物的,不得运输旅客,运输的货物应当符合核定的载质量,严禁超载;载物的长、宽、高不得违反装载要求。

违反规定的,由公安机关交通管理部门依照《中华人民共和国道路交通安全法》(以下简称《道路交通安全法》)的有关规定进行处罚。

(6)客运、危险货物运输经营者应分别为旅客或者危险货物投保承运人责任险。

(7)客、货运经营者应制定有关交通事故、自然灾害以及其他突发事件的道路运输应急预案,应急预案应当包括报告程序、应急指挥、应急车辆和设备的储备以及处置措施等内容。

(8)发生交通事故、自然灾害以及其他突发事件,客、货运经营者应服从县级以上人民政府或者有关部门的统一调度、指挥。

二、道路运输相关业务

(一)道路运输站(场)经营资质条件

(1)有经验收合格的运输站(场)。
(2)有相应的专业人员和管理人员。
(3)有相应的设备、设施。
(4)有健全的业务操作规程和安全管理制度。

(二)机动车维修经营资质条件

(1)有相应的机动车维修场地。
(2)有必要的设备、设施和技术人员。
(3)有健全的机动车维修管理制度。
(4)有必要的环境保护措施。

(三)机动车驾驶员培训经营资质条件

(1)有健全的培训机构和管理制度。
(2)有与培训业务相适应的教学人员、管理人员。
(3)有必要的教学车辆和其他教学设施、设备、场地。

(四)道路相关业务经营许可(备案)的申请与实施程序

从事道路运输站(场)经营、机动车驾驶员培训业务,应当在依法向市场监督管理部门办理有关登记手续后,向所在地县级道路运输管理机构提出申请,提交符合经营资质条件的相关材料。县级道路运输管理机构自受理申请之日起15日内审查完毕,作出许可或者不予许可的决定,并书面通知申请人。

从事机动车维修经营业务的,应当在依法向市场监督管理部门办理有关登记手续后,向所在地县级道路运输管理机构进行备案,并附送符合经营资质条件的相关材料。

(五)道路相关业务经营者的义务

1. 道路运输站(场)经营者义务

(1)道路运输站(场)应对出站的车辆进行安全检查,禁止无证经营的车辆进站从事经营活动,防止超载车辆或者未经安全检查的车辆出站。道路运输站(场)应公平对待使用站(场)的客、货运经营者,无正当理由不得拒绝道路运输车辆进站从事经营活动。道路运输站(场)应向旅客和货主提供安全、便捷、优质的服务;保持站(场)卫生、清洁;不得随意改变站(场)用途和服务功能。

(2)道路旅客运输站(场)应合理安排客运经营者运行班次,公布其运输线路、起止和经停站点、运输班次、始发时间、票价、调度车辆进站、发车、疏导旅客,维持上下车秩序。道路旅客运输站(场)应设置旅客购票、候车、行李寄存和托运等服务设施,按照车辆核定载客限额售票,并采取措施防止携带危险品的人员进站乘车。

(3)道路货物运输站(场)应按照国务院交通运输主管部门规定的业务操作规程装卸、储存、保管货物。

2.机动车维修经营者义务

(1)机动车维修经营者应当按照国家有关技术规范对机动车进行维修,保证维修质量,不得使用假冒伪劣配件维修机动车。机动车维修经营者应当公布机动车维修工时定额和收费标准,合理收取费用,维修服务完成后应当提供维修费用明细单。

(2)机动车维修经营者对机动车进行二级维护、总成修理或者整车修理的,应当进行维修质量检验。检验合格的,维修质量检验人员应当签发机动车维修合格证。机动车维修实行质量保证期制度。质量保证期内因维修质量原因造成机动车无法正常使用的,机动车维修经营者应当无偿返修。

(3)机动车维修经营者不得承修已报废的机动车,不得擅自改装机动车。

3.驾驶员培训经营者义务

机动车驾驶员培训机构应当按照国务院交通运输主管部门规定的教学大纲进行培训,确保培训质量,向参加培训并结业的人员颁发培训结业证书。

三、国际道路运输

国务院交通运输主管部门应当及时向社会公布我国政府与有关国家政府签署的双边或者多边道路运输协定确定的国际道路运输线路。

(一)国际道路运输经营资质条件

(1)有已取得道路运输经营许可证的企业法人。

(2)在国内从事道路运输经营满3年,且未发生重大以上道路交通责任事故。

(二)国际道路运输经营许可的申请与实施

从事国际道路运输的道路运输企业,向省、自治区、直辖市道路运输管理机构提出申请并提交相关材料。省、自治区、直辖市道路运输管理机构自受理申请之日起20日内审查完毕,作出批准或者不予批准的决定。予以批准的,向国务院交通运输主管部门备案;不予批准的,应当向当事人说明理由。

国际道路运输经营者持批准文件依法向有关部门办理相关手续。

(三)国际道路运输经营者的义务

国际道路运输国内经营者应当在其投入运输车辆的显著位置标明中国国籍识别标志。

外国国际道路运输经营者在中国境内的运输车辆,应当标明本国国籍识别标志,按规定的运输线路行驶,不得擅自改变运输线路,不得从事起止地都在中国境内的道路运输经营活动。

(四)国际道路运输管理

在口岸设立的国际道路运输管理机构,对出入口岸的国际道路运输实施监督管理。

外国的国际道路运输经营者可以依法在中国境内设立常驻代表机构,但不得从事经营活动。

四、执法监督

(1)县级以上人民政府交通运输主管部门应当加强对道路运输管理机构实施道路运输管理工作的指导监督。

(2)道路运输管理机构应当加强执法队伍建设,提高其工作人员的法制、业务素质;道路运输管理机构的工作人员应当接受法制和道路运输管理业务培训、考核,考核不合格者不得上岗执行职务。

(3)上级道路运输管理机构应当对下级道路运输管理机构的执法活动进行监督;道路运输管理机构应建立健全内部监督制度,监督检查工作人员执法情况。

(4)道路运输管理机构及其工作人员执行职务时应当自觉接受社会和公民的监督。

(5)道路运输管理机构应当建立道路运输举报制度,公开举报电话号码、通信地址或者电子邮件信箱;任何单位和个人都有权对道路运输管理机构的工作人员滥用职权、徇私舞弊的行为进行举报;交通运输主管部门、道路运输管理机构及其他有关部门收到举报后,应当依法及时查处。

(6)道路运输管理机构的工作人员在执法监督的过程中,应当严格按照职责权限和程序进行监督检查,不得乱设卡、乱收费、乱罚款;应当重点在道路运输及相关业务经营场所、客货集散地进行监督检查;在公路路口进行监督检查时,不得随意拦截正常行驶的道路运输车辆。

(7)在实施监督检查时,应当有2名以上人员参加,并向当事人出示执法证件。

(8)在实施监督检查时,工作人员可以向有关单位和个人了解情况,查阅、复制有关资料,但必须保守被调查单位和个人的商业秘密;被监督检查的单位和个人应当接受依法实施的监督检查,如实提供有关资料或情况。

(9)在实施道路运输监督检查过程中,发现车辆超载行为的应立即予以制止,并采取相应措施安排旅客改乘或者强制卸货。

(10)在实施道路运输监督检查过程中,对发现的没有道路运输证又无法当场提供其他有效证明的车辆应予以暂扣并妥善保管,不得使用、收取或者变相收取保管费用。

五、法律责任

道路运输及道路运输相关业务经营者违反《道路运输条例》,应承担下列法律责任。

(一)未获得行政许可的法律责任

(1)未取得道路运输经营许可,擅自从事道路运输经营的,由县级以上道路运输管理机构责令停止经营;有违法所得的,没收违法所得,处违法所得2倍以上10倍以下的罚款;没有违法所得或者违法所得不足2万元的,处3万元以上10万元以下的罚款;构成犯罪的,依法追究刑事责任。

(2)不符合规定条件的人员驾驶道路运输经营车辆的,由县级以上道路运输管理机构责令改正,处200元以上2000元以下的罚款;构成犯罪的,依法追究刑事责任。

(3)未经许可擅自从事道路运输站(场)经营、机动车驾驶员培训的,由县级以上道路运输管理机构责令停止经营;有违法所得的,没收违法所得,处违法所得2倍以上10倍以下的罚款;没有违法所得或者违法所得不足 1 万元的,处 2 万元以上 5 万元以下的罚款;构成犯罪的,依法追究刑事责任。从事机动车维修经营业务不符合国务院交通运输主管部门制定的机动车维修经营业务标准的,由县级以上道路运输管理机构责令改正;情节严重的,由县级以上道路运输管理机构责令停业整顿。从事机动车维修经营业务,未按规定进行备案的,由县级以上道路运输管理机构责令改正;拒不改正的,处 5000 元以上 2 万元以下的罚款。

(二)客货运输非法经营的法律责任

(1)客运经营者、货运经营者、道路运输相关业务经营者非法转让、出租道路运输许可证件的,由县级以上道路运输管理机构责令停止违法行为,收缴有关证件,处 2000 元以上 1 万元以下的罚款;有违法所得的,没收违法所得。

(2)客运经营者、危险货物运输经营者未按规定投保承运人责任险的,由县级以上道路运输管理机构责令限期投保;拒不投保的,由原许可机关吊销道路运输经营许可证。

(3)客运经营者、货运经营者不按照规定携带道路运输证的,由县级以上道路运输管理机构责令改正,处警告或者 20 元以上 200 元以下的罚款。

(4)客运经营者、货运经营者有以下情形之一的,由县级以上道路运输管理机构责令改正,处 1000 元以上 3000 元以下的罚款;情节严重的,由原许可机关吊销道路运输经营许可证:

①不按批准的客运站点停靠或者不按规定的线路、公布的班次行驶的。

②强行招揽旅客、货物的。

③在旅客运输途中擅自变更运输车辆或者将旅客移交他人运输的。

④未报告原许可机关,擅自终止客运经营的。

⑤没有采取必要措施防止货物脱落、扬撒等的。

(5)客、货运经营者不按规定维护和检测运输车辆,由县级以上道路运输管理机构责令改正,处 1000 元以上 5000 元以下的罚款;擅自改装已取得车辆营运证的车辆,由县级以上道路运输管理机构责令改正,处 5000 元以上 2 万元以下的罚款。

(三)道路运输相关业务非法经营的法律责任

(1)道路运输站(场)经营者允许无证经营的车辆进站从事经营活动以及超载车辆、未经安全检查的车辆出站或者无正当理由拒绝道路运输车辆进站从事经营活动的,由县级以上道路运输管理机构责令改正,处 1 万元以上 3 万元以下的罚款。道路运输站(场)经营者擅自改变道路运输站(场)的用途和服务功能,或者不公布道路旅客运输线路、起止经停站点、运输班次、始发时间、票价的,由县级以上道路运输管理机构责令改正;拒不改正的,处 3000 元的罚款,有违法所得的,没收违法所得。

(2)机动车维修经营者使用假冒伪劣配件维修机动车,承修已报废的机动车或者擅自改装机动车的,由县级以上道路运输管理机构责令改正;有违法所得的,没收违法所得,处违法所得 2 倍以上 10 倍以下的罚款;没有违法所得或者违法所得不足 1 万元的,处 2 万元以上 5 万元以下的罚款,没收假冒伪劣配件及报废车辆;情节严重的,由县级以上道路运输管理机构责令停业整顿;构成犯罪的,依法追究刑事责任。

(3)机动车维修经营者签发虚假的机动车维修合格证的,由县级以上道路运输管理机构责令改正;有违法所得的,没收违法所得,处违法所得2倍以上10倍以下的罚款;没有违法所得或者违法所得不足3000元的,处5000元以上2万元以下的罚款;情节严重的,由县级以上道路运输管理机构责令停业整顿;构成犯罪的,依法追究刑事责任。

(4)机动车驾驶员培训机构不严格按照规定进行培训或者在培训结业证书发放时弄虚作假的,由县级以上道路运输管理机构责令改正;拒不改正的,由原许可机关吊销其经营许可证。

(5)外国国际道路运输经营者未按照规定的线路运输,擅自从事中国境内道路运输或者未标明国籍识别标志的,由省、自治区、直辖市道路运输管理机构责令停止运输;有违法所得没收违法所得的,处违法所得2倍以上10倍以下的罚款;没有违法所得或者违法所得不足1万元的,处3万元以上6万元以下的罚款。

(四)建立信用制度

县级以上道路运输管理机构应当将道路运输及其相关业务经营者和从业人员的违法行为记入信用记录,并依照有关法律、行政法规的规定予以公示。

(五)道路运输管理机构的工作人员法律责任

道路运输管理机构的工作人员有以下情形之一的,依法给予行政处分;构成犯罪的,依法追究刑事责任:

(1)不依照规定的条件、程序和期限实施行政许可的。
(2)参与或者变相参与道路运输经营以及道路运输相关业务的。
(3)发现违法行为不及时查处的。
(4)违反规定拦截、检查正常行驶的道路运输车辆的。
(5)违法扣留运输车辆、道路运输证的。
(6)索取、收受他人财物,或者谋取其他利益的。
(7)有其他违法行为。

六、其他

内地与香港特别行政区、澳门特别行政区之间的道路运输,参照《道路运输条例》有关规定执行。

外商可以依照有关法律、行政法规和国家有关规定,采用中外合资、中外合作、独资形式投资有关的道路运输经营以及道路运输相关业务。

从事非经营性危险货物运输也应当遵守《道路运输条例》规定。

第三节　道路运输从业人员管理规定

为规范营业性道路运输驾驶员职业培训活动,提高营业性道路运输驾驶员职业素质,加强道路运输安全生产管理,提高道路运输服务质量,国务院交通主管部门于2001年10月11日颁布了《营业性道路运输驾驶员职业培训管理规定》(交通部令2001年第7号),自2002年7月1日起施行。此后,为加强对道路运输业从业人员的管理,提高道路运输从业人员的综合素质,国务院交通主管部门于2006年11月23日根据《道路运输条例》《危险化学品安全管理条例》以及有关法律、行政法规颁布了《道路运输从业人员管理规定》(交通部令2006年第9号),于2007年3月1日起施行。2016年4月21日,国务院交通运输主管部门以《关于修改〈道路运输从业人员管理规定〉的决定》(交通运输部令2016年第52号)对《道路运输从业人员管理规定》进行了第一次修正;2019年6月21日以《关于修改〈道路运输从业人员管理规定〉的决定》(交通运输部令2019年第18号)对《道路运输从业人员管理规定》进行了第二次修正。

为贯彻《国务院办公厅关于进一步优化营商环境更好服务市场主体的实施意见》(国办发〔2020〕24号),国务院交通运输主管部门依照法定程序,制定了取消除道路危险货物运输以外的道路货物运输驾驶员从业资格考试,将相关考试培训内容纳入相应等级机动车驾驶证培训,驾驶员凭培训结业证书和机动车驾驶证申领道路货物运输驾驶员从业资格证的相关措施。

《道路运输从业人员管理规定》共分为6章51条,分别为总则、从业资格管理、从业资格证件管理、从业行为规定、法律责任和附则。

一、从业资格管理的基本原则

(1)道路运输从业人员是指经营性道路客货运输驾驶员、道路危险货物运输从业人员、机动车维修技术人员、机动车驾驶培训教练员、道路运输经理人和其他道路运输从业人员。

①经营性道路客货运输驾驶员包括经营性道路旅客运输驾驶员和经营性道路货物运输驾驶员。

②道路危险货物运输从业人员包括道路危险货物运输驾驶员、装卸管理人员和押运人员。

③机动车维修技术人员包括机动车维修技术负责人员、质量检验人员以及从事机修、电器、钣金、涂漆、车辆技术评估(含检测)作业的技术人员。

④机动车驾驶培训教练员包括理论教练员、驾驶操作教练员、道路客货运输驾驶员从业资格培训教练员和危险货物运输驾驶员从业资格培训教练员。

⑤道路运输经理人包括道路客货运输企业、道路客货运输站(场)、机动车驾驶员培训机构、机动车维修企业的管理人员。

⑥其他道路运输从业人员是指除上述人员以外的道路运输从业人员,包括道路客运乘务员、机动车驾驶员培训机构教学负责人及结业考核人员、机动车维修企业价格结算员及业务接待员。

(2)道路运输从业人员应当依法经营,诚实信用,规范操作,文明从业。

(3)道路运输从业人员管理工作应当公平、公正、公开和便民。

(4)国务院交通运输主管部门负责全国道路运输从业人员管理工作。县级以上地方人民政府交通运输主管部门负责组织领导本行政区域内的道路运输从业人员管理工作,并具体负责本行政区域内道路危险货物运输从业人员的管理工作。县级以上道路运输管理机构具体负责本行政区域内经营性道路客货运输驾驶员、机动车维修技术人员、机动车驾驶培训教练员、道路运输经理人和其他道路运输从业人员的管理工作。

二、从业资格管理

(一) 从业资格考试制度

(1) 国家对经营性道路客货运输驾驶员、道路危险货物运输从业人员实行从业资格考试制度。其他已实施国家职业资格制度的道路运输从业人员,按照国家职业资格的有关规定执行。从业资格是对道路运输从业人员所从事的特定岗位职业素质的基本评价。经营性道路客货运输驾驶员和道路危险货物运输从业人员必须取得相应从业资格,方可从事相应的道路运输活动。鼓励机动车维修企业、机动车驾驶员培训机构优先聘用取得国家职业资格的从业人员从事机动车维修和机动车驾驶员培训工作。

(2) 道路运输从业人员从业资格考试应当按照国务院交通运输主管部门编制的考试大纲、考试题库、考核标准、考试工作规范和程序组织实施。

(3) 经营性道路客货运输驾驶员从业资格考试由设区的市级道路运输管理机构组织实施,每月组织一次考试。道路危险货物运输从业人员从业资格考试由设区的市级人民政府交通运输主管部门组织实施,每季度组织一次考试。

(二) 从业资格条件

1. 经营性道路旅客运输驾驶员的条件
(1) 取得相应的机动车驾驶证 1 年以上。
(2) 年龄不超过 60 周岁。
(3) 3 年内无重大以上交通责任事故。
(4) 掌握相关道路旅客运输法规、机动车维修和旅客急救基本知识。
(5) 经考试合格,取得相应的从业资格证件。

2. 经营性道路货物运输驾驶员的条件
(1) 取得相应的机动车驾驶证。
(2) 年龄不超过 60 周岁。
(3) 掌握相关道路货物运输法规、机动车维修和货物装载保管基本知识。
(4) 经考试合格,取得相应的从业资格证件。

3. 道路危险货物运输驾驶员的条件
(1) 取得相应的机动车驾驶证。
(2) 年龄不超过 60 周岁。
(3) 3 年内无重大以上交通责任事故。
(4) 取得经营性道路旅客运输或者货物运输驾驶员从业资格 2 年以上或者接受全日制驾驶职业教育的。
(5) 接受相关法规、安全知识、专业技术、职业卫生防护和应急救援知识的培训,了解危险货物性质、危害特征、包装容器的使用特性和发生意外时的应急措施。
(6) 经考试合格,取得相应的从业资格证件。

4. 道路危险货物运输装卸管理人员和押运人员的条件
(1) 年龄不超过 60 周岁。

（2）初中以上学历。
（3）接受相关法规、安全知识、专业技术、职业卫生防护和应急救援知识的培训，了解危险货物性质、危害特征、包装容器的使用特性和发生意外时的应急措施。
（4）经考试合格，取得相应的从业资格证件。

5. 机动车维修技术人员的条件
（1）技术负责人员。
①具有机动车维修或者相关专业大专以上学历，或者具有机动车维修或相关专业中级以上专业技术职称。
②熟悉机动车维修业务，掌握机动车维修及相关政策法规和技术规范。
（2）质量检验人员。
①具有高中以上学历。
②熟悉机动车维修检测作业规范，掌握机动车维修故障诊断和质量检验的相关技术，熟悉机动车维修服务收费标准及相关政策法规和技术规范。
（3）从事机修、电器、钣金、涂漆、车辆技术评估（含检测）作业的技术人员。
①具有初中以上学历。
②熟悉所从事工种的维修技术和操作规范，并了解机动车维修及相关政策法规。

6. 机动车驾驶培训教练员的条件
（1）理论教练员。
①取得相应的机动车驾驶证，具有2年以上安全驾驶经历。
②具有汽车及相关专业中专以上学历或者汽车及相关专业中级以上技术职称。
③掌握道路交通安全法规、驾驶理论、机动车构造、交通安全心理学、常用伤员急救等安全驾驶知识，了解车辆环保和节约能源的有关知识，了解教育学、教育心理学的基本教学知识，具备编写教案、规范讲解的授课能力。
（2）驾驶操作教练员。
①取得相应的机动车驾驶证，符合安全驾驶经历和相应车型驾驶经历的要求。
②年龄不超过60周岁。
③掌握道路交通安全法规、驾驶理论、机动车构造、交通安全心理学和应急驾驶的基本知识，熟悉车辆维护和常见故障诊断、车辆环保和节约能源的有关知识，具备驾驶要领讲解、驾驶动作示范、指导驾驶的教学能力。
（3）道路客货运输驾驶员从业资格培训教练员。
①具有汽车及相关专业大专以上学历或者汽车及相关专业高级以上技术职称。
②掌握道路旅客运输法规、货物运输法规以及机动车维修、货物装卸保管和旅客急救等相关知识，具备相应的授课能力。
③具有2年以上从事普通机动车驾驶员培训的教学经历，且近2年无不良的教学记录。
（4）危险货物运输驾驶员从业资格培训教练员。
①具有化工及相关专业大专以上学历或者化工及相关专业高级以上技术职称。
②掌握危险货物运输法规、危险化学品特性、包装容器使用方法、职业安全防护和应急救援等知识，具备相应的授课能力。

③具有 2 年以上化工及相关专业的教学经历,且近 2 年无不良的教学记录。

(三)申请参加从业资格考试应提交的材料

(1)申请参加经营性道路客货运输驾驶员从业资格考试的人员,应当向其户籍地或者暂住地设区的市级道路运输管理机构提出申请,填写《经营性道路客货运输驾驶员从业资格考试申请表》,并提供下列材料:

①身份证明及复印件。

②机动车驾驶证及复印件。

③申请参加道路旅客运输驾驶员从业资格考试的,还应当提供道路交通安全主管部门出具的 3 年内无重大以上交通责任事故记录证明。

(2)申请参加道路危险货物运输驾驶员从业资格考试的,应当向其户籍地或者暂住地设区的市级交通运输主管部门提出申请,填写《道路危险货物运输从业人员从业资格考试申请表》,并提供下列材料:

①身份证明及复印件。

②机动车驾驶证及复印件。

③道路旅客运输驾驶员从业资格证件或者道路货物运输驾驶员从业资格证件及复印件或者全日制驾驶职业教育学籍证明。

④相关培训证明及复印件。

⑤道路交通安全主管部门出具的 3 年内无重大以上交通责任事故记录证明。

(3)申请参加道路危险货物运输装卸管理人员和押运人员从业资格考试的,应当向其户籍地或者暂住地设区的市级交通运输主管部门提出申请,填写《道路危险货物运输从业人员从业资格考试申请表》,并提供下列材料:

①身份证明及复印件。

②学历证明及复印件。

③相关培训证明及复印件。

(四)从业资格考试与档案管理

(1)交通运输主管部门和道路运输管理机构对符合申请条件的申请人应当安排考试。

(2)交通运输主管部门和道路运输管理机构应当在考试结束 10 日内公布考试成绩。对考试合格人员,应当自公布考试成绩之日起 10 日内颁发相应的道路运输从业人员从业资格证件。

(3)道路运输从业人员从业资格考试成绩有效期为 1 年,考试成绩逾期作废。

(4)申请人在从业资格考试中有舞弊行为的,取消当次考试资格,考试成绩无效。

(5)交通运输主管部门或者道路运输管理机构应当建立道路运输从业人员从业资格管理档案。

从业资格管理档案包括:从业资格考试申请材料,从业资格考试及从业资格证件记录,从业资格证件换发、补发、变更记录,违章、事故及诚信考核、继续教育记录等。

(6)交通运输主管部门和道路运输管理机构应当向社会提供道路运输从业人员相关从业信息的查询服务。

三、从业资格证件管理

1. 从业资格证件的种类与适用性

(1)经营性道路客货运输驾驶员、道路危险货物运输从业人员经考试合格后,取得《道路运输从业人员从业资格证》。

(2)道路运输从业人员从业资格证件全国通用。

(3)已获得从业资格证件的人员需要增加相应从业资格类别的,应当向原发证机关提出申请,并按照规定参加相应培训和考试。

2. 从业资格证件的发放与管理

(1)道路运输从业人员从业资格证件由交通运输部统一印制并编号。道路危险货物运输从业人员从业资格证件由设区的市级交通运输主管部门发放和管理。经营性道路客货运输驾驶员从业资格证件由设区的市级道路运输管理机构发放和管理。

(2)交通运输主管部门和道路运输管理机构应当建立道路运输从业人员从业资格证件管理数据库,使用全国统一的管理软件核发从业资格证件,并逐步采用电子存取和防伪技术,确保有关信息实时输入、输出和存储。交通运输主管部门和道路运输管理机构应当结合道路运输从业人员从业资格证件的管理工作,建立道路运输从业人员管理信息系统,并逐步实现异地稽查信息共享和动态资格管理。

3. 从业资格证件有效期及换证、补证和变更

(1)道路运输从业人员从业资格证件有效期为6年。道路运输从业人员应当在从业资格证件有效期届满30日前到原发证机关办理换证手续。道路运输从业人员从业资格证件遗失、毁损的,应当到原发证机关办理证件补发手续。道路运输从业人员服务单位变更的,应当到交通运输主管部门或者道路运输管理机构办理从业资格证件变更手续。道路运输从业人员从业资格档案应当由原发证机关在变更手续办结后30日内移交户籍迁入地或者现居住地的交通运输主管部门或者道路运输管理机构。

(2)道路运输从业人员办理换证、补证和变更手续,应当填写《道路运输从业人员从业资格证件换发、补发、变更登记表》。

(3)交通运输主管部门和道路运输管理机构应当对符合要求的从业资格证件换发、补发、变更申请予以办理。申请人违反相关从业资格管理规定且尚未接受处罚的,受理机关应当在其接受处罚后换发、补发、变更相应的从业资格证件。

4. 从业资格的注销

道路运输从业人员有下列情形之一的,由发证机关注销其从业资格证件:

(1)持证人死亡的。

(2)持证人申请注销的。

(3)经营性道路客货运输驾驶员、道路危险货物运输从业人员年龄超过60周岁的。

(4)经营性道路客货运输驾驶员、道路危险货物运输驾驶员的机动车驾驶证被注销或者被吊销的。

(5)超过从业资格证件有效期180日未申请换证的。

凡被注销的从业资格证件,应当由发证机关予以收回,公告作废并登记归档;无法收回的,从业资格证件自行作废。

5. 违章行为处理与诚信考核

(1)交通运输主管部门和道路运输管理机构应当将经营性道路客货运输驾驶员、道路危险货物运输从业人员的违章行为记录在《道路运输从业人员从业资格证》的违章记录栏内,并通报发证机关。发证机关应当将该记录作为道路运输从业人员诚信考核和计分考核的依据,并存入管理档案。机动车维修技术人员、机动车驾驶培训教练员违章记录直接记入诚信管理档案,并作为诚信考核的重要内容。

(2)道路运输从业人员诚信考核和计分考核周期为12个月,从初次领取从业资格证件之日起计算。诚信考核等级分为优良、合格、基本合格和不合格,分别用AAA级、AA级、A级和B级表示。在考核周期内,累计计分超过规定的,诚信考核等级为B级。省级交通运输主管部门和道路运输管理机构应当将道路运输从业人员每年的诚信考核和计分考核结果向社会公布,供公众查阅。

四、从业行为规定

(1)经营性道路客货运输驾驶员以及道路危险货物运输从业人员应当在从业资格证件许可的范围内从事道路运输活动。道路危险货物运输驾驶员除可以驾驶道路危险货物运输车辆外,还可以驾驶原从业资格证件许可的道路旅客运输车辆或者道路货物运输车辆。

(2)道路运输从业人员在从事道路运输活动时,应当携带相应的从业资格证件,并应当遵守国家相关法规和道路运输安全操作规程,不得违法经营、违章作业。

(3)道路运输从业人员应当按照规定参加国家相关法规、职业道德及业务知识培训。

经营性道路客货运输驾驶员和道路危险货物运输驾驶员在岗从业期间,应当按照规定参加继续教育。

(4)经营性道路客货运输驾驶员和道路危险货物运输驾驶员不得超限、超载运输,连续驾驶时间不得超过4个小时。

(5)经营性道路旅客运输驾驶员和道路危险货物运输驾驶员应当按照规定填写行车日志。行车日志式样由省级道路运输管理机构统一制定。

(6)经营性道路旅客运输驾驶员应当采取必要措施保证旅客的人身和财产安全,发生紧急情况时,应当积极进行救护。经营性道路货物运输驾驶员应当采取必要措施防止货物脱落、扬撒等。严禁驾驶道路货物运输车辆从事经营性道路旅客运输活动。

(7)道路危险货物运输驾驶员应当按照道路交通安全主管部门指定的行车时间和路线运输危险货物。

道路危险货物运输装卸管理人员应当按照安全作业规程对道路危险货物装卸作业进行现场监督,确保装卸安全。道路危险货物运输押运人员应当对道路危险货物运输进行全程监管。道路危险货物运输从业人员应当严格按照《危险货物道路运输规则》(JT/T 617)操作,不得违章作业。

(8)在道路危险货物运输过程中发生燃烧、爆炸、污染、中毒或者被盗、丢失、流散、泄漏等事故,道路危险货物运输驾驶员、押运人员应当立即向当地公安部门和所在运输企业或者单位报告,说明事故情况、危险货物品名和特性,并采取一切可能的警示措施和应急措施,积极配合有关部门进行处置。

(9)机动车维修技术人员应当按照维修规范和程序作业,不得擅自扩大维修项目,不得使用假冒伪劣配件,不得擅自改装机动车,不得承修已报废的机动车,不得利用配件拼装机动车。

(10)机动车驾驶培训教练员应当按照全国统一的教学大纲实施教学,规范填写教学日志和培训记录,不得擅自减少学时和培训内容。

五、法律责任

(1)有下列行为之一的人员,由县级以上道路运输管理机构责令改正,处 200 元以上 2000 元以下的罚款;构成犯罪的,依法追究刑事责任:

①未取得相应从业资格证件,驾驶道路客货运输车辆的。

②使用失效、伪造、变造的从业资格证件,驾驶道路客货运输车辆的。

③超越从业资格证件核定范围,驾驶道路客货运输车辆的。

(2)有下列行为之一的人员,由设区的市级人民政府交通运输主管部门处 5 万元以上 10 万元以下的罚款;构成犯罪的,依法追究刑事责任:

①未取得相应从业资格证件,从事道路危险货物运输活动的。

②使用失效、伪造、变造的从业资格证件,从事道路危险货物运输活动的。

③超越从业资格证件核定范围,从事道路危险货物运输活动的。

(3)道路运输从业人员有下列不具备安全条件情形之一的,由发证机关撤销其从业资格证件:

①经营性道路客货运输驾驶员、道路危险货物运输从业人员身体健康状况不符合有关机动车驾驶和相关从业要求且没有主动申请注销从业资格的。

②经营性道路客货运输驾驶员、道路危险货物运输驾驶员发生重大以上交通事故,且负主要责任的。

③发现重大事故隐患,不立即采取消除措施,继续作业的。

被撤销的从业资格证件应当由发证机关公告作废并登记归档。

(4)交通运输主管部门及道路运输管理机构工作人员有下列情形之一的,依法给予行政处分;构成犯罪的,依法追究刑事责任:

①不按规定的条件、程序和期限组织从业资格考试的。

②发现违法行为未及时查处的。

③索取、收受他人财物及谋取其他不正当利益的。

④其他违法行为。

六、其他

使用总质量 4500 千克及以下普通货运车辆的驾驶人员,不适用本规定。

第四节　道路旅客运输及客运站管理规定

为规范道路旅客运输及道路旅客运输站经营活动,维护道路旅客运输市场秩序,保障道路旅客运输安全,保护旅客和经营者的合法权益,国务院交通主管部门依据《道路运输条例》及有关法律、行政法规的规定,于2005年7月12日颁布了《道路旅客运输及客运站管理规定》(交通部令2005年第10号),自2005年8月1日起施行。此后,国务院交通运输主管部门根据道路旅客运输发展状况,于2008年7月23日以《关于修改〈道路旅客运输及客运站管理规定〉的决定》(交通运输部令2008年第10号)对《道路旅客运输及客运站管理规定》进行了第一次修正;2009年4月20日以《关于修改〈道路旅客运输及客运站管理规定〉的决定》(交通运输部令2009年第4号)对《道路旅客运输及客运站管理规定》进行了第二次修正;2012年3月14日以《关于修改〈道路旅客运输及客运站管理规定〉的决定》(交通运输部令2012年第2号)对《道路旅客运输及客运站管理规定》进行了第三次修正;2012年12月11日以《关于修改〈道路旅客运输及客运站管理规定〉的决定》(交通运输部令2012年第8号)对《道路旅客运输及客运站管理规定》进行了第四次修正;2016年4月11日以《关于修改〈道路旅客运输及客运站管理规定〉的决定》(交通运输部令2016年第34号)对《道路旅客运输及客运站管理规定》进行了第五次修正,2016年12月6日以《关于修改〈道路旅客运输及客运站管理规定〉的决定》(交通运输部令2016年第82号)对《道路旅客运输及客运站管理规定》进行了第六次修正。2020年7月6日,《道路旅客运输及客运站管理规定》(交通运输部令2020年第17号)发布,自2020年9月1日起施行。

《道路旅客运输及客运站管理规定》共分8章110条,包括总则、经营许可、客运经营管理、班车客运定制服务、客运站经营、监督检查、法律责任和附则。从事道路旅客运输(以下简称道路客运)经营以及道路旅客运输站(以下简称客运站)经营的,应遵守《道路旅客运输及客运站管理规定》。

一、道路客运及客运站经营的范围与管理原则

(一)经营范围

(1)道路客运经营是指用客车运送旅客、为社会公众提供服务、具有商业性质的道路客运活动,包括班车(加班车)客运、包车客运、旅游客运。

①班车客运是指客车在城乡道路上按照固定的线路、时间、站点、班次运行的一种客运方式。加班车客运是班车客运的一种补充形式,是在客运班车不能满足需要或者无法正常运营时,临时增加或者调配客车按客运班车的线路、站点运行的方式。

②包车客运是指以运送团体旅客为目的,将客车包租给用户安排使用,提供驾驶劳务,按照约定的起始地、目的地和路线行驶,由包车用户统一支付费用的一种客运方式。

③旅游客运是指以运送旅游观光的旅客为目的,在旅游景区内运营或者其线路至少有一端在旅游景区(点)的一种客运方式。

(2)客运站经营是指以站场设施为依托,为道路客运经营者和旅客提供有关运输服务的经营活动。

(二) 道路客运及客运站的发展原则

(1) 道路客运和客运站管理应当坚持以人为本、安全第一的宗旨,遵循公平、公正、公开、便民的原则,打破地区封锁和垄断,促进道路运输市场的统一、开放、竞争、有序,满足广大人民群众的美好出行需求。道路客运及客运站经营者应当依法经营,诚实信用,公平竞争,优质服务。鼓励道路客运和客运站相关行业协会加强行业自律。

(2) 国家实行道路客运企业质量信誉考核制度,鼓励道路客运经营者实行规模化、集约化、公司化经营,禁止挂靠经营。

(3) 道路客运应当与铁路、水路、民航等其他运输方式协调发展、有效衔接,与信息技术、旅游、邮政等关联产业融合发展。

(4) 农村道路客运具有公益属性。国家推进城乡道路客运服务一体化,提升公共服务均等化水平。

(三) 道路客运及客运站管理的主体

国务院交通运输主管部门主管全国道路旅客运输及客运站管理工作。

县级以上地方人民政府交通运输主管部门负责组织领导本行政区域的道路客运及客运站管理工作。

县级以上道路运输管理机构负责具体实施道路客运及客运站管理工作。

二、经营许可

(一) 道路客运的类别

1. 班车客运

班车客运的线路按照经营区域分为以下4种类型。

一类客运班线:跨省级行政区域(毗邻县之间除外)的客运班线。

二类客运班线:在省级行政区域内,跨设区的市级行政区域(毗邻县之间除外)的客运班线。

三类客运班线:在设区的市级行政区域内,跨县级行政区域(毗邻县之间除外)的客运班线。

四类客运班线:县级行政区域内的客运班线或者毗邻县之间的客运班线。

其中,毗邻县包括相互毗邻的县、旗、县级市、下辖乡镇的区。

2. 包车客运

包车客运按照经营区域分为省际包车客运和省内包车客运。

省级人民政府交通运输主管部门可以根据实际需要,将省内包车客运分为市际包车客运、县际包车客运和县内包车客运,并实行分类管理。

包车客运经营者可以向下兼容包车客运业务。

3. 旅游客运

按照营运方式不同,旅游客运分为定线旅游客运和非定线旅游客运。

定线旅游客运按照班车客运管理,非定线旅游客运按照包车客运管理。

(二) 申请道路客运经营的资质条件

1. 车辆条件

有与其经营业务相适应并经检测合格的客车:

(1)客车技术要求应当符合《道路运输车辆技术管理规定》有关规定。

(2)客车类型等级要求如下:

从事一类、二类客运班线和包车客运的客车,其类型等级应当达到中级以上。

(3)客车数量要求如下:

①一类客运班线经营者应当自有客车100辆以上,其中高级客车30辆以上;或者自有高级客车40辆以上。

②二类客运班线经营者应当自有客车50辆以上,其中中高级客车15辆以上;或者自有高级客车20辆以上。

③三类客运班线经营者应当自有客车10辆以上。

④四类客运班线经营者应当自有客车1辆以上。

⑤省际包车客运经营者,应当自有中高级客车20辆以上。

⑥省内包车客运经营者,应当自有客车10辆以上。

2. 驾驶员条件

从事客运经营的驾驶员,应当符合《道路运输条例》《道路运输从业人员管理规定》有关规定。

3. 健全的安全生产管理制度

安全生产管理制度包括安全生产操作规程、安全生产责任制、安全生产监督检查、驾驶员和车辆安全生产管理的制度。

4. 经营线路和站点条件

申请从事道路客运班线经营,应有明确的线路和站点方案。

(三)道路客运行政许可的申请

申请从事道路客运经营的,应当依法向市场监督管理部门办理有关登记手续后,按照下列规定提出申请:

(1)从事一类、二类、三类客运班线经营或者包车客运经营的,向所在地设区的市级道路运输管理机构提出申请。

(2)从事四类客运班线经营的,向所在地县级道路运输管理机构提出申请。

(3)在直辖市申请从事道路客运经营的,应当向直辖市人民政府确定的道路运输管理机构提出申请。

(4)省级人民政府交通运输主管部门对省内包车客运实行分类管理的,对从事市际包车客运、县际包车客运经营的,向所在地设区的市级道路运输管理机构提出申请;对从事县内包车客运经营的,向所在地县级道路运输管理机构提出申请。

(四)申请道路客运经营许可应提供的材料

1. 开业申请材料

申请从事道路客运经营的,应当提供以下材料:

(1)《道路旅客运输经营申请表》。

(2)企业法定代表人或者个体经营者身份证件,经办人的身份证件和委托书。

(3)安全生产管理制度文本。

(4)拟投入车辆和聘用驾驶员承诺,包括客车数量、类型等级、技术等级,聘用的驾驶员具备从业资格。

2.道路客运班线经营申请附加材料

申请道路客运班线经营的,还应当提供以下材料:

(1)《道路旅客运输班线经营申请表》。

(2)承诺在投入运营前,与起讫地客运站和中途停靠地客运站签订进站协议(农村道路客运班线在乡村一端无客运站的,不作此端的进站承诺)。

(3)运输服务质量承诺书。

3.新增客运班线经营申请材料

已获得相应道路客运班线经营许可的经营者,申请新增客运班线时,应根据客运线路的类型进行申请,并提供以下材料:

(1)拟投入车辆和聘用驾驶员承诺,包括客车数量、类型等级、技术等级,聘用的驾驶员具备从业资格。

(2)《道路旅客运输班线经营申请表》。

(3)承诺在投入运营前,与起讫地客运站和中途停靠地客运站签订进站协议(农村道路客运班线在乡村一端无客运站的,不作此端的进站承诺)。

(4)运输服务质量承诺书。

(5)经办人的身份证件和委托书。

(五)申请客运站经营的资质条件

申请从事客运站经营的,应当具备下列条件:

(1)客运站经验收合格。

(2)有与业务量相适应的专业人员和管理人员。

(3)有相应的设备、设施。

(4)有健全的业务操作规程和安全管理制度,包括服务规范、安全生产操作规程、车辆发车前例检、安全生产责任制,以及国家规定的危险物品及其他禁止携带的物品(以下统称违禁物品)查堵、人员和车辆进出站安全管理等安全生产监督检查的制度。

(六)客运站经营许可申请及应提供的材料

申请从事客运站经营的,应当依法向市场监督管理部门办理有关登记手续后,向所在地县级道路运输管理机构提出申请并提供下列材料:

(1)《道路旅客运输站经营申请表》。

(2)企业法定代表人或者个体经营者身份证件,经办人的身份证件和委托书。

(3)承诺已具备客运站经营的资质条件。

(七)道路客运经营行政许可的实施与期限

县级以上道路运输管理机构应当定期向社会公布本行政区域内的客运运力投放、客运线路布局、主要客流流向和流量等情况。

道路运输管理机构在审查客运申请时,应当考虑客运市场的供求状况、普遍服务和方便群众等因素;在审查营运线路长度在800千米以上的客运班线申请时,还应当进行安全风险评估。

道路运输管理机构应当按照《道路运输条例》和《交通行政许可实施程序规定》以及规范的程序实施道路客运经营、道路客运班线经营和客运站经营的行政许可。

(1)道路运输管理机构对道路客运经营申请、道路客运班线经营申请予以受理的,应当通过部门间信息共享、内部核查等方式获取营业执照、申请人已取得的其他道路客运经营许可、现有车辆等信息,并自受理之日起20日内作出许可或者不予许可的决定。

道路运输管理机构对符合法定条件的道路客运经营申请作出准予行政许可决定的,应当出具《道路客运经营行政许可决定书》,明确经营主体、经营范围、车辆数量及要求等许可事项,在作出准予行政许可决定之日起10日内向被许可人发放《道路运输经营许可证》,并告知被许可人所在地道路运输管理机构。

道路运输管理机构对符合法定条件的道路客运班线经营申请作出准予行政许可决定的,还应当出具《道路客运班线经营行政许可决定书》,明确起讫地、中途停靠地客运站点、日发班次下限、车辆数量及要求、经营期限等许可事项,并告知班线起讫地同级道路运输管理机构;对成立线路公司的道路客运班线或者农村道路客运班线,中途停靠地客运站点可以由其经营者自行决定,并告知原许可机关。

属于一类、二类客运班线的,许可机关应当将《道路客运班线经营行政许可决定书》抄告中途停靠地同级道路运输管理机构。

(2)客运站经营许可实行告知承诺制。申请人承诺具备经营许可条件并提交规定的相关材料的,道路运输管理机构应当经形式审查后当场作出许可或者不予许可的决定。作出准予行政许可决定的,应当出具《道路旅客运输站经营行政许可决定书》,明确经营主体、客运站名称、站场地址、站场级别和经营范围等许可事项,并在10日内向被许可人发放《道路运输经营许可证》。

(3)道路运输管理机构对不符合法定条件的申请作出不予行政许可决定的,应当向申请人出具《不予交通运输行政许可决定书》。

(4)受理一类、二类客运班线和四类客运班线中的毗邻县间客运班线经营申请的,道路运输管理机构应当在受理申请后7日内征求中途停靠地和目的地同级道路运输管理机构意见;同级道路运输管理机构应当在收到之日起10日内反馈,不予同意的,应当依法注明理由,逾期不予答复的,视为同意。相关道路运输管理机构对设区的市内毗邻县间客运班线经营申请持不同意见且协商不成的,由受理申请的道路运输管理机构报设区的市级道路运输管理机构决定,并书面通知申请人。相关道路运输管理机构对省际、市际毗邻县间客运班线经营申请持不同意见且协商不成的,由受理申请的道路运输管理机构报设区的市级道路运输管理机构协商,仍协商不成的,报省级道路运输管理机构(协商)决定,并书面通知申请人。相关道路运输管理机构对一类、二类客运班线经营申请持不同意见且协商不成的,由受理申请的道路运输管理机构报省级道路运输管理机构(协商)决定,并书面通知申请人。上级道路运输管理机构作出的决定应当书面通知受理申请的道路运输管理机构,由受理申请的道路运输管理机构为申请人办理有关手续。因客运班线经营期限届满,班车客运经营者重新提出申请的,受理申请的道路运输管理机构不需向中途停靠地和目的地道路运输管理机构再次征求意见。

(5)班车客运经营者应当持进站协议向原许可机关备案起讫地客运站点、途经路线。营运线路长度在800千米以上的客运班线还应当备案车辆号牌。道路运输管理机构应当按照该客运班线车辆数量同时配发班车客运标志牌和《道路客运班线经营信息表》。

(6)客运经营者应当按照确定的时间落实拟投入车辆和聘用驾驶员等承诺。道路运输管理机构核实后,应当为投入运输的客车配发道路运输证,注明经营范围。营运线路长度在800千米以上的客运班线还应当注明客运班线和班车客运标志牌编号等信息。

(7)因拟从事不同类型客运经营需向不同层级道路运输管理机构申请的,应当由相应层级的道路运输管理机构许可,由最高一级道路运输管理机构核发道路运输经营许可证,并注明各级道路运输管理机构许可的经营范围,下级道路运输管理机构不再核发。下级道路运输管理机构已向被许可人发放道路运输经营许可证的,上级道路运输管理机构应当予以换发。

(8)道路客运经营者设立子公司的,应当按照规定向设立地道路运输管理机构申请经营许可;设立分公司的,应当向设立地道路运输管理机构备案。

(9)客运班线经营许可可以通过服务质量招投标的方式实施,并签订经营服务协议。申请人数量达不到招投标要求的,道路运输管理机构应当按照许可条件择优确定客运经营者。相关道路运输管理机构协商确定通过服务质量招投标方式,实施跨省客运班线经营许可的,可以采取联合招标、各自分别招标等方式进行。一方不实行招投标的,不影响另外一方进行招投标。

(10)在道路客运班线经营许可过程中,任何单位和个人不得以对等投放运力等不正当理由拒绝、阻挠实施客运班线经营许可。

(八)道路客运经营许可的终止、暂停、变更与延续

(1)客运经营者、客运站经营者需要变更许可事项的,应当向原许可机关提出申请,按有关规定办理。班车客运经营者变更起讫地客运站点、途经路线的,应当重新备案。客运班线的经营主体、起讫地和日发班次下限变更和客运站经营主体、站址变更的,应当按照重新许可办理。客运班线许可事项或者备案事项发生变更的,道路运输管理机构应当换发《道路客运班线经营信息表》。客运经营者和客运站经营者在取得全部经营许可证件后无正当理由超过180日不投入运营,或者运营后连续180日以上停运的,视为自动终止经营。

(2)客运班线的经营期限由其许可机关按照《道路运输条例》的有关规定确定。

(3)客运班线经营者在经营期限内暂停、终止班线经营的,应当提前30日告知原许可机关。经营期限届满,客运班线经营者应当重新提出申请。许可机关应当依据有关规定作出许可或者不予许可的决定,予以许可的,重新办理有关手续。客运经营者终止经营,应当在终止经营后10日内,将相关的道路运输经营许可证和道路运输证、客运标志牌交回原发放机关。

(4)客运站经营者终止经营的,应当提前30日告知原许可机关和进站经营者。原许可机关发现关闭客运站可能对社会公众利益造成重大影响的,应当采取措施对进站车辆进行分流,并在终止经营前15日向社会公告。客运站经营者应当在终止经营后10日内将道路运输经营许可证交回原发放机关。

三、客运经营管理

(一)许可管理

(1)客运经营者应当按照道路运输管理机构决定的许可事项从事客运经营活动,不得转让、出租道路运输经营许可证件。

(2)道路客运班线属于国家所有的公共资源。班车客运经营者取得经营许可后,应当向公众提供连续运输服务,不得擅自暂停、终止或者转让班线运输。

(二)经营管理

(1)客运经营者应当遵守有关运价规定,使用规定的票证,不得乱涨价、恶意压价、乱收费。

(2)客运经营者应当在客运车辆外部的适当位置喷印企业名称或者标识,在车厢内醒目位置公示驾驶员姓名和从业资格证号、交通运输服务监督电话、票价和里程表。

(3)客运经营者应当建立和完善各类台账和档案,并按照要求及时报送有关资料和信息。

(4)客运包车除执行道路运输管理机构下达的紧急包车任务外,其线路一端应当在车籍所在设区的市,单个运次不超过15日。

(三)运行管理

(1)在重大活动、节假日、春运期间、旅游旺季等特殊时段或者发生突发事件,客运经营者不能满足运力需求的,道路运输管理机构可以临时调用车辆技术等级不低于二级的营运客车和社会非营运客车开行包车或者加班车,非营运客车凭县级以上道路运输管理机构开具的证明运行。

(2)客运班车应当按照许可的起讫地、日发班次下限和备案的途经路线运行,在起讫地客运站点和中途停靠地客运站点(以下简称配客站点)上下旅客。客运班车不得在规定的配客站点外上客或者沿途揽客,无正当理由不得改变途经路线。客运班车在遵守道路交通安全、城市管理相关法规的前提下,可以在起讫地、中途停靠地所在的城市市区、县城城区沿途下客。重大活动期间,客运班车应当按照相关道路运输管理机构指定的配客站点上下旅客。

(3)客运经营者不得强迫旅客乘车,不得将旅客交给他人运输,不得甩客,不得敲诈旅客,不得使用低于规定的类型等级营运客车承运,不得阻碍其他经营者的正常经营活动。

(4)严禁营运客车超载运行;在载客人数已满的情况下,允许再搭乘不超过核定载客人数10%的免票儿童。

(5)客车不得违反规定载货。客运站经营者受理客运班车行李舱载货运输业务的,应当对托运人有效身份信息进行登记,并对托运物品进行安全检查或者开封验视,不得受理有关法律法规禁止运送、可能危及运输安全和托运人拒绝安全检查的托运物品。客运班车行李舱装载托运物品时,应当不超过行李舱内径尺寸、不大于客车允许最大总质量与整备质量和核定载客质量之差,并合理均衡配重;对于容易在舱内滚动、滑动的物品应当采取有效的固定措施。

(6)鼓励客运经营者使用配置下置行李舱的客车从事道路客运。没有下置行李舱或者行李舱容积不能满足需要的客车,可以在车厢内设立专门的行李堆放区,但行李堆放区和座位区必须隔离,并采取相应的安全措施。严禁行李堆放区载客。

(7)客运经营者不得在客运车辆上从事播放淫秽录像等不健康的活动,不得传播、使用破坏社会安定、危害国家安全、煽动民族分裂等非法出版物。

(四)旅客管理

(1)一类、二类客运班线的经营者或者其委托的售票单位、配客站点,应当实行实名售票和实名查验(以下简称实名制管理),免票儿童除外。其他客运班线及客运站实行实名制管理的范围,由省级人民政府交通运输主管部门确定。实行实名制管理的,购票人购票时应当提供有效身份证件原件,并由售票人在客票上记载旅客的身份信息。通过网络、电话等方式实名购票的,购票人应当提供有效的身份证件信息,并在取票时提供有效身份证件原件。旅客遗失客票的,经核实其身份信息后,售票人应当免费为其补办客票。

(2)实行实名制管理的客运班线及客运站,旅客还应持有本人有效身份证件原件,配合工作人员查验。旅客乘车前,客运站经营者应当对客票记载的身份信息与旅客及其有效身份证件原件(以下简称票、人、证)进行一致性核对并记录有关信息。

(3)旅客应当持有效客票乘车,配合行李物品安全检查,按照规定使用安全带,遵守乘车秩序,文明礼貌;不得携带违禁物品乘车,不得干扰驾驶员安全驾驶。

(4)对旅客拒不配合行李物品安全检查或者坚持携带违禁物品、乘坐实名制管理的客运班线拒不提供本人有效身份证件原件或者票、人、证不一致的,班车客运经营者和客运站经营者不得允许其乘车。

(5)班车客运经营者及客运站经营者对实行实名制管理所登记采集的旅客身份信息及乘车信息,除应当依公安机关的要求向其如实提供外,应当予以保密。对旅客身份信息及乘车信息自采集之日起保存期限不得少于1年,涉及视频图像信息的,自采集之日起保存期限不得少于90日。

(五)安全与应急管理

(1)客运车辆驾驶员应当遵守道路运输法规和道路运输驾驶员操作规程,安全驾驶,文明服务。

(2)客运经营者应当加强车辆技术管理,建立客运车辆技术状况检查制度,加强对从业人员的安全、职业道德教育和业务知识、操作规程培训,并采取有效措施,防止驾驶员连续驾驶时间超过4个小时。

(3)客运经营者应当为旅客提供良好的乘车环境,确保车辆设备、设施齐全有效,保持车辆清洁、卫生,并采取必要的措施防止在运输过程中发生侵害旅客人身、财产安全的违法行为。

(4)客运经营者应当按照有关规定在发车前进行旅客系固安全带等安全事项告知,运输过程中发生侵害旅客人身、财产安全的治安违法行为时,应当及时向公安机关报告并配合公安机关处理治安违法行为。

(5)客运经营者应当为旅客投保承运人责任险。

(6)实行实名制管理的班车客运经营者及客运站经营者应当配备必要的设施设备,并加强实名制管理相关人员的培训和相关系统及设施设备的管理,确保符合国家相关法律法规规定。

(7)客运经营者应当制定突发事件应急预案,应急预案应当包括报告程序、应急指挥、应急车辆和设备的储备以及处置措施等内容。

(8)发生突发事件时,客运经营者应当服从县级以上人民政府或者有关部门的统一调度、指挥。

(9)班车客运经营者或者其委托的售票单位、配客站点应当针对客流高峰、恶劣天气及设备系统故障、重大活动等特殊情况下实名制管理的特点,制定有效的应急预案。

(六)证件与标志牌管理

(1)客运车辆驾驶员应当随车携带道路运输证、从业资格证等有关证件,在规定位置放置客运标志牌。

(2)有下列情形之一的,客运车辆可以凭临时班车客运标志牌运行:

①在特殊时段或者发生突发事件,客运经营者不能满足运力需求,使用其他客运经营者的客车开行加班车的。

②因车辆故障、维护等原因,需要调用其他客运经营者的客车接驳或者顶班的。

③班车客运标志牌正在制作或者不慎灭失,等待领取的。

(3)凭临时班车客运标志牌运营的客车应当按正班车的线路和站点运行。属于加班或者顶班的,还应当持有始发站签章并注明事由的当班行车路单;班车客运标志牌正在制作或者灭失的,还应当持有该条班线的道路客运班线经营信息表或者道路客运班线经营行政许可决定书的复印件。

(4)客运包车应当凭车籍所在地道路运输管理机构配发的包车客运标志牌,按照约定的时间、起始地、目的地和线路运行,并持有包车合同,不得招揽包车合同外的旅客乘车。

(5)省际临时班车客运标志牌、省际包车客运标志牌由设区的市级道路运输管理机构按照交通运输部的统一式样印制,交由当地县级以上道路运输管理机构向客运经营者配发。省际临时班车客运标志牌和省际包车客运标志牌在一个运次所需的时间内有效。因班车客运标志牌正在制作或灭失而使用的省际临时班车客运标志牌,有效期不得超过30日。从事省际包车客运的企业应当按照交通运输部的统一要求,通过运政管理信息系统向车籍地道路运输管理机构备案。省内临时班车客运标志牌、省内包车客运标志牌式样及管理要求由各省级人民政府交通运输主管部门自行规定。

四、班车客运定制服务

(1)班车客运定制服务(以下简称定制客运)是指已经取得道路客运班线经营许可的经营者依托电子商务平台发布道路客运班线起讫地等信息、开展线上售票,按照旅客需求灵活确定发车时间、上下旅客地点并提供运输服务的班车客运运营方式,国家鼓励开展定制客运服务。

(2)开展定制客运的营运客车(以下简称定制客运车辆)核定载客人数应当在7人及以上。

(3)提供定制客运网络信息服务的电子商务平台(以下简称网络平台),应当依照国家有关法规办理市场主体登记、互联网信息服务许可或者备案等有关手续。

(4)网络平台应当建立班车客运经营者、驾驶员、车辆档案,并确保班车客运经营者已取得相应的道路客运班线经营许可,驾驶员具备相应的机动车驾驶证和从业资格并受班车客运经营者合法聘用,车辆具备有效的道路运输证、按规定投保承运人责任险。

(5)班车客运经营者开展定制客运的,应当向原许可机关备案,并提供以下材料:
①班车客运定制服务信息表。
②与网络平台签订的合作协议或者相关证明(班车客运经营者自营网络平台的免于提交)。班车客运定制服务信息表记载信息发生变更的,班车客运经营者应当重新备案。

(6)班车客运经营者应当在定制客运车辆随车携带的班车客运标志牌显著位置粘贴"定制客运"标识。

(7)班车客运经营者可以自行决定定制客运日发班次。

(8)定制客运车辆在遵守道路交通安全、城市管理相关法规的前提下,可以在道路客运班线起讫地、中途停靠地的城市市区、县城城区按乘客需求停靠。

(9)网络平台不得超出班车客运经营者的许可范围开展定制客运服务。

(10)班车客运经营者应当为定制客运车辆随车配备便携式安检设备,并由驾驶员或者其他工作人员对旅客行李物品进行安全检查。

(11)网络平台应当提前向旅客提供班车客运经营者、联系方式、车辆品牌、号牌等车辆信息以及乘车地点、时间,并确保发布的提供服务的经营者、车辆和驾驶员与实际提供服务的经营者、车辆和驾驶员一致。

(12)实行实名制管理的客运班线开展定制客运的,班车客运经营者和网络平台应当落实实名制管理相关要求。网络平台应当采取安全保护措施,妥善保存采集的个人信息和生成的业务数据,保存期限应当不少于3年,并不得用于定制客运以外的业务。

(13)网络平台应当按照道路运输管理机构的要求,如实提供其接入的客运经营者、车辆、驾驶员信息和相关业务数据。

(14)网络平台发现车辆存在超速、驾驶员疲劳驾驶、未按照规定的线路行驶等违法违规行为的,应当及时通报班车客运经营者。班车客运经营者应当及时纠正。

(15)网络平台使用不符合规定的客运经营者、车辆或者驾驶员开展定制客运,造成旅客合法权益受到侵害的,应当依法承担相应的责任。

五、客运站经营

客运站经营者在经营过程中,应当遵守下列规定:

(1)按照道路运输管理机构决定的许可事项从事客运站经营活动,不得转让、出租客运站经营许可证件,不得改变客运站的基本用途和服务功能。

(2)维护好客运站各种设施、设备,保持其正常使用。

(3)和进站发车的客运经营者依法自愿签订服务合同,双方按照合同的规定履行各自的权利和义务。

(4)依法加强安全管理,完善安全生产条件,健全和落实安全生产责任制。对出站客车进行安全检查,采取措施防止违禁物品进站上车,按照车辆核定载客限额售票,严禁超载车辆或者未经安全检查的车辆出站,保证安全生产。

(5)禁止无证经营的车辆进站从事经营活动,无正当理由不得拒绝合法客运车辆进站经营。坚持公平、公正原则,合理安排发车时间,公平售票。在发车时间安排上发生纠纷,协调无效时,由当地县级以上道路运输管理机构裁定。

(6)公布进站客车的类型等级、运输线路、配客站点、班次、发车时间、票价等信息,调度车辆进站发车,疏导旅客,维持秩序。

(7)进站客运经营者应当在发车30分钟前备齐相关证件进站并按时发车,因故不能发班的,应当提前1日告知客运站,双方要协商调度车辆顶班;对无故停班达7日以上的进站班车,应当报告当地道路运输管理机构。

(8)设置旅客购票、候车、乘车指示、行李寄存和托运、公共卫生等服务设施,按照有关规定为军人、消防救援人员等提供优先购票乘车服务,并建立老幼病残孕等特殊旅客服务保障制度,向旅客提供安全、便捷、优质的服务,加强宣传,保持站场卫生、清洁。客运站在不改变客运站基本服务功能的前提下,可以根据客流变化和市场需要,拓展旅游集散、邮政、物流等服务功能。客运站从事上述经营活动的,应当遵守相应的法律、行政法规的规定。

(9)严格执行价格管理规定,在经营场所公示收费项目和标准,严禁乱收费。

(10)按照规定的业务操作规程装卸、储存、保管行包。

(11)制定突发事件应急预案。应急预案应当包括报告程序、应急指挥、应急设备的储备以及处置措施等内容。

(12)建立和完善各类台账和档案,并按照要求报送有关信息。

(13)将客运线路、班次等基础信息接入省域道路客运联网售票系统。

鼓励客运站经营者为旅客提供网络售票、自助终端售票等多元化售票服务。鼓励电子客票在道路客运行业的推广应用。

(14)鼓励客运站经营者在客运站所在城市市区、县城城区的客运班线主要途经地点设立停靠点,提供售检票、行李物品安全检查和营运客车停靠服务。设立停靠点的,应当向原许可机关备案,并在停靠点显著位置公示客运站《道路运输经营许可证》等信息。

六、监督检查

县级以上道路运输管理机构应当加强对道路客运和客运站经营活动的监督检查。县级以上道路运输管理机构工作人员应当严格按照法定职责权限和程序,原则上采取随机抽取检查对象、随机选派执法检查人员的方式进行监督检查,监督检查结果应当及时向社会公布(双随机一公开)。监督检查过程中应注意以下问题。

(1)县级以上道路运输管理机构应当每年对客运车辆进行1次审验。审验内容包括以下5点:

①车辆违法违章记录。

②车辆技术等级评定情况。

③车辆类型等级评定情况。

④按照规定安装、使用符合标准的具有行驶记录功能的卫星定位装置情况。

⑤为客运车辆投保承运人责任险情况。

审验符合要求的,道路运输管理机构在道路运输证中注明;不符合要求的,应当责令限期改正或者办理变更手续。

(2)道路运输管理机构及其工作人员应当重点在客运站、旅客集散地对道路客运、客运站经营活动实施监督检查。此外,根据管理需要,可以在公路路口实施监督检查,但不得随意拦截正常行驶的客运车辆,不得双向拦截车辆进行检查。

(3)道路运输管理机构的工作人员实施监督检查时,应当有 2 名以上人员参加,并向当事人出示合法有效的交通运输行政执法证件。

(4)道路运输管理机构的工作人员可以向被检查单位和个人了解情况,查阅和复制有关材料,但应当保守被调查单位和个人的商业秘密。被监督检查的单位和个人应当接受道路运输管理机构及其工作人员依法实施的监督检查,如实提供有关资料或者说明情况。

(5)道路运输管理机构的工作人员在实施道路运输监督检查过程中,发现客运车辆有超载行为的,应当立即予以制止,移交相关部门处理,并采取相应措施安排旅客改乘。

(6)县级以上道路运输管理机构应当对客运经营者拟投入车辆和聘用驾驶员承诺、进站承诺履行情况开展检查。客运经营者未按照许可要求落实拟投入车辆承诺或者聘用驾驶员承诺的,原许可机关可以依法撤销相应的行政许可决定;班车客运经营者未按照许可要求提供进站协议的,原许可机关应当责令限期整改,拒不整改的,可以依法撤销相应的行政许可决定。原许可机关应当在客运站经营者获得经营许可 60 日内,对其告知承诺情况进行核查,客运站经营者应当按照要求提供相关证明材料,承诺内容与实际情况不符的,原许可机关应当责令限期整改;拒不整改或者整改后仍达不到要求的,原许可机关可以依法撤销相应的行政许可决定。

(7)客运经营者在许可的道路运输管理机构管辖区域外违法从事经营活动的,违法行为发生地的道路运输管理机构应当依法将当事人的违法事实、处罚结果记录到道路运输证上,并抄告作出道路客运经营许可的道路运输管理机构。

(8)县级以上道路运输管理机构作出行政处罚决定后,客运经营者拒不履行的,作出行政处罚决定的道路运输管理机构可以将其拒不履行行政处罚决定的事实抄告违法车辆车籍所在地道路运输管理机构,作为能否通过车辆年度审验和决定质量信誉考核结果的重要依据。

(9)道路运输管理机构的工作人员在实施道路运输监督检查过程中,对没有合法有效道路运输证又无法当场提供其他有效证明的客运车辆可以予以暂扣,并出具道路运输车辆暂扣凭证,对暂扣车辆应当妥善保管,不得使用,不得收取或者变相收取保管费用。违法当事人应当在暂扣凭证规定的时间内到指定地点接受处理。逾期不接受处理的,道路运输管理机构可以依法作出处罚决定,并将处罚决定书送达当事人。当事人无正当理由逾期不履行处罚决定的,道路运输管理机构可以申请人民法院强制执行。

(10)道路运输管理机构应当在道路运政管理信息系统中如实记录道路客运经营者、客运站经营者、网络平台、从业人员的违法行为信息,并按照有关规定将违法行为纳入有关信用信息共享平台。

七、法律责任

道路客运和客运站经营者应当依法经营,对违反规定的,根据违法行为性质和严重程度承担相应的法律责任。

(1)有下列行为之一的,由县级以上道路运输管理机构责令停止经营;有违法所得的,没收违法所得,处违法所得 2 倍以上 10 倍以下的罚款;没有违法所得或者违法所得不足 2 万

元的,处3万元以上10万元以下的罚款;构成犯罪的,依法追究刑事责任:

①未取得道路客运经营许可,擅自从事道路客运经营的。

②未取得道路客运班线经营许可,擅自从事班车客运经营的。

③使用失效、伪造、变造、被注销等无效的道路客运许可证件从事道路客运经营的。

④超越许可事项,从事道路客运经营的。

(2)有下列行为之一的,由县级以上道路运输管理机构责令停止经营;有违法所得的,没收违法所得,处违法所得2倍以上10倍以下的罚款;没有违法所得或者违法所得不足1万元的,处2万元以上5万元以下的罚款;构成犯罪的,依法追究刑事责任:

①未取得客运站经营许可,擅自从事客运站经营的。

②使用失效、伪造、变造、被注销等无效的客运站许可证件从事客运站经营的。

③超越许可事项,从事客运站经营的。

(3)客运经营者、客运站经营者非法转让、出租道路运输经营许可证件的,由县级以上道路运输管理机构责令停止违法行为,收缴有关证件,处2000元以上1万元以下的罚款;有违法所得的,没收违法所得。

(4)客运经营者有下列行为之一的,由县级以上道路运输管理机构责令限期投保;拒不投保的,由原许可机关吊销相应许可:

①未为旅客投保承运人责任险的。

②未按照最低投保限额投保的。

③投保的承运人责任险已过期,未继续投保的。

(5)客运经营者使用未持合法有效道路运输证的车辆参加客运经营的,或者聘用不具备从业资格的驾驶员参加客运经营的,由县级以上道路运输管理机构责令改正,处3000元以上1万元以下的罚款。

(6)客运经营者不按照规定随车携带道路运输证的,由县级以上道路运输管理机构责令改正,处警告或者20元以上200元以下的罚款。

(7)客运经营者或者其委托的售票单位、客运站经营者不按规定使用道路运输业专用票证或者转让、倒卖、伪造道路运输业专用票证的,由县级以上道路运输管理机构责令改正,处1000元以上3000元以下的罚款。

(8)一类、二类客运班线的经营者或者其委托的售票单位、客运站经营者未按照规定对旅客身份进行查验,或者对身份不明、拒绝提供身份信息的旅客提供服务的,由县级以上道路运输管理机构处10万元以上50万元以下的罚款,并对其直接负责的主管人员和其他直接责任人员处10万元以下的罚款;情节严重的,由县级以上道路运输管理机构责令其停止从事相关道路旅客运输或者客运站经营业务;造成严重后果的,由原许可机关吊销有关道路旅客运输或者客运站经营许可证件。

(9)客运经营者有下列情形之一的,由县级以上道路运输管理机构责令改正,处1000元以上3000元以下的罚款:

①客运班车不按照批准的配客站点停靠或者不按照规定的线路、日发班次下限行驶的。

②加班车、顶班车、接驳车无正当理由不按照规定的线路、站点运行的。

③以欺骗、暴力等手段招揽旅客的。

④擅自将旅客移交他人运输的。

⑤在旅客运输途中擅自变更运输车辆的。

⑥未报告原许可机关,擅自终止道路客运经营的。

⑦客运包车未持有效的包车客运标志牌进行经营的,不按照包车客运标志牌载明的事项运行的,线路两端均不在车籍所在地的,招揽包车合同以外的旅客乘车的。

⑧开展定制客运未按照规定备案的。

⑨未按照规定在发车前对旅客进行安全事项告知的。

违反上述①~⑥项规定,情节严重的,由原许可机关吊销相应许可。

(10) 客运经营者、客运站经营者存在重大运输安全隐患等情形,导致不具备安全生产条件,经停产停业整顿仍不具备安全生产条件的,由县级以上道路运输管理机构依法吊销相应许可。

(11) 客运站经营者有下列情形之一的,由县级以上道路运输管理机构责令改正,处 1 万元以上 3 万元以下的罚款:

①允许无经营证件的车辆进站从事经营活动的。

②允许超载车辆出站的。

③允许未经安全检查或者安全检查不合格的车辆发车的。

④无正当理由拒绝客运车辆进站从事经营活动的。

⑤设立的停靠点未按照规定备案的。

(12) 客运站经营者有下列情形之一的,由县级以上道路运输管理机构责令改正;拒不改正的,处 3000 元的罚款;有违法所得的,没收违法所得:

①擅自改变客运站的用途和服务功能的。

②不公布运输线路、配客站点、班次、发车时间、票价的。

(13) 网络平台有下列情形之一的,由县级以上道路运输管理机构责令改正,处 3000 元以上 1 万元以下的罚款:

①发布的提供服务班车客运经营者与实际提供服务班车客运经营者不一致的。

②发布的提供服务车辆与实际提供服务车辆不一致的。

③发布的提供服务驾驶员与实际提供服务驾驶员不一致的。

④超出班车客运经营者许可范围开展定制客运的。

(14) 网络平台接入或者使用不符合规定的班车客运经营者、车辆或者驾驶员开展定制客运的,由县级以上道路运输管理机构责令改正,处 1 万元以上 3 万元以下的罚款。

八、其他

农村道路客运是指县级行政区域内或者毗邻县间,起讫地至少有一端在乡村且主要服务于农村居民的旅客运输。

客运经营者从事国际道路旅客运输经营活动,有关从业条件等特殊要求还应当适用国务院交通运输主管部门制定的《国际道路运输管理规定》。

已完成承担行政职能的事业单位改革的,由交通运输主管部门承担道路运输管理机构的相关行政管理职能;已完成综合行政执法改革的,由交通运输综合执法机构承担道路运输行政执法职能。

第五节　道路货物运输及站场管理规定

为规范道路货物运输和道路货物运输站(场)经营活动,维护道路货物运输市场秩序,保障道路货物运输安全,保护道路货物运输和道路货物运输站(场)有关各方当事人的合法权益,国务院交通主管部门根据《道路运输条例》及有关法律、行政法规的规定,于2005年6月16日颁布了《道路货物运输及站场管理规定》(交通部令2005年第6号),自2005年8月1日起施行。此后,国务院交通运输主管部门根据道路货物运输发展状况,于2008年7月23日以《关于修改〈道路货物运输及站场管理规定〉的决定》(交通运输部令2008年第9号)对《道路货物运输及站场管理规定》进行了第一次修正;2009年4月20日以《关于修改〈道路货物运输及站场管理规定〉的决定》(交通运输部令2009年第3号)对《道路货物运输及站场管理规定》进行了第二次修正;2012年3月14日以《关于修改〈道路货物运输及站场管理规定〉的决定》(交通运输部令2012年第1号)对《道路货物运输及站场管理规定》进行了第三次修正;2016年4月11日以《关于修改〈道路货物运输及站场管理规定〉的决定》(交通运输部令2016年第35号)对《道路货物运输及站场管理规定》进行了第四次修正;2019年6月20日交以《关于修改〈道路货物运输及站场管理规定〉的决定》(交通运输部令2019年第17号)对《道路货物运输及站场管理规定》进行了第五次修正。

《道路货物运输及站场管理规定》共分7章69条,包括总则、经营许可、货运经营管理、货运站经营管理、监督检查、法律责任和附则等。从事道路货物运输经营和道路货物运输站(场)经营,应当遵守《道路货物运输及站场管理规定》。

一、道路货物运输范围和管理原则

(一)道路货物运输及道路货物运输站(场)的概念与经营范围

道路货物运输经营是指为社会提供公共服务、具有商业性质的道路货物运输活动。道路货物运输包括道路普通货物运输、道路货物专用运输、道路大型物件运输和道路危险货物运输。其中,道路货物专用运输是指使用集装箱、冷藏保鲜设备、罐式容器等专用车辆进行的货物运输。

道路货物运输站(场)(以下简称货运站)是指以场地设施为依托,为社会提供有偿服务的具有仓储、保管、配载、信息服务、装卸、理货等功能的综合货运站(场)、零担货运站、集装箱中转站、物流中心等经营场所。

(二)道路货物运输的发展原则

道路货物运输和货运站经营者应当依法经营,诚实信用,公平竞争。

道路货物运输管理应当公平、公正、公开和便民。

国家鼓励道路货物运输实行集约化、网络化经营。鼓励采用集装箱、封闭厢式车和多轴重型车运输。

(三)道路货物运输行政主体

国务院交通运输主管部门主管全国道路货物运输和货运站管理工作。

县级以上地方人民政府交通运输主管部门负责组织领导本行政区域的道路货物运输和货运站管理工作。县级以上道路运输管理机构具体实施本行政区域的道路货物运输和货运站管理工作。

二、经营许可

(一)道路货物运输经营的资质条件

1. 运输车辆

申请从事道路货物运输经营的,应当有与其经营业务相适应并经检验合格的运输车辆,具体要求如下：

(1)车辆技术要求应当符合《道路运输车辆技术管理规定》有关规定。

(2)从事大型物件运输经营的,应当具有与所运输大型物件相适应的超重型车组。

(3)从事冷藏保鲜、罐式容器等专用运输的,应当具有与运输货物相适应的专用容器、设备、设施,并固定在专用车辆上。

(4)从事集装箱运输的,车辆还应当有固定集装箱的转锁装置。

2. 驾驶人员

申请从事道路货物运输经营的,应当有符合规定的驾驶人员,具体要求如下：

(1)取得与驾驶车辆相应的机动车驾驶证。

(2)年龄不超过60周岁。

(3)经设区的市级道路运输管理机构对有关道路货物运输法规、机动车维修和货物及装载保管基本知识考试合格,并取得从业资格证(使用总质量4500千克及以下普通货运车辆的驾驶人员除外)。

3. 安全生产管理制度

有健全的安全生产制度,包括安全生产责任制度、安全生产业务操作规程、安全生产监督检查制度、驾驶员和车辆安全生产管理制度等。

(二)货运站场的经营资质条件

申请从事货运站经营的,应当具备以下条件：

(1)有与其经营规模相适应的货运站房、生产调度办公室、信息管理中心、仓库、仓储库棚、场地和道路等设施,并经有关部门组织的工程竣工验收合格。

(2)有与其经营规模相适应的安全、消防、装卸、通信、计量等设备。

(3)有与其经营规模、经营类别相适应的管理人员和专业技术人员。

(4)有健全的业务操作规程和安全生产管理制度。

(三)道路货物运输经营许可的申请材料

申请从事道路货物运输经营的,应当依法向市场监督管理机关办理有关登记手续后,向县级道路运输管理机构提出申请,并提供以下材料：

(1)《道路货物运输经营申请表》。

(2)负责人身份证明,经办人的身份证明和委托书。

(3)机动车辆行驶证、车辆技术等级评定结论复印件;拟投入运输车辆的承诺书,承诺书应当包括车辆数量、类型、技术性能、投入时间等内容。

(4)聘用或者拟聘用驾驶员的机动车驾驶证、从业资格证及其复印件。

(5)安全生产管理制度文本。

(6)法律、法规规定的其他材料。

(四)货运站经营许可的申请材料

申请从事货运站经营的,应当依法向市场监督管理机关办理有关登记手续后,向县级道路运输管理机构提出申请,并提供以下材料:

(1)《道路货物运输站(场)经营申请表》。

(2)负责人身份证明,经办人的身份证明和委托书。

(3)经营道路货运站的土地、房屋的合法证明。

(4)货运站竣工验收证明。

(5)与业务相适应的专业人员和管理人员的身份证明、专业证书。

(6)业务操作规程和安全生产管理制度文本。

(五)许可的实施

(1)道路运输管理机构应当按照《道路运输条例》《交通行政许可实施程序规定》规定的程序实施道路货物运输经营和货运站经营的行政许可。

(2)道路运输管理机构对道路货运经营申请予以受理的,应当自受理之日起20日内作出许可或者不予许可的决定;对货运站经营申请予以受理的,应当自受理之日起15日内作出许可或者不予许可的决定。

(3)道路运输管理机构对符合法定条件的道路货物运输经营申请作出准予行政许可决定的,应当出具《道路货物运输经营行政许可决定书》,明确许可事项;在10日内向被许可人颁发《道路运输经营许可证》,在《道路运输经营许可证》上注明经营范围。

(4)道路运输管理机构对符合法定条件的货运站经营申请作出准予行政许可决定的,应当出具道路货物运输站(场)经营行政许可决定书》明确许可事项;在10日内向被许可人颁发道路运输经营许可证,在道路运输经营许可证上注明经营范围。

(5)对道路货物运输和货运站经营不予许可的,应当向申请人出具不予交通运输行政许可决定书。

(6)使用总质量4500千克及以下普通货运车辆从事普通货运经营的,无须申请取得道路运输经营许可证及道路运输证。

(六)获得许可的经营者义务

(1)被许可人应当按照承诺书的要求投入运输车辆,购置车辆或者已有车辆经道路运输管理机构核实并符合条件的,道路运输管理机构向投入运输的车辆配发道路运输证。

(2)道路货物运输经营者设立子公司的,应当向设立地的道路运输管理机构申请经营许可;设立分公司的,应当向设立地的道路运输管理机构报备。

(3)从事货运代理(代办)等货运相关服务的经营者,应当依法到市场监督管理机关办理有关登记手续,并持有关登记证件到设立地的道路运输管理机构备案。

(七)经营的终止与变更

货物运输和货运站经营者需要终止经营的,在终止经营之日30日前告知原许可的道路运输管理机构,并办理有关注销手续。货物运输经营者变更许可事项、扩大经营范围的,按申请许可的程序规定办理。货物运输和货运站经营者变更名称、地址等,应向作出原许可决定的道路运输管理机构备案。

三、货运经营管理

货运经营者在经营过程中,应当遵守下列规定:

(1)按照《道路运输经营许可证》核定的经营范围从事货物运输经营,不得转让、出租道路运输经营许可证件。

(2)应对从业人员进行经常性的安全、职业道德教育和业务知识、操作规程培训。

(3)按照国家有关规定在其重型货运车辆、牵引车上安装、使用行驶记录仪,并采取有效措施,防止驾驶人员连续驾驶时间超过4个小时。

(4)应当要求其聘用的驾驶员随车携带道路运输证,道路运输证不得转让、出租、涂改、伪造。

(5)应当聘用按照规定要求持有从业资格证的驾驶人员。

(6)营运驾驶员应当按照规定驾驶与其从业资格类别相符的车辆。驾驶营运车辆时,应当随身携带按照规定要求取得的从业资格证。

(7)运输的货物应当符合车辆核定的载质量,载物的长、宽、高不得违反装载要求。禁止货运车辆违反国家有关规定超限、超载运输;禁止使用货运车辆运输旅客。

(8)运输大型物件,应当制定道路运输组织方案。涉及超限运输的应当按照《超限运输车辆行驶公路管理规定》办理相应的审批手续。

(9)从事大型物件运输的车辆,应当按照规定装置统一的标志和悬挂标志旗;夜间行驶和停车休息时应当设置标志灯。

(10)不得运输法律、行政法规禁止运输的货物。

(11)在受理法律、行政法规规定限运、凭证运输的货物时,应当查验并确认有关手续齐全有效后方可运输。货物托运人应当按照有关法律、行政法规的规定办理限运、凭证运输手续。

(12)不得采取不正当手段招揽货物、垄断货源。不得阻碍其他货运经营者开展正常的运输经营活动。应当采取有效措施,防止货物变质、腐烂、短少或者损失。

(13)应当按照《民法典》的要求,与货物托运人订立道路货物运输合同。鼓励采用电子合同、电子运单等信息化技术,提升运输管理水平。

(14)国家鼓励实行封闭式运输,应当采取有效的措施,防止货物脱落、扬撒等情况发生。

(15)应当制定有关交通事故、自然灾害、公共卫生以及其他突发公共事件的道路运输应急预案;应急预案应当包括报告程序、应急指挥、应急车辆和设备的储备以及处置措施等内容。

(16)发生交通事故、自然灾害、公共卫生以及其他突发公共事件,应当服从县级以上人民政府或者有关部门的统一调度、指挥。

(17)应当严格遵守国家有关价格法律、法规和规章的规定,不得恶意压价竞争。

四、货运站经营管理

货运站在经营过程中,应当遵守下列规定:

(1)按照经营许可证核定的许可事项经营,不得随意改变货运站用途和服务功能。

(2)依法加强安全管理,完善安全生产条件,健全和落实安全生产责任制。

(3)应对出站车辆进行安全检查,防止超载车辆或者未经安全检查的车辆出站,保证安全生产。

(4)按照货物的性质、保管要求进行分类存放,危险货物应当单独存放,保证货物完好无损。

(5)货物运输包装应当按照国家规定的货物运输包装标准作业,包装物和包装技术、质量要符合运输要求。

(6)按照规定的业务操作规程进行货物的搬运装卸。搬运装卸作业应当轻装、轻卸,堆放整齐,防止混杂、撒漏、破损,严禁有毒、易污染物品与食品混装。

(7)严格执行价格规定,在经营场所公布收费项目和收费标准,严禁乱收费。

(8)应当公平对待使用货运站的道路货物运输经营者,进入货运站经营的经营业户及车辆,经营手续必须齐全。禁止无证经营的车辆进站从事经营活动,无正当理由不得拒绝道路货物运输经营者进站从事经营活动。

(9)不得垄断货源、抢装货物、扣押货物。

(10)货运站要保持清洁卫生,各项服务标志醒目。

(11)经营配载服务应当坚持自愿原则,提供的货源信息和运力信息应当真实、准确。

(12)不得超限、超载配货,不得为无道路运输经营许可证或证照不全者提供服务;不得违反国家有关规定,为运输车辆装卸国家禁运、限运的物品。

(13)制定有关突发公共事件的应急预案。应急预案应当包括报告程序、应急指挥、应急车辆和设备的储备以及处置措施等内容。

(14)建立和完善各类台账和档案,并按要求报送有关信息。

五、监督检查

道路运输管理机构应当加强对道路货物运输经营和货运站经营活动的监督检查。在监督检查过程中,应当严格按照职责权限和法定程序进行监督检查,并注意以下事项:

(1)县级以上道路运输管理机构应当定期对配发道路运输证的货运车辆进行审验,每年审验1次。审验内容包括车辆技术等级评定情况、车辆结构及尺寸变动情况和违章记录等。审验符合要求的,在道路运输证审验记录中或者IC卡注明;不符合要求的,应当责令限期改正或者办理变更手续。

(2)重点在货运站、货物集散地对道路货物运输、货运站经营活动实施监督检查。此外,根据管理需要,可以在公路路口实施监督检查,但不得随意拦截正常行驶的道路运输车辆,不得双向拦截车辆进行检查。

(3)实施监督检查时,应当有两名以上人员参加,并向当事人出示交通运输部统一制式的交通行政执法证件。

(4)可以向被检查单位和个人了解情况,查阅和复制有关材料;但是,应当保守被调查单位和个人的商业秘密。被监督检查的单位和个人应当接依法实施的监督检查,如实提供有关情况或者资料。

(5)在货运站、货物集散地实施监督检查过程中,发现货运车辆有超载行为的,应当立即予以制止,装载符合标准后方可放行。

(6)取得道路货物运输经营许可的道路货物运输经营者在许可的道路运输管理机构管辖区域外违法从事经营活动的,违法行为发生地的道路运输管理机构应当依法将当事人的违法事实、处罚结果记录到道路运输证上,并抄告作出道路运输经营许可的道路运输管理机构。

(7)道路货物运输经营者违反规定,县级以上道路运输管理机构在作出行政处罚决定的过程中,可以按照行政处罚法的规定将其违法证据先行登记保存,作出行政处罚决定后,道路货物运输经营者拒不履行的,作出行政处罚决定的道路运输管理机构可以将其拒不履行行政处罚决定的事实通知违法车辆车籍所在地道路运输管理机构,作为能否通过车辆年度审验和决定质量信誉考核结果的重要依据。

(8)在实施道路运输监督检查过程中,对没有道路运输证又无法当场提供其他有效证明的货运车辆可以予以暂扣,并出具道路运输车辆暂扣凭证;对暂扣车辆应当妥善保管,不得使用,不得收取或者变相收取保管费用。违法当事人应当在暂扣凭证规定时间内到指定地点接受处理;逾期不接受处理的,道路运输管理机构可依法作出处罚决定,并将处罚决定书送达当事人;当事人无正当理由逾期不履行处罚决定的,道路运输管理机构可申请人民法院强制执行。

六、法律责任

(1)有下列行为之一的,由县级以上道路运输管理机构责令停止经营;有违法所得的,没收违法所得,处违法所得2倍以上10倍以下的罚款;没有违法所得或者违法所得不足2万元的,处3万元以上10万元以下的罚款;构成犯罪的,依法追究刑事责任:

①未按规定取得道路货物运输经营许可,擅自从事道路货物运输经营的。

②使用失效、伪造、变造、被注销等无效的道路运输经营许可证件从事道路货物运输经营的。

③超越许可的事项,从事道路货物运输经营的。

(2)道路货物运输和货运站经营者非法转让、出租道路运输经营许可证件的,由县级以上道路运输管理机构责令停止违法行为,收缴有关证件,处2000元以上1万元以下的罚款;有违法所得的,没收违法所得。

(3)取得道路货物运输经营许可的经营者使用无道路运输证的车辆参加货物运输的,由县级以上道路运输管理机构责令改正,处3000元以上1万元以下的罚款。不按照规定携带道路运输证的,由县级以上道路运输管理机构责令改正,处警告或者20元以上200元以下的罚款。

(4)取得道路货物运输经营许可的经营者、货运站经营者已不具备开业要求的有关安全条件、存在重大运输安全隐患的,由县级以上道路运输管理机构限期责令改正;在规定时间内不能按要求改正且情节严重的,由原许可机关吊销道路运输经营许可证或者吊销其相应的经营范围。

(5)道路货物运输经营者有下列情形之一的,由县级以上道路运输管理机构责令改正,处1000元以上3000元以下的罚款;情节严重的,由原许可机关吊销道路运输经营许可证或者吊销其相应的经营范围:

①强行招揽货物的。

②没有采取必要措施防止货物脱落、扬撒的。

(6)有下列行为之一的,由县级以上道路运输管理机构责令停止经营;有违法所得的,没收违法所得,处违法所得2倍以上10倍以下的罚款;没有违法所得或者违法所得不足1万元的,处2万元以上5万元以下的罚款;构成犯罪的,依法追究刑事责任:

①未取得货运站经营许可,擅自从事货运站经营的。

②使用失效、伪造、变造、被注销等无效的道路运输经营许可证件从事货运站经营的。

③超越许可的事项,从事货运站经营的。

(7)货运站经营者对超限、超载车辆配载,放行出站的,由县级以上道路运输管理机构责令改正,处1万元以上3万元以下的罚款。

(8)货运站经营者擅自改变货运站的用途和服务功能,由县级以上道路运输管理机构责令改正;拒不改正的,处3000元的罚款;有违法所得的,没收违法所得。

(9)有下列行为之一的,由县级以上道路运输管理机构责令限期整改,整改不合格的,予以通报:

①没有按照国家有关规定在货运车辆上安装符合标准的具有行驶记录功能的卫星定位装置的。

②大型物件运输车辆不按规定悬挂、标明运输标志的。

③发生公共突发性事件,不接受当地政府统一调度安排的。

④因配载造成超限、超载的。

⑤运输没有限运证明物资的。

⑥未查验禁运、限运物资证明,配载禁运、限运物资的。

(10)道路运输管理机构的工作人员有下列情形之一的,依法给予相应的行政处分;构成犯罪的,依法追究刑事责任:

①不依照规定的条件、程序和期限实施行政许可的。

②参与或者变相参与道路货物运输和货运站经营的。

③发现违法行为不及时查处的。

④违反规定拦截、检查正常行驶的道路运输车辆的。

⑤违法扣留运输车辆、道路运输证的。

⑥索取、收受他人财物,或者谋取其他利益的。

⑦其他违法行为。

七、其他

道路货物运输经营者从事国际道路货物运输经营、危险货物运输的,除一般行为规范适用《道路货物运输及站场管理规定》外,有关从业条件等特殊要求适用国务院交通运输主管部门制定的《国际道路运输管理规定》和《道路危险货物运输管理规定》。

第六节 道路危险货物运输管理规定

为规范道路危险货物运输市场秩序,保障人民生命财产安全,保护环境,维护道路危险货物运输各方当事人的合法权益,国务院交通主管部门根据《道路运输条例》和《危险化学品安全管理条例》等有关法律、行政法规,于 2005 年 7 月 12 日颁布了《道路危险货物运输管理规定》(交通部令 2005 年第 9 号),自 2005 年 8 月 1 日起施行。此后,国务院交通运输主管部门于 2010 年 10 月 27 日以《关于修改〈道路危险货物运输管理规定〉的决定》(交通运输部令 2010 年第 5 号)对《道路危险货物运输管理规定》进行了修正。2013 年 1 月 23 日,国务院交通运输主管部门重新颁布了《道路危险货物运输管理规定》(交通运输部令 2013 年第 2 号),自 2013 年 7 月 1 日起施行;2016 年 4 月 11 日以《关于修改〈道路危险货物运输管理规定〉的决定》(交通运输部令 2016 年第 36 号)对《道路危险货物运输管理规定》进行了第一次修正;2019 年 11 月 28 日以《关于修改〈道路危险货物运输管理规定〉的决定》(交通运输部令 2019 年第 42 号)对《道路危险货物运输管理规定》进行了第二次修正。

《道路危险货物运输管理规定》共分 7 章 67 条,包括总则、道路危险货物运输许可、专用车辆设备管理、危险货物运输、监督检查、法律责任和附则。除军事用途危险货物运输以及法律、行政法规对民用爆炸物品、烟花爆竹、放射性物品等特定种类危险货物的道路运输另有规定的从其规定以外,从事道路危险货物运输活动,应当遵守《道路危险货物运输管理规定》。

一、危险货物运输及其发展原则

(一)危险货物运输

1. 危险货物

危险货物是指具有爆炸、易燃、毒害、感染、腐蚀等危险特性,在生产、经营、运输、储存、使用和处置中,容易造成人身伤亡、财产损毁或者环境污染而需要特别防护的物质和物品。危险货物以列入《危险货物品名表》(GB 12268)的为准,未列入《危险货物品名表》的,以有关法律、行政法规的规定或者国务院有关部门公布的结果为准。

危险货物的分类、分项、品名和品名编号应当按照《危险货物分类和品名编号》(GB 6944)、《危险货物品名表》(GB 12268)执行。危险货物的危险程度依据《危险货物运输包装通用技术条件》(GB 12463),分为Ⅰ、Ⅱ、Ⅲ等级。

2. 道路危险货物运输

道路危险货物运输,是指使用载货汽车通过道路运输危险货物的作业全过程。

3. 道路危险货物运输车辆

道路危险货物运输车辆,是指满足特定技术条件和要求,从事道路危险货物运输的载货汽车(以下简称专用车辆)。

(二)发展原则

(1)从事道路危险货物运输应当保障安全,依法运输,诚实信用。

(2)国家鼓励技术力量雄厚、设备和运输条件好的大型专业危险化学品生产企业从事道路危险货物运输,鼓励道路危险货物运输企业实行集约化、专业化经营,鼓励使用厢式、罐式和集装箱等专用车辆运输危险货物。

(三)道路危险货物运输管理主体

国务院交通运输主管部门主管全国道路危险货物运输管理工作。县级以上地方人民政府交通运输主管部门负责组织领导本行政区域的道路危险货物运输管理工作。县级以上道路运输管理机构负责具体实施道路危险货物运输管理工作。

二、经营许可

(一)申请道路危险货物运输经营许可的资质条件

申请从事道路危险货物运输经营应具备以下资质条件。

1.专用车辆及设备

(1)自有专用车辆(挂车除外)5辆以上;运输剧毒化学品、爆炸品的,自有专用车辆(挂车除外)10辆以上。

(2)专用车辆的技术要求应当符合《道路运输车辆技术管理规定》有关规定。

(3)配备有效的通信工具。

(4)专用车辆应当安装具有行驶记录功能的卫星定位装置。

(5)运输剧毒化学品、爆炸品、易制爆危险化学品的,应当配备罐式、厢式专用车辆或者压力容器等专用容器。

(6)罐式专用车辆的罐体应当经质量检验部门检验合格,且罐体载货后总质量与专用车辆核定载质量相匹配。运输爆炸品、强腐蚀性危险货物的罐式专用车辆的罐体容积不得超过20立方米;运输剧毒化学品的罐式专用车辆的罐体容积不得超过10立方米,但符合国家有关标准的罐式集装箱除外。

(7)运输剧毒化学品、爆炸品、强腐蚀性危险货物的非罐式专用车辆,核定载质量不得超过10吨,但符合国家有关标准的集装箱运输专用车辆除外。

(8)配备与运输的危险货物性质相适应的安全防护、环境保护和消防设施设备。

2.停车场地

(1)自有或者租借期限为3年以上,且与经营范围、规模相适应的停车场地,停车场地应当位于企业注册地市级行政区域内。

(2)运输剧毒化学品、爆炸品专用车辆以及罐式专用车辆,数量为20辆(含)以下的,停车场地面积不低于车辆正投影面积的1.5倍;数量为20辆以上的,超过部分,每辆车的停车场地面积不低于车辆正投影面积。运输其他危险货物的,专用车辆数量为10辆(含)以下的,停车场地面积不低于车辆正投影面积的1.5倍;数量为10辆以上的,超过部分,每辆车的停车场地面积不低于车辆正投影面积。

(3)停车场地应当封闭并设立明显标志,不得妨碍居民生活和威胁公共安全。

3. 从业人员和安全管理人员

(1)专用车辆的驾驶人员取得相应机动车驾驶证,年龄不超过60周岁。

(2)从事道路危险货物运输的驾驶人员、装卸管理人员、押运人员应当经所在地设区的市级人民政府交通运输主管部门考试合格,并取得相应的从业资格证;从事剧毒化学品、爆炸品道路运输的驾驶人员、装卸管理人员、押运人员,应当经考试合格,取得注明为"剧毒化学品运输"或者"爆炸品运输"类别的从业资格证。

(3)企业应当配备专职安全管理人员。

4. 安全生产管理制度

(1)企业主要负责人、安全管理部门负责人、专职安全管理人员安全生产责任制度。

(2)从业人员安全生产责任制度。

(3)安全生产监督检查制度。

(4)安全生产教育培训制度。

(5)从业人员、专用车辆、设备及停车场地安全管理制度。

(6)应急救援预案制度。

(7)安全生产作业规程。

(8)安全生产考核与奖惩制度。

(9)安全事故报告、统计与处理制度。

(二)非经营性道路危险货物运输资质条件

省级以上应急管理部门批准设立的生产、使用、储存危险化学品的企业以及有特殊需求的科研、军工等企事业单位可以使用自备专用车辆从事为本单位服务的非经营性道路危险货物运输。

非经营性道路危险货物运输具备从事道路危险货物运输条件的前提下,自有专用车辆(挂车除外)的数量可以少于5辆。

(三)危险货物运输经营许可的申请

申请从事道路危险货物运输经营的,应当依法向市场监督管理部门办理有关登记手续后,向所在地设区的市级道路运输管理机构提出申请,并提交以下材料:

(1)《道路危险货物运输经营申请表》,包括申请人基本信息、申请运输的危险货物范围(类别、项别或品名,如果为剧毒化学品应当标注"剧毒")等内容。

(2)拟担任企业法定代表人的投资人或者负责人的身份证明及其复印件,经办人身份证明及其复印件和书面委托书。

(3)企业章程文本。

(4)证明专用车辆、设备情况的以下材料:

①未购置专用车辆、设备的,应当提交拟投入专用车辆、设备承诺书,承诺书内容应当包括车辆数量、类型、技术等级、总质量、核定载质量、车轴数以及车辆外廓尺寸;通信工具和卫星定位装置配备情况;罐式专用车辆的罐体容积;罐式专用车辆罐体载货后的总质量与车辆核定载质量相匹配情况;运输剧毒化学品、爆炸品、易制爆危险化学品的专用车辆核定载质量等有关情况。承诺期限不得超过1年。

②已购置专用车辆、设备的,应当提供车辆行驶证、车辆技术等级评定结论;通信工具和卫星定位装置配备;罐式专用车辆的罐体检测合格证或者检测报告及复印件等有关材料。

(5)拟聘用专职安全管理人员、驾驶人员、装卸管理人员、押运人员的,应当提交拟聘用承诺书,承诺期限不得超过1年;已聘用的应当提交从业资格证及其复印件以及驾驶证及其复印件。

(6)停车场地的土地使用证、租借合同、场地平面图等材料。

(7)相关安全防护、环境保护、消防设施设备的配备情况清单。

(8)有关安全生产管理制度文本。

(四)非经营性道路危险货物运输许可申请

拟从事非经营性道路危险货物运输的单位,向所在地设区的市级道路运输管理机构提出申请,并提交以下材料。

(1)《道路危险货物运输申请表》,包括申请人基本信息、申请运输的物品范围(类别、项别或品名,如果为剧毒化学品应当标注"剧毒")等内容。

(2)单位基本情况证明材料:一是省级以上应急管理部门颁发的危险化学品生产、使用等证明,二是能证明科研、军工等企事业单位性质或者业务范围的有关材料。

(3)特殊运输需求的说明材料。

(4)经办人的身份证明及其复印件以及书面委托书。

(5)证明专用车辆、设备情况的以下材料:

①未购置专用车辆、设备的,应当提交拟投入专用车辆、设备承诺书。承诺书内容应当包括车辆数量、类型、技术等级、总质量、核定载质量、车轴数以及车辆外廓尺寸;通信工具和卫星定位装置配备情况;罐式专用车辆的罐体容积;罐式专用车辆罐体载货后的总质量与车辆核定载质量相匹配情况;运输剧毒化学品、爆炸品、易制爆危险化学品的专用车辆核定载质量等有关情况,承诺期限不得超过1年。

②已购置专用车辆、设备的,应当提供车辆行驶证、车辆技术等级证明或者车辆综合性能检测技术合格证明;通信工具和卫星定位装置配备;罐式专用车辆的罐体检测合格证或者检测报告及复印件等有关材料。

(6)拟聘用专职安全管理人员、驾驶人员、装卸管理人员、押运人员的,应当提交拟聘用承诺书,承诺期限不得超过1年;已聘用的应当提交从业资格证及其复印件以及驾驶证及其复印件。

(7)停车场地的土地使用证、租借合同、场地平面图等材料。

(8)相关安全防护、环境保护、消防设施设备的配备情况清单。

(9)有关安全生产管理制度文本。

(五)危险货物运输许可的实施

设区的市级道路运输管理机构按照《道路运输条例》和《交通行政许可实施程序规定》以及规定的程序和时限实施道路危险货物运输行政许可,并进行实地核查。

决定准予许可的,应当向被许可人出具《道路危险货物运输行政许可决定书》,注明许可事项,具体内容应当包括运输危险货物的范围(类别、项别或品名,如果为剧毒化学品应当标注"剧毒"),专用车辆数量、要求以及运输性质,并在10日内向道路危险货物运输经营申请人发放《道路运输经营许可证》,向非经营性道路危险货物运输申请人发放《道路危险货物运输许可证》。

市级道路运输管理机构应当将准予许可的企业或单位的许可事项等,及时以书面形式告知县级道路运输管理机构。

决定不予许可的,应当向申请人出具《不予交通运输行政许可决定书》。

被许可人已获得其他道路运输经营许可的,设区的市级道路运输管理机构应当为其换发《道路运输经营许可证》,并在经营范围中加注新许可的事项。如果原《道路运输经营许可证》是由省级道路运输管理机构发放的,由原许可机关按照上述要求予以换发。

(六)被许可人义务

(1)被许可人应当按照承诺期限落实拟投入的专用车辆、设备。原许可机关应当对被许可人落实的专用车辆、设备予以核实,对符合许可条件的专用车辆配发道路运输证,并在道路运输证经营范围栏内注明允许运输的危险货物类别、项别或者品名,如果为剧毒化学品应标注"剧毒";对从事非经营性道路危险货物运输的车辆,还应当加盖"非经营性危险货物运输专用章"。被许可人未在承诺期限内落实专用车辆、设备的,原许可机关应当撤销许可决定,并收回已核发的许可证明文件。

(2)被许可人应当按照承诺期限落实拟聘用的专职安全管理人员、驾驶人员、装卸管理人员和押运人员。被许可人未在承诺期限内按照承诺聘用专职安全管理人员、驾驶人员、装卸管理人员和押运人员的,原许可机关应当撤销许可决定,并收回已核发的许可证明文件。

(3)道路运输管理机构不得许可一次性、临时性的道路危险货物运输。

(4)道路危险货物运输企业设立子公司从事道路危险货物运输的,应当向子公司注册地设区的市级道路运输管理机构申请运输许可。设立分公司的,应当向分公司注册地设区的市级道路运输管理机构备案。

(5)道路危险货物运输企业或者单位需要变更许可事项的,应当向原许可机关提出申请,按照有关许可的规定办理。道路危险货物运输企业或者单位变更法定代表人、名称、地址等工商登记事项的,应当在30日内向原许可机关备案。

(6)道路危险货物运输企业或者单位终止危险货物运输业务的,应当在终止之日的30日前告知原许可机关,并在停业后10日内将道路运输经营许可证或者道路危险货物运输许可证以及道路运输证交回原许可机关。

三、专用车辆设备管理

(一)车辆要求

(1)道路危险货物运输企业或者单位应当按照《道路运输车辆技术管理规定》中有关车辆管理的规定,维护、检测、使用和管理专用车辆,确保专用车辆技术状况良好。

(2)设区的市级道路运输管理机构应当定期对专用车辆进行审验,每年审验1次。审验按照《道路运输车辆技术管理规定》进行,并增加以下审验项目:

①专用车辆投保承运人责任险情况。

②必需的应急处理器材、安全防护设施设备和专用车辆标志的配备情况。

③具有行驶记录功能的卫星定位装置的配备情况。

(3)禁止使用报废的、擅自改装的、检测不合格的、车辆技术等级达不到一级的和其他不符合国家规定的车辆从事道路危险货物运输。除铰接列车、具有特殊装置的大型物件运输专用车辆外,严禁使用货车列车从事危险货物运输;倾卸式车辆只能运输散装硫黄、萘饼、粗蒽、煤焦沥青等危险货物。禁止使用移动罐体(罐式集装箱除外)从事危险货物运输。

(4)运输剧毒化学品、爆炸品专用车辆及罐式专用车辆(含罐式挂车)应当到具备道路危险货物运输车辆维修资质的企业进行维修。牵引车以及其他专用车辆由企业自行消除危险货物的危害后,可到具备一般车辆维修资质的企业进行维修。

(二)设备要求

(1)用于装卸危险货物的机械及工具的技术状况应当符合行业标准《危险货物道路运输规则》(JT/T 617)规定的技术要求。

(2)罐式专用车辆的常压罐体应当符合《道路运输液体危险货物罐式车辆 第1部分:金属常压罐体技术要求》(GB 18564.1)、《道路运输液体危险货物罐式车辆 第2部分:非金属常压罐体技术要求》(GB 18564.2)等有关技术要求。使用压力容器运输危险货物的,应当符合国家特种设备管理部门制订并公布的《移动式压力容器安全技术监察规程》(TSG R0005)等有关技术要求。压力容器和罐式专用车辆应当经具有专业资质的检验机构检验合格,取得检验合格证书,并在压力容器或者罐体检验合格的有效期内承运危险货物。

(3)道路危险货物运输企业或者单位对重复使用的危险货物包装物、容器,在重复使用前应当进行检查;发现存在安全隐患的,应当维修或者更换。道路危险货物运输企业或者单位应当对检查情况做出记录,记录的保存期限不得少于2年。

(4)道路危险货物运输企业或者单位应当到具有污染物处理能力的机构对常压罐体进行清洗(置换)作业,将废气、污水等污染物集中收集,消除污染,不得随意排放,污染环境。

四、危险货物运输

运输企业或者单位应当严格按照道路运输管理机构决定的许可事项从事道路危险货物运输活动,不得转让、出租道路危险货物运输许可证件。严禁非经营性道路危险货物运输单位从事道路危险货物运输经营活动。

(一)危险货物托运与承运

(1)危险货物托运人应当委托具有道路危险货物运输资质的企业承运。危险货物托运人应当对托运的危险货物种类、数量和承运人等相关信息予以记录,记录的保存期限不得少于1年。

(2)危险货物托运人应当严格按照国家有关规定妥善包装并在外包装设置标志,并向承运人说明危险货物的品名、数量、危害、应急措施等情况。需要添加抑制剂或者稳定剂的,托运人应当按照规定添加,并告知承运人相关注意事项。危险货物托运人托运危险化学品的,还应当提交与托运的危险化学品完全一致的安全技术说明书和安全标签。

(3)运输企业或者单位不得运输法律、行政法规禁止运输的货物。法律、行政法规规定的限运、凭证运输货物,运输企业或者单位应当按照有关规定办理相关运输手续。法律、行政法规规定托运人必须办理有关手续后方可运输的危险货物,运输企业应当查验有关手续齐全有效后方可承运。

(4)运输企业或者单位应当为其承运的危险货物投保承运人责任险。

(二)危险货物储存与装载

(1)不得使用罐式专用车辆或者运输有毒、感染性、腐蚀性危险货物的专用车辆运输普通货物。其他专用车辆可以从事食品、生活用品、药品、医疗器具以外的普通货物运输,但应当由运输企业对专用车辆进行消除危害处理,确保不对普通货物造成污染、损害。不得将危险货物与普通货物混装运输。

(2)专用车辆应当按照《道路运输危险货物车辆标志》(GB 13392)的要求悬挂标志。

(3)运输剧毒化学品、爆炸品的企业或者单位,应当配备专用停车区域,并设立明显的警示标牌。

(4)专用车辆应当配备符合有关国家标准以及与所载运的危险货物相适应的应急处理器材和安全防护设备。

(5)危险货物的装卸作业应当遵守安全作业标准、规程和制度,并在装卸管理人员的现场指挥或者监控下进行。危险货物运输托运人和承运人应当按照合同约定指派装卸管理人员;若合同未予约定,则由负责装卸作业的一方指派装卸管理人员。

(6)在危险货物装卸过程中,应当根据危险货物的性质,轻装轻卸,堆码整齐,防止混杂、撒漏、破损,不得与普通货物混合堆放。

(7)道路危险货物运输企业或者单位应当采取必要措施,防止危险货物脱落、扬散、丢失以及燃烧、爆炸、泄漏等。

(三)危险货物车辆运行管理

(1)驾驶人员应当随车携带道路运输证。驾驶人员或者押运人员应当按照《危险货物道路运输规则》(JT/T 617)的要求,随车携带道路运输危险货物安全卡。

(2)运输过程中,除驾驶人员外,还应当在专用车辆上配备押运人员,确保危险货物处于押运人员监管之下。

(3)运输途中,驾驶人员不得随意停车。因住宿或者发生影响正常运输的情况需要较长时间停车的,驾驶人员、押运人员应当设置警戒带,并采取相应的安全防范措施。运输剧毒化学品或者易制爆危险化学品需要较长时间停车的,驾驶人员或者押运人员应当向当地公安机关报告。

(4)驾驶人员、装卸管理人员和押运人员上岗时应当随身携带从业资格证。

(5)严禁专用车辆违反国家有关规定超载、超限运输。运输企业或者单位使用罐式专用车辆运输货物时,罐体载货后的总质量应当和专用车辆核定载质量相匹配;使用牵引车运输货物时,挂车载货后的总质量应当与牵引车的准牵引总质量相匹配。

(6)运输企业或者单位应当要求驾驶人员和押运人员在运输危险货物时,严格遵守有关部门关于危险货物运输线路、时间、速度方面的有关规定,并遵守有关部门关于剧毒、爆炸危险品道路运输车辆在重大节假日通行高速公路的相关规定。

(7)运输企业或者单位应当通过卫星定位监控平台或者监控终端及时纠正和处理超速行驶、疲劳驾驶、不按规定线路行驶等违法违规驾驶行为。监控数据应当至少保存3个月,违法驾驶信息及处理情况应当至少保存3年。

(四)危险货物运输企业安全管理

(1)运输从业人员必须熟悉有关安全生产的法规、技术标准和安全生产规章制度、安全操作规程,了解所装运危险货物的性质、危害特性、包装物或者容器的使用要求和发生意外事故时的处置措施,并严格执行《危险货物道路运输规则》(JT/T 617)等标准,不得违章作业。

(2)运输企业或者单位应当通过岗前培训、例会、定期学习等方式,对从业人员进行经常性安全生产、职业道德、业务知识和操作规程的教育培训。

(3)运输企业或者单位应当加强安全生产管理,制定突发事件应急预案,配备应急救援人员和必要的应急救援器材、设备,并定期组织应急救援演练,严格落实各项安全制度。

(4)运输企业或者单位应当委托具备资质条件的机构,对本企业或单位的安全管理情况每3年至少进行一次安全评估,出具安全评估报告。

(5)运输企业异地经营(运输线路起讫点均不在企业注册地市域内)累计3个月以上的,应当向经营地设区的市级道路运输管理机构备案并接受其监管。

(五)危险货物运输应急处理

在危险货物运输过程中发生燃烧、爆炸、污染、中毒或者被盗、丢失、流散、泄漏等事故,驾驶人员、押运人员应当立即根据应急预案和《道路运输危险货物安全卡》的要求采取应急处置措施,并向事故发生地公安部门、交通运输主管部门和本运输企业或者单位报告。运输企业或者单位接到事故报告后,应当按照本单位危险货物应急预案组织救援,并向事故发生地应急管理部门和环境保护、卫生主管部门报告。

道路危险货物运输管理机构应当公布事故报告电话。

五、监督检查

(1)道路危险货物运输监督检查按照《道路货物运输及站场管理规定》执行。道路运输管理机构应当定期或者不定期对道路危险货物运输企业或者单位进行现场检查。

(2)道路运输管理机构对在异地取得从业资格的人员监督检查时,可以向原发证机关申请提供相应的从业资格档案资料,原发证机关应当予以配合。

(3)道路运输管理机构在实施监督检查过程中,经本部门主要负责人批准,可以对没有随车携带道路运输证又无法当场提供其他有效证明文件的危险货物运输专用车辆予以扣押。

(4)任何单位和个人对违反《道路危险货物运输管理规定》的行为,有权向道路运输管理机构举报。道路运输管理机构应当公布举报电话,并在接到举报后及时依法处理;对不属于本部门职责的,应当及时移送有关部门处理。

六、法律责任

(1)有下列情形之一的,由县级以上道路运输管理机构责令停止运输经营,有违法所得的,没收违法所得,处违法所得2倍以上10倍以下的罚款;没有违法所得或者违法所得不足2万元的,处3万元以上10万元以下的罚款;构成犯罪的,依法追究刑事责任:

①未取得道路危险货物运输许可,擅自从事道路危险货物运输的。

②使用失效、伪造、变造、被注销等无效道路危险货物运输许可证件从事道路危险货物运输的。

③超越许可事项,从事道路危险货物运输的。

④非经营性道路危险货物运输单位从事道路危险货物运输经营的。

(2)运输企业或者单位非法转让、出租道路危险货物运输许可证件的,由县级以上道路运输管理机构责令停止违法行为,收缴有关证件,处2000元以上1万元以下的罚款;有违法所得的,没收违法所得。

(3)运输企业或者单位有下列行为之一,由县级以上道路运输管理机构责令限期投保;拒不投保的,由原许可机关吊销《道路运输经营许可证》或者《道路危险货物运输许可证》,或者吊销相应的经营范围:

①未投保危险货物承运人责任险的。

②投保的危险货物承运人责任险已过期,未继续投保的。

(4)不按照规定随车携带道路运输证的,由县级以上道路运输管理机构责令改正,处警告或者20元以上200元以下的罚款。

(5)运输企业或者单位以及托运人有下列情形之一的,由县级以上道路运输管理机构责令改正,并处5万元以上10万元以下的罚款,拒不改正的,责令停产停业整顿;构成犯罪的,依法追究刑事责任:

①驾驶人员、装卸管理人员、押运人员未取得从业资格上岗作业的。

②托运人不向承运人说明所托运的危险化学品的种类、数量、危险特性以及发生危险情况的应急处置措施,或者未按照国家有关规定对所托运的危险化学品妥善包装并在外包装上设置相应标志的。

③未根据危险化学品的危险特性采取相应的安全防护措施,或者未配备必要的防护用品和应急救援器材的。

④运输危险化学品需要添加抑制剂或者稳定剂,托运人未添加或者未将有关情况告知承运人的。

(6)运输企业或者单位未配备专职安全管理人员的,由县级以上道路运输管理机构责令改正,可以处1万元以下的罚款;拒不改正的,对危险化学品运输企业或单位处1万元以上5万元以下的罚款,对运输危险化学品以外其他危险货物的企业或单位处1万元以上2万元以下的罚款。

(7)托运人有下列行为之一的,由县级以上道路运输管理机构责令改正,处10万元以上20万元以下的罚款,有违法所得的,没收违法所得;拒不改正的,责令停产停业整顿;构成犯罪的,依法追究刑事责任:

①委托未依法取得危险货物道路运输许可的企业承运危险化学品的。

②在托运的普通货物中夹带危险化学品,或者将危险化学品谎报或者匿报为普通货物托运的。

(8)运输企业擅自改装已取得道路运输证的专用车辆及罐式专用车辆罐体的,由县级以上道路运输管理机构责令改正,并处 5000 元以上 2 万元以下的罚款。

七、其他

(1)对道路危险货物运输经营未作规定的,按照《道路货物运输及站场管理规定》执行;对非经营性道路危险货物运输未作规定的,参照《道路货物运输及站场管理规定》执行。

(2)国务院交通运输主管部门可以根据相关行业协会的申请,经组织专家论证后,统一公布可以按照普通货物实施道路运输管理的危险货物。

第七节 危险货物道路运输安全管理办法

为了加强危险货物道路运输安全管理,预防危险货物道路运输事故,保障人民群众生命、财产安全,保护环境,2019 年 11 月 10 日国务院交通运输主管部门联合工业和信息化、公安、生态环境、应急管理、市场监督管理等主管部门,依据《中华人民共和国安全生产法》(以下简称《安全生产法》)、《道路运输条例》《危险化学品安全管理条例》《公路安全保护条例》等有关法律、行政法规,颁布了《危险货物道路运输安全管理办法》(交通运输部令 2019 年第 29 号),自 2020 年 1 月 1 日起施行。《危险货物道路运输安全管理办法》共分 10 章 79 条,包括总则、危险货物托运例外数量与有限数量、危险货物运输的特别规定、危险货物承运、危险货物装卸、危险货物运输车辆与罐式车辆罐体、可移动罐柜、罐箱、危险货物运输车辆运行管理、监督检查、法律责任以及附则。使用道路运输车辆从事危险货物运输及相关活动的安全管理,应当遵守《道路危险货物运输安全管理办法》。

一、道路危险货物运输安全管理的原则

(1)坚持安全第一、预防为主、综合治理、便利运输的原则。

(2)国家建立危险化学品监管信息共享平台,加强危险货物道路运输安全管理。

(3)不得托运、承运法律、行政法规禁止运输的危险货物。

(4)托运人、承运人、装货人应当制定危险货物道路运输作业查验、记录制度,以及人员安全教育培训、设备管理和岗位操作规程等安全生产管理制度。托运人、承运人、装货人应当按照相关法律法规和《危险货物道路运输规则》(JT/T 617)要求,对本单位相关从业人员进行岗前安全教育培训和定期安全教育。未经岗前安全教育培训考核合格的人员,不得上岗作业。托运人、承运人、装货人应当妥善保存安全教育培训及考核记录。岗前安全教育培训及考核记录保存至相关从业人员离职后 12 个月;定期安全教育记录保存期限不得少于 12 个月。

(5)国家鼓励危险货物道路运输企业应用先进技术和装备,实行专业化、集约化经营。禁止危险货物运输车辆挂靠经营。

(6)国务院交通运输主管部门主管全国危险货物道路运输管理工作。县级以上地方人民政府交通运输主管部门负责组织领导本行政区域的危险货物道路运输管理工作。工业和信息化、公安、生态环境、应急管理、市场监督管理等部门按照各自职责,负责对危险货物道

路运输相关活动进行监督检查。

二、危险货物托运

(一)一般要求

(1)托运人应当委托具有相应危险货物道路运输资质的企业承运危险货物。托运民用爆炸物品、烟花爆竹的,应当委托具有第一类爆炸品或者第一类爆炸品中相应项别运输资质的企业承运。

(2)托运人应当按照《危险货物道路运输规则》(JT/T 617)确定危险货物的类别、项别、品名、编号,遵守相关特殊规定要求。需要添加抑制剂或者稳定剂的,托运人应当按照规定添加,并将有关情况告知承运人。

(3)托运人不得在托运的普通货物中违规夹带危险货物,或者将危险货物匿报、谎报为普通货物托运。

(4)托运人应当按照《危险货物道路运输规则》(JT/T 617)妥善包装危险货物,并在外包装设置相应的危险货物标志。

(5)托运人在托运危险货物时,应当向承运人提交电子或者纸质形式的危险货物托运清单。危险货物托运清单应当载明危险货物的托运人、承运人、收货人、装货人、始发地、目的地、危险货物的类别、项别、品名、编号、包装及规格、数量、应急联系电话等信息,以及危险货物危险特性、运输注意事项、急救措施、消防措施、泄漏应急处置、次生环境污染处置措施等信息。托运人应当妥善保存危险货物托运清单,保存期限不得少于12个月。

(6)托运人应当在危险货物运输期间保持应急联系电话畅通。

(二)特别要求

(1)托运人托运剧毒化学品、民用爆炸物品、烟花爆竹或者放射性物品的,应当向承运人相应提供公安机关核发的剧毒化学品道路运输通行证、民用爆炸物品运输许可证、烟花爆竹道路运输许可证、放射性物品道路运输许可证明或者文件。

(2)托运人托运第一类放射性物品的,应当向承运人提供国务院核安全监管部门批准的放射性物品运输的核与辐射安全分析报告。

(3)托运人托运危险废物(包括医疗废物,下同)的,应当向承运人提供生态环境主管部门发放的电子或者纸质形式的危险废物转移联单。

三、例外数量与有限数量危险货物运输的特别规定

(1)例外数量危险货物的包装、标记、包件测试,以及每个内容器和外容器可运输危险货物的最大数量,应当符合《危险货物道路运输规则》(JT/T 617)要求。

(2)有限数量危险货物的包装、标记,以及每个内容器或者物品所装的最大数量、总质量(含包装),应当符合《危险货物道路运输规则》(JT/T 617)要求。

(3)托运人托运例外数量危险货物的,应当向承运人书面声明危险货物符合《危险货物道路运输规则》(JT/T 617)包装要求;承运人应当要求驾驶人随车携带书面声明;托运人应当在托运清单中注明例外数量危险货物以及包件的数量。

(4)托运人托运有限数量危险货物的,应当向承运人提供包装性能测试报告或者书面声明危险货物符合《危险货物道路运输规则》(JT/T 617)包装要求;承运人应当要求驾驶人随车携带测试报告或者书面声明;托运人应当在托运清单中注明有限数量危险货物以及包件的数量、总质量(含包装)。

(5)例外数量、有限数量危险货物包件可以与其他危险货物、普通货物混合装载,但有限数量危险货物包件不得与爆炸品混合装载。

(6)运输车辆载运例外数量危险货物包件数不超过1000个或者有限数量危险货物总质量(含包装)不超过8000千克的,可以按照普通货物运输。

四、危险货物承运

(一)要求

(1)危险货物承运人应当按照交通运输主管部门许可的经营范围承运危险货物。

(2)危险货物承运人应当使用安全技术条件符合国家标准要求且与承运危险货物性质、质量相匹配的车辆、设备进行运输。危险货物承运人使用常压液体危险货物罐式车辆运输危险货物的,应当在罐式车辆罐体的适装介质列表范围内承运;使用移动式压力容器运输危险货物的,应当按照移动式压力容器使用登记证上限定的介质承运。危险货物承运人应当按照运输车辆的核定载质量装载危险货物,不得超载。

(3)危险货物承运人应当制作危险货物运单,并交由驾驶人随车携带。危险货物运单应当妥善保存,保存期限不得少于12个月。危险货物运单格式由国务院交通运输主管部门统一制定。危险货物运单可以是电子或者纸质形式。运输危险废物的企业还应当填写并随车携带电子或者纸质形式的危险废物转移联单。

(二)起运前检查

(1)危险货物承运人在运输前,应当对运输车辆、罐式车辆罐体、可移动罐柜、罐式集装箱(以下简称罐箱)及相关设备的技术状况,以及卫星定位装置进行检查并做好记录,对驾驶人、押运人员进行运输安全告知。

(2)危险货物道路运输车辆驾驶人、押运人员在起运前,应当对承运危险货物的运输车辆、罐式车辆罐体、可移动罐柜、罐箱进行外观检查,确保没有影响运输安全的缺陷。危险货物道路运输车辆驾驶人、押运人员在起运前,应当检查确认危险货物运输车辆按照《道路运输危险货物车辆标志》(GB 13392)要求安装、悬挂标志。运输爆炸品和剧毒化学品的,还应当检查确认车辆安装、粘贴符合《道路运输爆炸品和剧毒化学品车辆安全技术条件》(GB 20300)要求的安全标示牌。

(三)其他

危险货物承运人除遵守《危险货物道路运输安全管理办法》的规定外,还应当遵守《道路危险货物运输管理规定》有关运输行为的要求。

五、危险货物装卸

(1)装货人应当在充装或者装载货物前查验以下事项;不符合要求的,不得充装或者装载：

①车辆是否具有有效车辆行驶证和道路营运证。

②驾驶人、押运人员是否具有有效从业资格证。

③运输车辆、罐式车辆罐体、可移动罐柜、罐箱是否在检验合格有效期内。

④所充装或者装载的危险货物是否与危险货物运单载明的事项相一致。

⑤所充装的危险货物是否在罐式车辆罐体的适装介质列表范围内，或者满足可移动罐柜导则、罐箱适用代码的要求。

充装或者装载剧毒化学品、民用爆炸物品、烟花爆竹、放射性物品或者危险废物时，还应当查验相应的道路运输通行证、许可证、许可证明等单证报告。

（2）装货人应当按照相关标准进行装载作业。装载货物不得超过运输车辆的核定载质量，不得超出罐式车辆罐体、可移动罐柜、罐箱的允许充装量。

（3）危险货物交付运输时，装货人应当确保危险货物运输车辆按照《道路运输危险货物车辆标志》（GB 13392）要求安装、悬挂标志，确保包装容器没有损坏或者泄漏，罐式车辆罐体、可移动罐柜、罐箱的关闭装置处于关闭状态。爆炸品和剧毒化学品交付运输时，装货人还应当确保车辆安装、粘贴符合《道路运输爆炸品和剧毒化学品车辆安全技术条件》（GB 20300）要求的安全标示牌。

（4）装货人应当建立危险货物装货记录制度，记录所充装或者装载的危险货物类别、品名、数量、运单编号和托运人、承运人、运输车辆及驾驶人等相关信息并妥善保存，保存期限不得少于12个月。

（5）充装或者装载危险化学品的生产、储存、运输、使用和经营企业，应当按照要求建立健全并严格执行充装或者装载查验、记录制度。

（6）收货人应当及时收货，并按照安全操作规程进行卸货作业。

（7）禁止危险货物运输车辆在卸货后直接实施排空作业等活动。

六、危险货物运输车辆与罐式车辆罐体、可移动罐柜、罐箱

（一）危险货物运输车辆

（1）工业和信息化主管部门应当通过《道路机动车辆生产企业及产品公告》公布产品型号，并按照《危险货物运输车辆结构要求》（GB 21668）公布危险货物运输车辆类型。

（2）车辆生产企业应当按照工业和信息化主管部门公布的产品型号进行生产。车辆应当获得国家强制性产品认证证书。

（3）运输车辆生产企业应当按照《危险货物运输车辆结构要求》（GB 21668）标注危险货物运输车辆的类型。

（二）罐式车辆罐体

（1）液体危险化学品常压罐式车辆罐体生产企业应当取得工业产品生产许可证，生产的罐体应当符合《道路运输液体危险货物罐式车辆》（GB 18564）要求。检验机构应当严格按照国家标准、行业标准及国家统一发布的检验业务规则，开展液体危险化学品常压罐式车辆罐体检验，对检验合格的罐体出具检验合格证书。检验合格证书包括罐体载质量、罐体容

积、罐体编号、适装介质列表和下次检验日期等内容。检验机构名录及检验业务规则由国务院市场监督管理部门、国务院交通运输主管部门共同公布。

(2)常压罐式车辆罐体生产企业应当按照要求为罐体分配并标注唯一性编码。

(3)罐式车辆罐体应当在检验有效期内装载危险货物。检验有效期届满后,经具有专业资质的检验机构重新检验合格,方可投入使用。

(4)装载危险货物的常压罐式车辆罐体的重大维修、改造,应当委托具备罐体生产资质的企业实施,并通过具有专业资质的检验机构维修、改造检验,取得检验合格证书,方可重新投入使用。

(三)可移动罐柜、罐箱

(1)运输危险货物的可移动罐柜、罐箱应当经具有专业资质的检验机构检验合格,取得检验合格证书,并取得相应的安全合格标志,按照规定用途使用。

(2)危险货物包装容器属于移动式压力容器或者气瓶的,还应当满足特种设备相关法律法规、安全技术规范以及国际条约的要求。

七、危险货物运输车辆运行管理

(1)在危险货物道路运输过程中,除驾驶人外,还应当在专用车辆上配备必要的押运人员,确保危险货物处于押运人员监管之下。运输车辆应当安装、悬挂符合《道路运输危险货物车辆标志》(GB 13392)要求的警示标志,随车携带防护用品、应急救援器材和危险货物道路运输安全卡,严格遵守道路交通安全法律法规规定,保障道路运输安全。运输爆炸品和剧毒化学品车辆还应当安装、粘贴符合《道路运输爆炸品和剧毒化学品车辆安全技术条件》(GB 20300)要求的安全标示牌。运输剧毒化学品、民用爆炸物品、烟花爆竹、放射性物品或者危险废物时,还应当随车携带相应的道路运输通行证、许可证、许可证明等单证报告。

(2)危险货物承运人应当按照《中华人民共和国反恐怖主义法》和《道路运输车辆动态监督管理办法》要求,在车辆运行期间通过定位系统对车辆和驾驶人进行监控管理。

(3)危险货物运输车辆在高速公路上行驶速度不得超过每小时80千米,在其他道路上行驶速度不得超过每小时60千米。道路限速标志、标线标明的速度低于上述规定速度的,车辆行驶速度不得高于限速标志、标线标明的速度。

(4)驾驶人应当确保罐式车辆罐体、可移动罐柜、罐箱的关闭装置在运输过程中处于关闭状态。

(5)运输民用爆炸物品、烟花爆竹和剧毒、放射性等危险物品时,应当按照公安机关批准的路线、时间行驶。

(6)有下列情形之一的,公安机关可以依法采取措施,限制危险货物运输车辆通行:
①城市(含县城)重点地区、重点单位、人流密集场所、居民生活区。
②饮用水水源保护区、重点景区、自然保护区。
③特大桥梁、特长隧道、隧道群、桥隧相连路段及水下公路隧道。
④坡长坡陡、临水临崖等通行条件差的山区公路。
⑤法律、行政法规规定的其他可以限制通行的情形。

除法律、行政法规另有规定外,公安机关综合考虑相关因素,确需对通过高速公路运输危险化学品依法采取限制通行措施的,限制通行时段应当在0~6时之间确定。

公安机关采取限制危险货物运输车辆通行措施的,应当提前向社会公布,并会同交通运输主管部门确定合理的绕行路线,设置明显的绕行提示标志。

(7)遇恶劣天气、重大活动、重要节假日、交通事故、突发事件等,公安机关可以临时限制危险货物运输车辆通行,并做好告知提示。

(8)危险货物运输车辆需在高速公路服务区停车的,驾驶人、押运人员应当按照有关规定采取相应的安全防范措施。

八、监督检查

(1)对危险货物道路运输负有安全监督管理职责的部门,应当依照下列规定加强监督检查:

①交通运输主管部门负责核发危险货物道路运输经营许可证,定期对危险货物道路运输企业动态监控工作的情况进行考核,依法对危险货物道路运输企业进行监督检查,负责对运输环节充装查验、核准、记录等进行监管。

②工业和信息化主管部门应当依法对《道路机动车辆生产企业及产品公告》内的危险货物运输车辆生产企业进行监督检查,依法查处违法违规生产企业及产品。

③公安机关负责核发剧毒化学品道路运输通行证、民用爆炸物品运输许可证、烟花爆竹道路运输许可证和放射性物品运输许可证明或者文件,并负责危险货物运输车辆的通行秩序管理。

④生态环境主管部门应当依法对放射性物品运输容器的设计、制造和使用等进行监督检查,负责监督核设施营运单位、核技术利用单位建立健全并执行托运及充装管理制度规程。

⑤应急管理部门和其他负有安全生产监督管理职责的部门依法负责危险化学品生产、储存、使用和经营环节的监管,按照职责分工督促企业建立健全充装管理制度规程。

⑥市场监督管理部门负责依法查处危险化学品及常压罐式车辆罐体质量违法行为和常压罐式车辆罐体检验机构出具虚假检验合格证书的行为。

(2)对危险货物道路运输负有安全监督管理职责的部门,应当建立联合执法协作机制。

(3)对危险货物道路运输负有安全监督管理职责的部门发现危险货物托运、承运或者装载过程中存在重大隐患,有可能发生安全事故的,应当要求其停止作业并消除隐患。

(4)对危险货物道路运输负有安全监督管理职责的部门监督检查时,发现需由其他负有安全监督管理职责的部门处理的违法行为,应当及时移交。其他负有安全监督管理职责的部门应当接收,依法处理,并将处理结果反馈移交部门。

九、法律责任

(1)交通运输主管部门对危险货物承运人未对从业人员进行安全教育和培训的,应当责令限期改正,可以处5万元以下的罚款;逾期未改正的,责令停产停业整顿,并处5万元以上10万元以下的罚款,对其直接负责的主管人员和其他直接责任人员处1万元以上2万元以下的罚款。

(2)交通运输主管部门对危险化学品托运人有下列情形之一的,应当责令改正,处 10 万元以上 20 万元以下的罚款,有违法所得的,没收违法所得;拒不改正的,责令停产停业整顿:

①委托未依法取得危险货物道路运输资质的企业承运危险化学品的。

②在托运的普通货物中违规夹带危险化学品,或者将危险化学品匿报或者谎报为普通货物托运的;构成违反治安管理行为的,由公安机关依法给予治安管理处罚。

(3)交通运输主管部门对危险货物托运人托运的危险货物的类别、项别、品名、编号不符合相关标准要求的,应当责令改正,属于非经营性的,处 1000 元以下的罚款;属于经营性的,处 1 万元以上 3 万元以下的罚款。

(4)交通运输主管部门对危险化学品托运人有下列情形之一的,应当责令改正,处 5 万元以上 10 万元以下的罚款;拒不改正的,责令停产停业整顿:

①运输危险化学品需要添加抑制剂或者稳定剂,托运人未添加或者未将有关情况告知承运人的。

②未按照要求对所托运的危险化学品妥善包装并在外包装设置相应标志的。

(5)交通运输主管部门对危险货物承运人有下列情形之一的,应当责令改正,处 2000 元以上 5000 元以下的罚款:

①未在罐式车辆罐体的适装介质列表范围内或者移动式压力容器使用登记证上限定的介质承运危险货物的。

②未按照规定制作危险货物运单或者保存期限不符合要求的。

③未按照要求对运输车辆、罐式车辆罐体、可移动罐柜、罐箱及设备进行检查和记录的。

(6)交通运输主管部门对危险货物道路运输车辆驾驶人具有下列情形之一的,应当责令改正,处 1000 元以上 3000 元以下的罚款:

①未按照规定随车携带危险货物运单、安全卡的。

②罐式车辆罐体、可移动罐柜、罐箱的关闭装置在运输过程中未处于关闭状态的。

(7)交通运输主管部门对危险货物承运人使用未经检验合格或者超出检验有效期的罐式车辆罐体、可移动罐柜、罐箱从事危险货物运输的,应当责令限期改正,可以处 5 万元以下的罚款;逾期未改正的,处 5 万元以上 20 万元以下的罚款,对其直接负责的主管人员和其他直接责任人员处 1 万元以上 2 万元以下的罚款;情节严重的,责令停产停业整顿。

(8)交通运输主管部门对危险货物承运人未按照要求对运营中的危险化学品、民用爆炸物品、核与放射性物品的运输车辆通过定位系统实行监控的,应当给予警告,并责令改正;拒不改正的,处 10 万元以下的罚款,并对其直接负责的主管人员和其他直接责任人员处 1 万元以下的罚款。

(9)工业和信息化主管部门对作为装货人的民用爆炸物品生产、销售企业未建立健全并严格执行充装或者装载查验、记录制度的,应当责令改正,处 1 万元以上 3 万元以下的罚款。

(10)生态环境主管部门对核设施营运单位、核技术利用单位未建立健全并严格执行充装或者装载查验、记录制度的,应当责令改正,处 1 万元以上 3 万元以下的罚款。

(11)交通运输主管部门、应急管理部门和其他负有安全监督管理职责的部门对危险化学品生产、储存、运输、使用和经营企业未建立健全并严格执行充装或者装载查验、记录制度的,应当按照职责分工责令改正,处 1 万元以上 3 万元以下的罚款。未按照规定实施移动式压力容器、气瓶充装查验、记录制度,或者对不符合安全技术规范要求的移动式压力容器、气瓶进行充装的,依照特种设备相关法律法规进行处罚。

(12)公安机关对有关企业、单位或者个人,未经许可擅自通过道路运输危险货物的,应当责令停止非法运输活动,并予以处罚:

①擅自运输剧毒化学品的,处5万元以上10万元以下的罚款。

②擅自运输民用爆炸物品的,处5万元以上20万元以下的罚款,并没收非法运输的民用爆炸物品及违法所得。

③擅自运输烟花爆竹的,处1万元以上5万元以下的罚款,并没收非法运输的物品及违法所得。

④擅自运输放射性物品的,处2万元以上10万元以下的罚款。

(13)公安机关对危险货物承运人有下列行为之一的,应当责令改正,处5万元以上10万元以下的罚款;构成违反治安管理行为的,依法给予治安管理处罚:

①使用安全技术条件不符合国家标准要求的车辆运输危险化学品的。

②超过车辆核定载质量运输危险化学品的。

(14)公安机关对危险货物承运人通过道路运输危险化学品不配备押运人员的,应当责令改正,处1万元以上5万元以下的罚款;构成违反治安管理行为的,依法给予治安管理处罚。

(15)公安机关对危险货物运输车辆未按照要求安装、悬挂警示标志的,应当责令改正,并对承运人予以处罚:

①运输危险化学品的,处1万元以上5万元以下的罚款。

②运输民用爆炸物品的,处5万元以上20万元以下的罚款。

③运输烟花爆竹的,处200元以上2000元以下的罚款。

④运输放射性物品的,处2万元以上10万元以下的罚款。

(16)公安机关对危险货物承运人运输剧毒化学品、民用爆炸物品、烟花爆竹或者放射性物品未随车携带相应单证报告的,应当责令改正,并予以处罚:

①运输剧毒化学品未随车携带剧毒化学品道路运输通行证的,处500元以上1000元以下的罚款;

②运输民用爆炸物品未随车携带民用爆炸物品运输许可证的,处5万元以上20万元以下的罚款;

③运输烟花爆竹未随车携带烟花爆竹道路运输许可证的,处200元以上2000元以下的罚款;

④运输放射性物品未随车携带放射性物品道路运输许可证明或者文件的,有违法所得的,处违法所得3倍以下且不超过3万元的罚款;没有违法所得的,处1万元以下的罚款。

(17)公安机关对危险货物运输车辆未依照批准路线等行驶的,应当责令改正,并对承运人予以处罚:

①运输剧毒化学品的,处1000元以上1万元以下的罚款。

②运输民用爆炸物品的,处5万元以上20万元以下的罚款。

③运输烟花爆竹的,处200元以上2000元以下的罚款。

④运输放射性物品的,处 2 万元以上 10 万元以下的罚款。

(18)危险化学品常压罐式车辆罐体检验机构为不符合相关法规和标准要求的危险化学品常压罐式车辆罐体出具检验合格证书的,按照有关法律法规的规定进行处罚。

(19)交通运输、工业和信息化、公安、生态环境、应急管理、市场监督管理等部门应当相互通报有关处罚情况,并将涉企行政处罚信息及时归集至国家企业信用信息公示系统,依法向社会公示。

(20)对危险货物道路运输负有安全监督管理职责的部门工作人员在危险货物道路运输监管工作中滥用职权、玩忽职守、徇私舞弊的,依法进行处理;构成犯罪的,依法追究刑事责任。

十、其他

(1)本规定不适用军用车辆运输危险货物的安全管理。

(2)本规定不适用未列入《危险货物道路运输规则》(JT/T 617)的危险化学品、《国家危险废物名录》中明确的在转移和运输环节实行豁免管理的危险废物、诊断用放射性药品的道路运输安全管理,其管理办法由国务院交通运输、生态环境等主管部门依据各自职责另行规定。

(3)本规定中相关用语的含义如下:

①危险货物,是指列入《危险货物道路运输规则》(JT/T 617),具有爆炸、易燃、毒害、感染、腐蚀、放射性等危险特性的物质或者物品。

②例外数量危险货物,是指列入《危险货物道路运输规则》(JT/T 617),通过包装、包件测试、单证等特别要求,消除或者降低其运输危险性并免除相关运输条件的危险货物。

③有限数量危险货物,是指列入《危险货物道路运输规则》(JT/T 617),通过数量限制、包装、标记等特别要求,消除或者降低其运输危险性并免除相关运输条件的危险货物。

④装货人,是指受托运人委托将危险货物装进危险货物车辆、罐式车辆罐体、可移动罐柜、集装箱、散装容器,或者将装有危险货物的包装容器装载到车辆上的企业或者单位。

第八节 超限运输车辆行驶公路管理规定

为加强超限运输车辆在公路上行驶的管理,保障公路设施和人民生命财产安全,国务院交通主管部门根据《公路法》等法律、行政法规,于 2000 年 2 月 13 日颁布了《超限运输车辆行驶公路管理规定》(交通部令 2000 年第 2 号),自 2000 年 4 月 1 日起施行。2016 年 8 月 19 日,国务院交通运输主管部门根据《公路法》《公路安全保护条例》等法律、行政法规,重新颁布了《超限运输车辆行驶公路管理规定》(交通运输部令 2016 年第 62 号),自 2016 年 9 月 21 日起施行。

《超限运输车辆行驶公路管理规定》共分 5 章 55 条,包括总则、大件运输许可管理、违法超限运输管理、法律责任和附则等。超限运输车辆通过公路进行货物运输的,应当遵守《超限运输车辆行驶公路管理规定》规定。

国务院交通运输主管部门负责全国超限运输车辆在公路上行驶的管理工作。县级以上地方人民政府交通运输主管部门负责本行政区域内超限运输车辆在公路上行驶的管理工作。公路管理机构具体承担超限运输车辆在公路上行驶的监督管理。

县级以上人民政府相关主管部门按照职责分工,依法负责或者参与、配合超限运输车辆在公路上行驶的监督管理。交通运输主管部门应当在本级人民政府统一领导下,与相关主管部门建立治理超限运输联动工作机制。各级交通运输主管部门应当组织公路管理机构、道路运输管理机构建立相关管理信息系统,推行车辆超限管理信息系统、道路运政管理信息系统联网,实现数据交换与共享。

一、超限运输车辆

(1)超限运输车辆是指有下列情形之一的货物运输车辆:

①车货总高度从地面算起超过 4 米。

②车货总宽度超过 2.55 米。

③车货总长度超过 18.1 米。

④二轴货车,其车货总质量超过 18000 千克。

⑤三轴货车,其车货总质量超过 25000 千克;三轴汽车列车,其车货总质量超过 27000 千克。

⑥四轴货车,其车货总质量超过 31000 千克;四轴汽车列车,其车货总质量超过 36000 千克。

⑦五轴汽车列车,其车货总质量超过 43000 千克。

⑧六轴及六轴以上汽车列车,其车货总质量超过 49000 千克,其中牵引车驱动轴为单轴的,其车货总质量超过 46000 千克。

(2)认定的限定标准:

①二轴组按照 2 个轴计算,三轴组按照 3 个轴计算。

②除驱动轴外,二轴组、三轴组以及半挂车和全挂车的车轴每侧轮胎按照双轮胎计算,若每轴每侧轮胎为单轮胎,限定标准减少 3000 千克,但安装符合国家有关标准的加宽轮胎的除外。

③车辆最大允许总质量不应超过各车轴最大允许轴荷之和。

④拖拉机、农用车、低速货车,以行驶证核定的总质量为限定标准。

⑤符合《汽车、挂车及汽车列车外廓尺寸、轴荷及质量限值》(GB 1589)规定的冷藏车、汽车列车、安装空气悬架的车辆,以及专用作业车,不认定为超限运输车辆。

二、大件运输许可管理

载运不可解体物品的超限运输(以下简称大件运输)车辆,应当依法办理有关许可手续,采取有效措施后,按照指定的时间、路线、速度在公路上行驶。未经许可,不得擅自在公路上行驶。

大件运输的托运人应当委托具有大型物件运输经营资质的道路运输经营者承运,并在运单上如实填写托运货物的名称、规格、质量等相关信息。

(一)大件运输许可的申请

(1)大件运输车辆在公路上行驶前,承运人应当按下列规定向公路管理机构申请公路超限运输许可:

①跨省、自治区、直辖市进行运输的,向起运地省级公路管理机构递交申请书,列明超限运输途经公路沿线各省级公路管理机构,由起运地省级公路管理机构统一受理并组织协调沿线各省级公路管理机构联合审批,必要时可由国务院交通运输主管部门统一组织协调处理。

②在省、自治区范围内跨设区的市进行运输,或者在直辖市范围内跨区、县进行运输的,向该省级公路管理机构提出申请,由其受理并审批。

③在设区的市范围内跨区、县进行运输的,向该市级公路管理机构提出申请,由其受理并审批。

④在区、县范围内进行运输的,向该县级公路管理机构提出申请,由其受理并审批。

(2)各级交通运输主管部门、公路管理机构应当利用信息化手段,建立公路超限运输许可管理平台,实行网上办理许可手续,并及时公开相关信息。

(3)申请公路超限运输许可的,承运人应当提交下列材料:

①公路超限运输申请表,主要内容包括货物的名称、外廓尺寸和质量,车辆的厂牌型号、整备质量、轴数、轴距和轮胎数,载货时车货总体的外廓尺寸、总质量、各车轴轴荷,拟运输的起讫点、通行路线和行驶时间。

②承运人的道路运输经营许可证,经办人的身份证件和授权委托书。

③车辆行驶证或者临时行驶车号牌。

车货总高度从地面算起超过4.5米,或者总宽度超过3.75米,或者总长度超过28米,或者总质量超过100000千克,以及其他可能严重影响公路完好、安全、畅通情形的,还应当提交记录载货时车货总体外廓尺寸信息的轮廓图和护送方案。

护送方案应当包含护送车辆配置方案、护送人员配备方案、护送路线情况说明、护送操作细则、异常情况处理等相关内容。

(二)大件运输许可的受理

(1)承运人提出的公路超限运输许可申请有下列情形之一的,公路管理机构不予受理:

①货物属于可分载物品的。
②承运人所持有的道路运输经营许可证记载的经营资质不包括大件运输的。
③承运人被依法限制申请公路超限运输许可未满限制期限的。
④法律、行政法规规定的其他情形。

载运单个不可解体物品的大件运输车辆,在不改变原超限情形的前提下,加装多个品种相同的不可解体物品的,视为载运不可解体物品。

(2)公路管理机构受理公路超限运输许可申请后,应当对承运人提交的申请材料进行审查,核查承运人提交的车货总体外廓尺寸、总质量、轴荷等数据以及护送方案,并征求同级公安机关交通管理部门意见。属于统一受理、集中办理跨省、自治区、直辖市进行运输的,由起运地省级公路管理机构负责审查。

(三) 公路的加固、改造

(1) 公路管理机构审批公路超限运输申请,应当根据实际情况组织人员勘测通行路线。需要采取加固、改造措施的,承运人应当按照规定要求采取有效的加固、改造措施。公路管理机构应当对承运人提出的加固、改造措施方案进行审查,并组织验收。承运人不具备加固、改造措施的条件和能力的,可以通过签订协议的方式,委托公路管理机构制定相应的加固、改造方案,由公路管理机构进行加固、改造,或者由公路管理机构通过市场化方式选择具有相应资质的单位进行加固、改造。采取加固、改造措施所需的费用由承运人承担。相关收费标准应当公开、透明。

(2) 采取加固、改造措施应当满足公路设施安全的需要,并遵循下列原则:

①优先采取临时措施,便于实施、拆除和可回收利用。

②采取永久性或者半永久性措施的,可以考虑与公路设施的技术改造同步实施。

③对公路设施采取加固、改造措施仍无法满足大件运输车辆通行的,可以考虑采取修建临时便桥或者便道的改造措施。

④有多条路线可供选择的,优先选取桥梁技术状况评定等级高和采取加固、改造措施所需费用低的路线通行。

⑤同一时期,不同的超限运输申请,涉及对同一公路设施采取加固、改造措施的,由各承运人按照公平、自愿的原则分担有关费用。

(四) 大件运输的许可

(1) 公路管理机构应当在下列期限内作出行政许可决定:

①车货总高度从地面算起未超过4.2米、总宽度未超过3米、总长度未超过20米且车货总质量、轴荷未超过规定标准的,自受理申请之日起2个工作日内作出,属于统一受理、集中办理跨省、自治区、直辖市大件运输的,办理的时间最长不得超过5个工作日。

②属于本辖区内大件运输的,自受理申请之日起5个工作日内作出,属于统一受理、集中办理跨省、自治区、直辖市大件运输的,办理的时间最长不得超过10个工作日。

③车货总高度从地面算起超过4.5米,或者总宽度超过3.75米,或者总长度超过28米,或者总质量超过100000千克的,属于本辖区内大件运输的,自受理申请之日起15个工作日内作出,属于统一受理、集中办理跨省、自治区、直辖市大件运输的,办理的时间最长不得超过20个工作日。采取加固、改造措施所需时间不计算在上述规定的期限内。

(2) 受理跨省、自治区、直辖市公路超限运输申请后,起运地省级公路管理机构应当在2个工作日内向途经公路沿线各省级公路管理机构转送其受理的申请资料。

属于统一受理、集中办理跨省、自治区、直辖市大件运输的,车货总高度从地面算起未超过4.5米、总宽度未超过3.75米、总长度未超过28米且总质量未超过100000千克的,途经公路沿线各省级公路管理机构应当在收到转送的申请材料起5个工作日内作出行政许可决定;车货总高度从地面算起超过4.5米、总宽度超过3.75米、总长度超过28米且总质量超过100000千克的,应当在收到转送的申请材料起15个工作日内作出行政许可决定,并向起运地省级公路管理机构反馈。需要采取加固、改造措施的,由相关省级公路管理机构按照规定加固、改造;上下游省、自治区、直辖市范围内路线或者行驶时间调整的,应当及时告知承运人和起运地省级公路管理机构,由起运地省级公路管理机构组织协调处理。

(3)有下列情形之一的,公路管理机构应当依法作出不予行政许可的决定:

①采用普通平板车运输,车辆单轴的平均轴荷超过10000千克或者最大轴荷超过13000千克的。

②采用多轴多轮液压平板车运输,车辆每轴线(一线两轴8轮胎)的平均轴荷超过18000千克或者最大轴荷超过20000千克的。

③承运人不履行加固、改造义务的。

④法律、行政法规规定的其他情形。

(4)公路管理机构批准公路超限运输申请的,根据大件运输的具体情况,指定在公路上行驶的时间、路线和速度,并颁发《超限运输车辆通行证》。其中,批准跨省、自治区、直辖市运输的,由起运地省级公路管理机构颁发。《超限运输车辆通行证》的式样由国务院交通运输主管部门统一制定,各省级公路管理机构负责印制和管理。申请人可到许可窗口领取或者通过网上自助方式打印。

(5)同一大件运输车辆短期内多次通行固定路线、装载方式、装载物品相同,且不需要采取加固、改造措施的,承运人可以根据运输计划向公路管理机构申请办理行驶期限不超过6个月的《超限运输车辆通行证》。运输计划发生变化的,需按原许可机关的有关规定办理变更手续。

(五)大件运输车辆通行

(1)经批准进行大件运输的车辆,在公路上行驶时应当遵守下列规定:

①采取有效措施固定货物,按照有关要求在车辆上悬挂明显标志,保证运输安全。

②按照指定的时间、路线和速度行驶。

③车货总质量超限的车辆通行公路桥梁,应当匀速居中行驶,避免在桥上制动、变速或者停驶。

④需要在公路上临时停车的,除遵守有关道路交通安全规定外,还应当在车辆周边设置警告标志,并采取相应的安全防范措施;需要较长时间停车或者遇有恶劣天气的,应当驶离公路,就近选择安全区域停靠。

⑤通行采取加固、改造措施的公路设施,承运人应当提前通知该公路设施的养护管理单位,由其加强现场管理和指导。

⑥因自然灾害或者其他不可预见因素而出现公路通行状况异常致使大件运输车辆无法继续行驶的,承运人应当服从现场管理并及时告知作出行政许可决定的公路管理机构,由其协调当地公路管理机构采取相关措施后继续行驶。

(2)大件运输车辆应当随车携带有效的《超限运输车辆通行证》,主动接受公路管理机构的监督检查。大件运输车辆及装载物品的有关情况应当与《超限运输车辆通行证》记载的内容一致。任何单位和个人不得租借、转让《超限运输车辆通行证》,不得使用伪造、变造的《超限运输车辆通行证》。

(3)对于车货总高度从地面算起超过4.5米,或者总宽度超过3.75米,或者总长度超过28米,或者总质量超过100000千克,以及其他可能严重影响公路完好、安全、畅通情形的大件运输车辆,承运人应当按照护送方案组织护送。承运人无法采取护送措施的,可以委托作出行政许可决定的公路管理机构协调公路沿线的公路管理机构进行护送,并承担所需费用。护送收费标准由省级交通运输主管部门会同同级财政、价格主管部门按规定制定,并予以公示。

(4)行驶过程中,护送车辆应当与大件运输车辆形成整体车队,并保持实时、畅通的通信联系。

(5)经批准的大件运输车辆途经实行计重收费的收费公路时,对其按照基本费率标准收取车辆通行费,但车辆及装载物品的有关情况与《超限运输车辆通行证》记载的内容不一致的除外。

(6)公路管理机构应当加强与辖区内重大装备制造、运输企业的联系,了解其制造、运输计划,加强服务,为重大装备运输提供便利条件。大件运输需求量大的地区,可以统筹考虑建设成本、运输需求等因素,适当提高通行路段的技术条件。

(7)公路管理机构、公路经营企业应当按照有关规定,定期对公路、公路桥梁、公路隧道等设施进行检测和评定,并为社会公众查询其技术状况信息提供便利。公路收费站应当按照有关要求设置超宽车道。

三、违法超限运输管理

(一)加强货运源头管理

(1)载运可分载物品的超限运输(以下简称违法超限运输)车辆,禁止在公路上行驶。在公路上行驶的车辆,其车货总体的外廓尺寸或者总质量未超过规定的限定标准,但超过相关公路、公路桥梁、公路隧道限载、限高、限宽、限长标准的,不得在该公路、公路桥梁或者公路隧道行驶。

(2)煤炭、钢材、水泥、砂石、商品车等货物集散地以及货运站等场所的经营人、管理人(以下统称货运源头单位),应当在货物装运场(站)安装合格的检测设备,对出场(站)货运车辆进行检测,确保出场(站)货运车辆合法装载。

(3)货运源头单位、道路运输企业应当加强对货运车辆驾驶员的教育和管理,督促其合法运输。

道路运输企业是防止违法超限运输的责任主体,应当按照有关规定加强对车辆装载及运行全过程监控,防止驾驶员违法超限运输。任何单位和个人不得指使、强令货运车辆驾驶员违法超限运输。

(4)货运车辆驾驶员不得驾驶违法超限运输车辆。

(5)道路运输管理机构应当加强对政府公布的重点货运源头单位的监督检查。通过巡查、技术监控等方式督促其落实监督车辆合法装载的责任,制止违法超限运输车辆出场(站)。

(6)公路管理机构、道路运输管理机构应当建立执法联动工作机制,将违法超限运输行为纳入道路运输企业质量信誉考核和驾驶员诚信考核,实行违法超限运输"黑名单"管理制度,依法追究违法超限运输的货运车辆、车辆驾驶员、道路运输企业、货运源头单位的责任。

(二)强化货运车辆超限检测

(1)公路管理机构应当对货运车辆进行超限检测。超限检测可以采取固定站点检测、流动检测、技术监控等方式。

（2）采取固定站点检测的，应当在经省级人民政府批准设置的公路超限检测站进行。

（3）公路管理机构可以利用移动检测设备，开展流动检测。经流动检测认定的违法超限运输车辆，应当就近引导至公路超限检测站进行处理。流动检测点远离公路超限检测站的，应当就近引导至县级以上地方交通运输主管部门指定并公布的执法站所、停车场、卸载场等具有停放车辆及卸载条件的地点或者场所进行处理。

（4）经检测认定违法超限运输的，公路管理机构应当责令当事人自行采取卸载等措施，消除违法状态；当事人自行消除违法状态确有困难的，可以委托第三人或者公路管理机构协助消除违法状态。属于载运不可解体物品，在接受调查处理完毕后，需要继续在公路上行驶的，应当依法申请公路超限运输许可。

（5）公路管理机构对车辆进行超限检测，不得收取检测费用。对依法扣留或者停放接受调查处理的超限运输车辆，不得收取停车保管费用。由公路管理机构协助卸载、分装或者保管卸载货物的，超过保管期限经通知当事人仍不领取的，可以按照有关规定予以处理。

（6）公路管理机构应当使用经国家有关部门检定合格的检测设备对车辆进行超限检测；未定期检定或者检定不合格的，其检测数据不得作为执法依据。

（7）收费高速公路入口应当按照规定设置检测设备，对货运车辆进行检测，不得放行违法超限运输车辆驶入高速公路。其他收费公路实行计重收费的，利用检测设备发现违法超限运输车辆时，有权拒绝其通行。收费公路经营管理者应当将违法超限运输车辆及时报告公路管理机构或者公安机关交通管理部门依法处理。公路管理机构有权查阅和调取公路收费站车辆称重数据、照片、视频监控等有关资料，经确认后可以作为行政处罚的证据。

（8）公路管理机构应当根据保护公路的需要，在货物运输主通道、重要桥梁入口处等普通公路以及开放式高速公路的重要路段和节点，设置车辆检测等技术监控设备，依法查处违法超限运输行为。

（9）新建、改建公路时，应当按照规划，将超限检测站点、车辆检测等技术监控设备作为公路附属设施一并列入工程预算，与公路主体工程同步设计、同步建设、同步验收运行。

四、法律责任

（1）车辆违法超限运输的，由公路管理机构根据违法行为的性质、情节和危害程度，按下列规定给予处罚：

①车货总高度从地面算起未超过4.2米、总宽度未超过3米且总长度未超过20米的，可以处200元以下罚款；车货总高度从地面算起未超过4.5米、总宽度未超过3.75米且总长度未超过28米的，处200元以上1000元以下罚款；车货总高度从地面算起超过4.5米、总宽度超过3.75米或者总长度超过28米的，处1000元以上3000元以下的罚款。

②车货总质量超过规定的限定标准，但未超过1000千克的，予以警告；超过1000千克的，每超1000千克罚款500元，最高不得超过30000元。

有多项违法行为的，相应违法行为的罚款数额累计，但累计罚款数额最高不得超过30000元。

(2)公路管理机构在违法超限运输案件处理完毕后7个工作日内,应当将与案件相关的下列信息通过车辆超限管理信息系统抄告车籍所在地道路运输管理机构:

①车辆的号牌号码、车型、车辆所属企业、道路运输证号信息。

②驾驶员的姓名、驾驶员从业资格证编号、驾驶员所属企业信息。

③货运源头单位、货物装载单信息。

④行政处罚决定书信息。

⑤与案件相关的其他资料信息。

(3)公路管理机构在监督检查中发现违法超限运输车辆不符合《汽车、挂车及汽车列车外廓尺寸、轴荷及质量限值》(GB 1589),或者与行驶证记载的登记内容不符的,应当予以记录,定期抄告车籍所在地的公安机关交通管理部门等单位。

(4)对1年内违法超限运输超过3次的货运车辆和驾驶员,以及违法超限运输的货运车辆超过本单位货运车辆总数10%的道路运输企业,由道路运输管理机构依照《公路安全保护条例》予以处理。违法超限运输记录累计计算周期,从初次领取道路运输证、道路运输从业人员从业资格证、道路运输经营许可证之日算起,可跨自然年度。

(5)大件运输车辆有下列情形之一的,视为违法超限运输:

①未经许可擅自在公路上行驶的。

②车辆及装载物品的有关情况与超限运输车辆通行证记载的内容不一致的。

③未按许可的时间、路线、速度在公路上行驶的。

④未按许可的护送方案采取护送措施的。

(6)承运人隐瞒有关情况或者提供虚假材料申请公路超限运输许可的,除依法给予处理外,并在1年内不准申请公路超限运输许可。

(7)指使、强令车辆驾驶员超限运输货物的,由道路运输管理机构责令改正,处30000元以下罚款。

(8)违法行为地或者车籍所在地公路管理机构可以根据技术监控设备记录资料,对违法超限运输车辆依法给予处罚,并提供适当方式,供社会公众查询违法超限运输记录。

(9)公路管理机构、道路运输管理机构工作人员有玩忽职守、徇私舞弊、滥用职权的,依法给予行政处分;涉嫌犯罪的,移送司法机关依法查处。

(10)对违法超限运输车辆在公路上行驶的现象严重,造成公路桥梁垮塌等重大安全事故,或者公路受损严重,通行能力明显下降的,国家以及省级交通运输主管部门可以按照职责权限,在一年内停止审批该地区申报的地方性公路工程建设项目。

(11)相关单位和个人拒绝、阻碍公路管理机构、道路运输管理机构工作人员依法执行职务,构成违反治安管理行为的,由公安机关依法给予治安管理处罚;构成犯罪的,依法追究刑事责任。

五、其他

因军事和国防科研需要,载运保密物品的大件运输车辆确需在公路上行驶的,参照执行;国家另有规定的,从其规定。

第九节　道路运输车辆技术管理规定

为加强汽车运输业运输车辆(汽车和挂车)的技术管理,保持运输车辆技术状况良好,保证安全生产,充分发挥运输车辆的效能和降低运行消耗,国务院交通主管部门于1990年3月7日颁布了《汽车运输业车辆技术管理规定》(交通部令1990年第13号),自1990年10月1日起施行。此后,为加强道路运输车辆技术管理,保持车辆技术状况良好,保障运输安全,发挥车辆效能,促进节能减排,国务院交通运输主管部门根据《安全生产法》《中华人民共和国节约能源法》《道路运输条例》等法律法规,于2016年1月22日颁布了《道路运输车辆技术管理规定》(交通运输部令2016年第1号),自2016年3月1日起施行;2019年6月21日以《关于修改〈道路运输车辆技术管理规定〉的决定》(交通运输部令2019年第19号)对《道路运输车辆技术管理规定》进行了修正。

《道路运输车辆技术管理规定》共分为8章34条,包括总则、车辆基本技术条件、技术管理的一般要求、车辆维护与修理、车辆检测管理、监督检查、法律责任和附则等。道路运输车辆的技术管理适用《道路运输车辆技术管理规定》。

一、道路运输车辆技术管理的原则

道路运输车辆包括道路旅客运输车辆(以下简称客车)、道路普通货物运输车辆(以下简称货车)、道路危险货物运输车辆(以下简称危货运输车)。道路运输车辆技术管理是指对道路运输车辆在保证符合规定的技术条件和按要求进行维护、修理、综合性能检测方面所做的技术性管理。

(1)道路运输车辆技术管理应当坚持分类管理、预防为主、安全高效、节能环保的原则。

(2)道路运输经营者是道路运输车辆技术管理的责任主体,负责对道路运输车辆实行择优选配、正确使用、周期维护、视情修理、定期检测和适时更新,保证投入道路运输经营的车辆符合技术要求。

(3)鼓励道路运输经营者使用安全、节能、环保型车辆,促进标准化车型推广运用,加强科技应用,不断提高车辆的管理水平和技术水平。

(4)国务院交通运输主管部门主管全国道路运输车辆技术管理监督。县级以上地方人民政府交通运输主管部门负责本行政区域内道路运输车辆技术管理监督。县级以上道路运输管理机构具体实施道路运输车辆技术管理监督工作。

二、车辆基本技术条件

(1)从事道路运输经营的车辆应当符合下列技术要求:

①车辆的外廓尺寸、轴荷和最大允许总质量应当符合《汽车、挂车及汽车列车外廓尺寸、轴荷及质量限值》(GB 1589)的要求。

②车辆的技术性能应当符合《机动车安全技术检验项目和方法》(GB 38900)的要求。

③车型的燃料消耗量限值应当符合《营运客车燃料消耗量限值及测量方法》(JT 711)、

《营运货车燃料消耗量限值及测量方法》(JT 719)的要求。

④车辆技术等级应当达到二级以上。危货运输车、国际道路运输车辆、从事高速公路客运以及营运线路长度在 800 千米以上的客车,技术等级应当达到一级。技术等级评定方法应当符合国家有关道路运输车辆技术等级划分和评定的要求。

⑤从事高速公路客运、包车客运、国际道路旅客运输,以及营运线路长度在 800 千米以上客车的类型等级应当达到中级以上。其类型划分和等级评定应当符合国家有关营运客车类型划分及等级评定的要求。

⑥危货运输车应当符合《危险货物道路运输规则》(JT/T 617)的要求。

(2)道路运输管理机构应当加强道路运输经营车辆的管理,对不符合规定的车辆不得配发道路运输证。在对挂车配发道路运输证和年度审验时,应当查验挂车是否具有有效行驶证件。

(3)禁止使用报废、擅自改装、拼装、检测不合格以及其他不符合国家规定的车辆从事道路运输经营活动。

三、技术管理的一般要求

(1)道路运输经营者应当遵守有关法律法规、标准和规范,认真履行车辆技术管理的主体责任,建立健全管理制度,加强车辆技术管理。

(2)鼓励道路运输经营者设置相应的部门负责车辆技术管理工作,并根据车辆数量和经营类别配备车辆技术管理人员,对车辆实施有效的技术管理。

(3)道路运输经营者应当加强车辆维护、使用、安全和节能等方面的业务培训,提升从业人员的业务素质和技能,确保车辆处于良好的技术状况。

(4)道路运输经营者应当根据有关道路运输企业车辆技术管理标准,结合车辆技术状况和运行条件,正确使用车辆。鼓励道路运输经营者依据相关标准要求,制定车辆使用技术管理规范,科学设置车辆经济、技术定额指标并定期考核,提升车辆技术管理水平。

(5)道路运输经营者应当建立车辆技术档案制度,实行一车一档。档案内容应当主要包括车辆基本信息,车辆技术等级评定、客车类型等级评定或者年度类型等级评定复核、车辆维护和修理(含《机动车维修竣工出厂合格证》)、车辆主要零部件更换、车辆变更、行驶里程、对车辆造成损伤的交通事故等记录。档案内容应当准确、翔实。车辆所有权转移、转籍时,车辆技术档案应当随车移交。道路运输经营者应当运用信息化技术做好道路运输车辆技术档案管理工作。

四、车辆维护与修理

(1)道路运输经营者应当建立车辆维护制度。车辆维护分为日常维护、一级维护和二级维护。日常维护由驾驶员实施,一级维护和二级维护由道路运输经营者组织实施,并做好记录。

(2)道路运输经营者应当依据国家有关标准和车辆维修手册、使用说明书等,结合车辆类别、车辆运行状况、行驶里程、道路条件、使用年限等因素,自行确定车辆维护周期,确保车辆正常维护。

车辆维护作业项目应当按照国家关于汽车维护的技术规范要求确定。道路运输经营者可以对自有车辆进行二级维护作业,保证投入运营的车辆符合技术管理要求,无须进行二级维护竣工质量检测。道路运输经营者不具备二级维护作业能力的,可以委托二类以上机动车维修经营者进行二级维护作业。机动车维修经营者完成二级维护作业后,应当向委托方出具二级维护出厂合格证。

(3)道路运输经营者应当遵循视情修理的原则,根据实际情况对车辆进行及时修理。

(4)道路运输经营者用于运输剧毒化学品、爆炸品的专用车辆及罐式专用车辆(含罐式挂车),应当到具备道路危险货物运输车辆维修条件的企业进行维修。运输剧毒化学品、爆炸品专用车辆的牵引车和其他运输危险货物的车辆由道路运输经营者消除危险货物的危害后,可以到具备一般车辆维修条件的企业进行维修。

五、车辆检测管理

(1)道路运输经营者应当定期到机动车综合性能检测机构,对道路运输车辆进行综合性能检测。

(2)道路运输经营者应当自道路运输车辆首次取得道路运输证当月起,按照下列周期和频次,委托汽车综合性能检测机构进行综合性能检测和技术等级评定:

①客车、危货运输车自首次经国家机动车辆注册登记主管部门登记注册不满60个月的,每12个月进行一次检测和评定;超过60个月的,每6个月进行一次检测和评定。

②其他运输车辆自首次经国家机动车辆注册登记主管部门登记注册的,每12个月进行一次检测和评定。

(3)客车、危货运输车的综合性能检测应当委托车籍所在地汽车综合性能检测机构进行。

货车的综合性能检测可以委托运输驻在地汽车综合性能检测机构进行。

(4)道路运输经营者应当选择通过质量技术监督部门的计量认证、取得计量认证证书并符合《汽车综合性能检测站能力的通用要求》(GB 17993)等国家相关标准的检测机构进行车辆的综合性能检测。

(5)汽车综合性能检测机构对新进入道路运输市场车辆应当按照《道路运输车辆燃料消耗量达标车型表》进行比对。对达标的新车和在用车辆,应当按照《机动车安全技术检验项目和方法》(GB 38900)、《道路运输车辆技术等级划分和评定要求》(JT/T 198)实施检测和评定,出具全国统一式样的道路运输车辆综合性能检测报告,评定车辆技术等级,并在报告单上标注。车籍所在地县级以上道路运输管理机构应当将车辆技术等级在道路运输证上标明。汽车综合性能检测机构应当确保检测和评定结果客观、公正、准确,对检测和评定结果承担法律责任。

(6)道路运输管理机构和受其委托承担客车类型等级评定工作的汽车综合性能检测机构,应当按照《营运客车类型划分及等级评定》(JT/T 325)进行营运客车类型等级评定或者年度类型等级评定复核,出具统一式样的客车类型等级评定报告。

(7)汽车综合性能检测机构应当建立车辆检测档案,档案内容主要包括车辆综合性能检测报告(含车辆基本信息、车辆技术等级)和客车类型等级评定记录。车辆检测档案保存期不少于 2 年。

六、监督检查

(1)道路运输管理机构应当按照职责权限对道路运输车辆的技术管理进行监督检查。道路运输经营者应当对道路运输管理机构的监督检查予以配合,如实反映情况,提供有关资料。

(2)道路运输管理机构应当将车辆技术状况纳入道路运输车辆年度审验内容,查验以下相应证明材料:

①车辆技术等级评定结论。

②客车类型等级评定证明。

(3)道路运输管理机构应当建立车辆管理档案制度。档案内容主要包括车辆基本情况、车辆技术等级评定、客车类型等级评定或年度类型等级评定复核、车辆变更等记录。

(4)道路运输管理机构应当将运输车辆的技术管理情况纳入道路运输企业质量信誉考核和诚信管理体系。

(5)道路运输管理机构应当积极推广使用现代信息技术,逐步实现道路运输车辆技术管理信息资源共享。

七、法律责任

(1)道路运输经营者有下列行为之一的,县级以上道路运输管理机构应当责令改正,给予警告;情节严重的,处以 1000 元以上 5000 元以下罚款:

①道路运输车辆技术状况未达到《机动车安全技术检验项目和方法》(GB 38900)的。

②使用报废、擅自改装、拼装、检测不合格以及其他不符合国家规定的车辆从事道路运输经营活动的。

③未按照规定的周期和频次进行车辆综合性能检测和技术等级评定的。

④未建立道路运输车辆技术档案或者档案不符合规定的。

⑤未做好车辆维护记录的。

(2)道路运输车辆综合性能检测机构有下列行为之一的,县级以上道路运输管理机构不予采信其检测报告,并抄报同级质量技术监督主管部门处理:

①不按技术规范对道路运输车辆进行检测的。

②未经检测出具道路运输车辆检测结果的。

③不如实出具检测结果的。

(3)道路运输管理机构工作人员在监督管理工作中滥用职权、玩忽职守、徇私舞弊的,依法给予行政处分;构成犯罪的,由司法机关依法处理。

八、其他

从事普通货运经营的总质量 4500 千克及以下普通货运车辆,不适用《道路运输车辆技术管理规定》。

第十节 城市公共汽车和电车客运管理规定

为规范城市公共汽车和电车客运活动,保障运营安全,提高服务质量,促进城市公共汽车和电车客运事业健康有序发展,国务院交通运输主管部门依据《国务院关于城市优先发展公共交通的指导意见》(国发〔2012〕64号),于2017年3月7日颁布了《城市公共汽车和电车客运管理规定》(交通运输部令2017年第5号),自2017年5月1日起施行。《城市公共汽车和电车客运管理规定》共分8章71条,包括总则、规划与建设、运营管理、运营服务、运营安全、监督检查、法律责任、附则等。

从事城市公共汽车和电车(以下简称城市公共汽电车)客运的服务提供、运营管理、设施设备维护、安全保障等活动,应当遵守《城市公共汽车和电车客运管理规定》。

一、城市公共汽电车客运管理的原则

(一)城市公共汽电车客运及客运服务设施

(1)城市公共汽电车客运是指在城市人民政府确定的区域内,运用符合国家有关标准和规定的公共汽电车车辆和城市公共汽电车客运服务设施,按照核准的线路、站点、时间和票价运营,为社会公众提供基本出行服务的活动。

(2)城市公共汽电车客运服务设施,是指保障城市公共汽电车客运服务的停车场、保养场、站务用房、候车亭、站台、站牌以及加油(气)站、电车触线网、整流站和电动公交车充电设施等相关设施。

(二)城市公共汽电车客运的发展原则

(1)城市公共汽电车客运是城市公共交通的重要组成部分,具有公益属性。省、自治区人民政府交通运输主管部门和城市公共交通主管部门应当在本级人民政府的领导下,会同有关部门,根据国家优先发展公共交通战略,落实在城市规划、财政政策、用地供给、设施建设、路权分配等方面优先保障城市公共汽电车客运事业发展的政策措施。

(2)城市公共汽电车客运的发展,应当遵循安全可靠、便捷高效、经济适用、节能环保的原则。

(3)国家鼓励城市公共汽电车客运运营企业实行规模化、集约化经营。

(4)国家鼓励推广新技术、新能源、新装备,加强城市公共交通智能化建设,推进物联网、大数据、移动互联网等现代信息技术在城市公共汽电车客运运营、服务和管理方面的应用。

(三)城市公共汽电车客运的管理主体

国务院交通运输主管部门负责指导全国城市公共汽电车客运管理工作。省、自治区人民政府交通运输主管部门负责指导本行政区域内城市公共汽电车客运管理工作。城市人民政府交通运输主管部门或者城市人民政府指定的城市公共交通运营主管部门(以下简称城市公共交通主管部门)具体承担本行政区域内城市公共汽电车客运管理工作。

二、规划与建设

(1)城市公共交通主管部门应当统筹考虑城市发展和社会公众基本出行需求,会同有关部门组织编制、修改城市公共汽电车线网规划。编制、修改城市公共汽电车线网规划,应当科学设计城市公共汽电车线网、场站布局、换乘枢纽和重要交通节点设置,注重城市公共汽电车与其他出行方式的衔接和协调,并广泛征求相关部门和社会各方的意见。

(2)城市公共交通主管部门应当依据城市公共汽电车线网规划,结合城市发展和社会公众出行需求,科学论证、适时开辟或者调整城市公共汽电车线路和站点,并征求社会公众意见。新建、改建、扩建城市公共汽电车客运服务设施,应当符合城市公共汽电车线网规划。

(3)城市公共交通主管部门应当按照城市公共汽电车线网规划,对城市道路等市政设施以及规模居住区、交通枢纽、商业中心、工业园区等大型建设项目配套建设城市公共汽电车客运服务设施制定相关标准。

(4)城市公共交通主管部门应当会同有关部门,按照相关标准要求,科学设置公交专用道、公交优先通行信号系统、港湾式停靠站等,提高城市公共汽电车的通行效率。

(5)城市公共交通主管部门应当定期开展社会公众出行调查,充分利用移动互联网、大数据、云计算等现代信息技术收集、分析社会公众出行时间、方式、频率、空间分布等信息,作为优化城市公共交通线网的依据。

(6)城市公共交通主管部门应当按照有关标准对城市公共汽电车线路、站点进行统一命名,方便乘客出行及换乘。

三、运营管理

(一)城市公共汽电车客运的运营权

城市公共汽电车客运按照国家相关规定实行特许经营,城市公共交通主管部门应当根据规模经营、适度竞争的原则,综合考虑运力配置、社会公众需求、社会公众安全等因素,通过服务质量招投标的方式选择运营企业,授予城市公共汽电车线路运营权;不符合招投标条件的,由城市公共交通主管部门择优选择取得线路运营权的运营企业。城市公共交通主管部门应当与取得线路运营权的运营企业签订线路特许经营协议。

城市公共汽电车线路运营权实行无偿授予,城市公共交通主管部门不得拍卖城市公共汽电车线路运营权。运营企业不得转让、出租或者变相转让、出租城市公共汽电车线路运营权。

1.申请城市公共汽电车线路运营权的条件

申请城市公共汽电车线路运营权,应当符合以下条件:

(1)具有企业法人营业执照。

(2)具有符合运营线路要求的运营车辆或者提供保证符合国家有关标准和规定车辆的承诺书。

(3)具有合理可行、符合安全运营要求的线路运营方案。

(4)具有健全的经营服务管理制度、安全生产管理制度和服务质量保障制度。

(5)具有相应的管理人员和与运营业务相适应的从业人员。

(6)有关法律、法规规定的其他条件。

城市公共汽电车线路运营权实行期限制,同一城市公共汽电车线路运营权实行统一的期限。

2.城市公共汽电车线路特许经营协议的内容

城市公共汽电车线路特许经营协议应明确以下内容：

(1)运营线路、站点设置、配置车辆数及车型、首末班次时间、运营间隔、线路运营权期限等。

(2)运营服务标准。

(3)安全保障制度、措施和责任。

(4)执行的票制、票价。

(5)线路运营权的变更、延续、暂停、终止的条件和方式。

(6)履约担保。

(7)运营期限内的风险分担。

(8)应急预案和临时接管预案。

(9)运营企业相关运营数据上报要求。

(10)违约责任。

(11)争议调解方式。

(12)双方的其他权利和义务。

(13)双方认为应当约定的其他事项。

在线路特许经营协议有效期限内，确需变更协议内容的，协议双方应当在共同协商的基础上签订补充协议。

3.城市公共汽电车线路运营权的变更

(1)城市公共汽电车线路运营权期限届满，由城市公共交通主管部门按规定重新选择取得该线路运营权的运营企业。

(2)在线路运营权期限内，运营企业因破产、解散、被撤销线路运营权以及不可抗力等原因不能运营时，应当及时书面告知城市公共交通主管部门。城市公共交通主管部门应当按照国家相关规定重新选择线路运营企业。在线路运营权期限内，运营企业合并、分立的，应当向城市公共交通主管部门申请终止其原有线路运营权。合并、分立后的运营企业符合申请城市公共汽电车线路运营权条件的，城市公共交通主管部门可以与其就运营企业原有的线路运营权重新签订线路特许经营协议；不符合相关要求的，城市公共交通主管部门应当按照国家相关规定重新选择线路运营企业。

(3)获得城市公共汽电车线路运营权的运营企业，应当按照线路特许经营协议要求提供连续服务，不得擅自停止运营。运营企业需要暂停城市公共汽电车线路运营的，应当提前3个月向城市公共交通主管部门提出报告。运营企业应当按照城市公共交通主管部门的要求，自拟暂停之日7日前向社会公告；城市公共交通主管部门应当根据需要，采取临时指定运营企业、调配车辆等应对措施，保障社会公众出行需求。

(二)城市公共汽电车票价及其亏损补贴

(1)城市公共交通主管部门应当配合有关部门依法做好票制票价的制定和调整，依据成本票价，并按照鼓励社会公众优先选择城市公共交通出行的原则，统筹考虑社会公众承受能力、政府财政状况和出行距离等因素，确定票制票价。运营企业应当执行城市人民政府确定的城市公共汽电车票制票价。

(2)运营企业应当按照企业会计准则等有关规定,加强财务管理,规范会计核算,并按规定向城市公共交通主管部门报送运营信息、统计报表和年度会计报告等信息。年度会计报告内容应当包括运营企业实际执行票价低于运营成本的部分,执行政府乘车优惠政策减少的收入,以及执行抢险救灾等政府指令性任务发生的支出等。

(3)城市公共交通主管部门应当配合有关部门建立运营企业的运营成本核算制度和补偿、补贴制度。对于运营企业执行票价低于成本票价等所减少的运营收入,执行政府乘车优惠政策减少的收入,以及因承担政府指令性任务所造成的政策性亏损,城市公共交通主管部门应当建议有关部门按规定予以补偿、补贴。

四、运营服务

(一)运营服务设施设备

(1)运营企业应当按照线路特许经营协议确定的数量、车型配备符合有关标准规定的城市公共汽电车车辆,并报城市公共交通主管部门备案。

(2)运营企业应当按照有关标准及城市公共交通主管部门的要求,在投入运营的车辆上配置符合以下要求的相关服务设施和运营标识:

①在规定位置公布运营线路图、价格表。
②在规定位置张贴统一制作的乘车规则和投诉电话。
③在规定位置设置特需乘客专用座位。
④在无人售票车辆上配置符合规定的投币箱、电子读卡器等服务设施。
⑤规定的其他车辆服务设施和标识。

(3)运营企业应当按照有关标准及城市公共交通主管部门的要求,在城市公共汽电车客运首末站和中途站配置符合以下要求的相关服务设施和运营标识:

①在规定位置公布线路票价、站点名称和服务时间。
②在规定位置张贴投诉电话。
③规定的其他站点服务设施和标识配置要求。

(二)驾驶员、乘务员

(1)城市公共汽电车客运驾驶员应当具备以下条件:
①具有履行岗位职责的能力。
②身心健康,无可能危及运营安全的疾病或者病史。
③无吸毒或者暴力犯罪记录。
④取得与准驾车型相符的机动车驾驶证且实习期满。
⑤最近连续3个记分周期内没有记满12分违规记录。
⑥无交通肇事犯罪、危险驾驶犯罪记录,无饮酒后驾驶记录。

(2)城市公共汽电车客运乘务员应当具备以下条件:
①具有履行岗位职责的能力。
②身心健康,无可能危及运营安全的疾病或者病史。
③无吸毒或者暴力犯罪记录。

(3)运营企业应当按照有关规范和标准对城市公共汽电车客运驾驶员、乘务员进行有关法律法规、岗位职责、操作规程、服务规范、安全防范和应急处置等基本知识与技能的培训和考核,安排培训、考核合格人员上岗。运营企业应当将相关培训、考核情况建档备查,并报城市公共交通主管部门备案。

(4)从事城市公共汽电车客运的驾驶员、乘务员应当遵守以下规定:
①履行相关服务标准。
②按照规定的时段、线路和站点运营,不得追抢客源、滞站揽客。
③按照价格主管部门核准的票价收费,并执行有关优惠乘车的规定。
④维护城市公共汽电车场站和车厢内的正常运营秩序,播报线路名称、走向和停靠站,提示安全注意事项。
⑤为老、幼、病、残、孕乘客提供必要的帮助。
⑥发生突发事件时应当及时处置,保护乘客安全,不得先于乘客弃车逃离。
⑦遵守城市公共交通主管部门制定的其他服务规范。

(三)运营组织

(1)运营企业应当按照线路特许经营协议规定的线路、站点、运营间隔、首末班次时间、车辆数、车型等组织运营。未经城市公共交通主管部门同意,运营企业不得擅自改变线路特许经营协议内容;按规定变更协议内容签订补充协议的,应当向社会公示。

(2)运营企业应当依据城市公共汽电车线路特许经营协议制定行车作业计划,并报城市公共交通主管部门备案。运营企业应当履行约定的服务承诺,保证服务质量,按照行车作业计划调度车辆,并如实记录、保存线路运营情况和数据。

(3)运营企业应当及时向城市公共交通主管部门上报相关信息和数据,主要包括运营企业人员、资产等信息,场站、车辆等设施设备相关数据,运营线路、客运量及乘客出行特征、运营成本等相关数据,公共汽电车调查数据,企业政策与制度信息等。

(4)由于交通管制、城市建设、重大公共活动、公共突发事件等影响城市公共汽电车线路正常运营的,城市公共交通主管部门和运营企业应当及时向社会公告相关线路运营的变更、暂停情况,并采取相应措施,保障社会公众出行需求。

(5)城市公共交通主管部门应当根据社会公众出行便利、城市公共汽电车线网优化等需要,组织运营企业提供社区公交、定制公交、夜间公交等多样化服务。

(6)运营企业利用城市公共汽电车客运服务设施和车辆设置广告的,应当遵守有关广告管理的法律、法规及标准。广告设置不得有覆盖站牌标识和车辆运营标识、妨碍车辆行驶安全视线等影响运营安全的情形。

(四)日常运营管理

(1)发生下列情形之一的,运营企业应当按照城市公共交通主管部门的要求,按照应急预案采取应急运输措施:
①抢险救灾。
②主要客流集散点运力严重不足。
③举行重大公共活动。

④其他需要及时组织运力对人员进行疏运的突发事件。

(2)城市公共汽电车客运场站等服务设施的日常管理单位应当按照有关标准和规定,对场站等服务设施进行日常管理,定期进行维护,保持其技术状况、安全性能符合国家标准,维护场站的正常运营秩序。

(3)运营企业应当按照国家有关标准,定期对城市公共电车触线网、馈线网、整流站等供配电设施进行维护,保证其正常使用,并按照国家有关规定设立保护标识。

(4)进入城市公共汽电车客运场站等服务设施的单位和个人,应当遵守城市公共汽电车场站等服务设施运营管理制度。

(五)乘客

(1)乘客应当遵守乘车规则,文明乘车,不得在城市公共汽电车客运车辆或者场站内饮酒、吸烟、乞讨或者乱扔废弃物。乘客有违反前款行为的,运营企业从业人员应当对乘客进行劝止,劝阻无效的,运营企业从业人员有权拒绝为其提供服务。

(2)乘客应当按照规定票价支付车费,未按规定票价支付的,运营企业从业人员有权要求乘客补交车费,并按照有关规定加收票款。符合当地优惠乘车条件的乘客,应当按规定出示有效乘车凭证,不能出示的,运营企业从业人员有权要求其按照普通乘客支付车费。

(3)有下列情形之一的,乘客可以拒绝支付车费:
①运营车辆未按规定公布运营收费标准的。
②无法提供车票凭证或者车票凭证不符合规定的。
③不按核准的收费标准收费的。

(4)城市公共汽电车客运车辆在运营途中发生故障不能继续运营时,驾驶员、乘务员应当向乘客说明原因,安排改乘同线路后序车辆或者采取其他有效措施疏导乘客,并及时报告运营企业。

五、运营安全

(一)安全管理

(1)运营企业是城市公共汽电车客运安全生产的责任主体。运营企业应当建立健全企业安全生产管理制度,设置安全生产管理机构或者配备专职安全生产管理人员,保障安全生产经费投入,增强突发事件防范和应急处置能力,定期开展安全检查和隐患排查,加强安全乘车和应急知识宣传。

(2)运营企业应当制定城市公共汽电车客运运营安全操作规程,加强对驾驶员、乘务员等从业人员的安全管理和教育培训。驾驶员、乘务员等从业人员在运营过程中应当执行安全操作规程。

(3)运营企业应当对城市公共汽电车客运服务设施设备建立安全生产管理制度,落实责任制,加强对有关设施设备的管理和维护。

(4)运营企业应当建立城市公共汽电车车辆安全管理制度,定期对运营车辆及附属设备进行检测、维护、更新,保证其处于良好状态。不得将存在安全隐患的车辆投入运营。

(5)运营企业应当在城市公共汽电车车辆和场站醒目位置设置安全警示标志、安全疏散示意图等,并为车辆配备灭火器、安全锤等安全应急设备,保证安全应急设备处于良好状态。

(6)禁止携带违禁物品乘车。运营企业应当在城市公共汽电车主要站点的醒目位置公布禁止携带的违禁物品目录。有条件的,应当在城市公共汽电车车辆上张贴禁止携带违禁物品乘车的提示。

(7)运营企业应当依照规定配备安保人员和相应设备设施,加强安全检查和保卫工作。乘客应当自觉接受、配合安全检查。对于拒绝接受安全检查或者携带违禁物品的乘客,运营企业从业人员应当制止其乘车;制止无效的,及时报告公安部门处理。

(8)城市公共交通主管部门应当会同有关部门,定期进行安全检查,督促运营企业及时采取措施消除各种安全隐患。

(二)乘车秩序

禁止从事下列危害城市公共汽电车运营安全、扰乱乘车秩序的行为:

(1)非法拦截或者强行上下城市公共汽电车车辆。

(2)在城市公共汽电车场站及其出入口通道擅自停放非城市公共汽电车车辆、堆放杂物或者摆摊设点等。

(3)妨碍驾驶员的正常驾驶。

(4)违反规定进入公交专用道。

(5)擅自操作有警示标志的城市公共汽电车按钮、开关装置,非紧急状态下动用紧急或安全装置。

(6)妨碍乘客正常上下车。

(7)其他危害城市公共汽电车运营安全、扰乱乘车秩序的行为。

运营企业从业人员接到报告或者发现上述行为应当及时制止;制止无效的,及时报告公安部门处理。

(三)设施安全

任何单位和个人都有保护城市公共汽电车客运服务设施的义务,不得有下列行为:

(1)破坏、盗窃城市公共汽电车车辆、设施设备。

(2)擅自关闭、侵占、拆除城市公共汽电车客运服务设施或者挪作他用。

(3)损坏、覆盖电车供电设施及其保护标识,在电车架线杆、馈线安全保护范围内修建建筑物、构筑物或者堆放、悬挂物品,搭设管线、电(光)缆等。

(4)擅自覆盖、涂改、污损、毁坏或者迁移、拆除站牌。

(5)其他影响城市公共汽电车客运服务设施功能和安全的行为。

(四)应急管理

城市公共交通主管部门应当会同有关部门制定城市公共汽电车客运突发事件应急预案,报城市人民政府批准。运营企业应当根据城市公共汽电车客运突发事件应急预案,制定本企业的应急预案,并定期演练。发生安全事故或者影响城市公共汽电车客运运营安全的突发事件时,城市公共交通主管部门、运营企业等应当按照应急预案及时采取应急处置措施。

六、监督检查

(1)城市公共交通主管部门应当建立"双随机"抽查制度,并定期对城市公共汽电车客运进行监督检查,维护正常的运营秩序,保障运营服务质量。

(2)城市公共交通主管部门有权行使以下监督检查职责:

①向运营企业了解情况,要求其提供有关凭证、票据、账簿、文件及其他相关材料。

②进入运营企业进行检查,调阅、复制相关材料。

③向有关单位和人员了解情况。

城市公共交通主管部门对检查中发现的违法行为,应当当场予以纠正或者要求限期改正;对依法应当给予行政处罚、采取强制措施的行为,应当依法予以处理。有关单位和个人应当接受城市公共交通主管部门及其工作人员依法实施的监督检查,如实提供有关材料或者说明情况。

(3)城市公共交通主管部门应当建立运营企业服务质量评价制度,定期对运营企业的服务质量进行评价并向社会公布,评价结果作为衡量运营企业运营绩效、发放政府补贴和线路运营权管理等的依据。对服务质量评价不合格的线路,城市公共交通主管部门应当责令相关运营企业整改。整改不合格,严重危害公共利益,或者造成重大安全事故的,城市公共交通主管部门可以终止其部分或者全部线路运营权的协议内容。

(4)城市公共交通主管部门和运营企业应当分别建立城市公共交通服务投诉受理制度并向社会公布,及时核查和处理投诉事项,并将处理结果及时告知投诉人。

(5)城市公共交通主管部门应当对完成政府指令性运输任务成绩突出,文明服务成绩显著,有救死扶伤、见义勇为等先进事迹的运营企业和相关从业人员予以表彰。

七、法律责任

(1)未取得线路运营权、未与城市公共交通主管部门签订城市公共汽电车线路特许经营协议,擅自从事城市公共汽电车客运线路运营的,由城市公共交通主管部门责令停止运营,并处2万元以上3万元以下的罚款。

(2)运营企业未配置符合要求的服务设施和运营标识的,由城市公共交通主管部门责令限期改正;逾期不改正的,处5000元以下的罚款。

(3)运营企业有下列行为之一的,由城市公共交通主管部门责令限期改正;逾期未改正的,处5000元以上1万元以下的罚款:

①未定期对城市公共汽电车车辆及其安全设施设备进行检测、维护、更新的。

②未在城市公共汽电车车辆和场站醒目位置设置安全警示标志、安全疏散示意图和安全应急设备的。

③使用不具备规定条件的人员担任驾驶员、乘务员的。

④未对拟担任驾驶员、乘务员的人员进行培训、考核的。

(4)运营企业未制定应急预案并组织演练的,由城市公共交通主管部门责令限期改正,并处1万元以下的罚款。发生影响运营安全的突发事件时,运营企业未按照应急预案的规定采取应急处置措施,造成严重后果的,由城市公共交通主管部门处2万元以上3万元以下的罚款。

（5）城市公共汽电车客运场站和服务设施的日常管理单位未按照规定对有关场站设施进行管理和维护的，由城市公共交通主管部门责令限期改正；逾期未改正的，处 1 万元以下的罚款。

（6）有违法携带违禁物品进站乘车的或者危害运营安全行为的，运营企业应当报当地公安部门依法处理。

（7）有危害城市公共汽电车客运服务设施行为的，由城市公共交通主管部门责令改正，对损坏的设施依法赔偿，并对个人处 1000 元以下的罚款，对单位处 5000 元以下的罚款。构成犯罪的，依法追究刑事责任。

（8）城市公共交通主管部门不履行职责、造成严重后果的，或者有其他滥用职权、玩忽职守、徇私舞弊行为的，对负有责任的领导人员和直接责任人员依法给予处分；构成犯罪的，依法追究刑事责任。

（9）地方性法规、地方政府规章对城市公共汽电车客运违法行为需要承担的法律责任与上述规定不同的，从其规定。

八、其他

县（自治县、旗、自治旗、团场）开通公共汽电车客运的以及经相关城市人民政府协商开通的毗邻城市间公共汽电车客运的，参照《城市公共汽车和电车客运管理规定》执行。

第十一节　出租汽车驾驶员从业资格管理规定

为了规范出租汽车驾驶员从业行为，提升出租汽车客运服务水平，国务院交通运输主管部门根据国家有关规定，于 2011 年 12 月 26 日颁布了《出租汽车驾驶员从业资格管理规定》（交通运输部令 2011 年第 13 号），自 2012 年 4 月 1 日起施行。此后，国务院交通运输主管部门 2016 年 8 月 26 日以《关于修改〈出租汽车驾驶员从业资格管理规定〉的决定》（交通运输部令 2016 年第 63 号）对《出租汽车驾驶员从业资格管理规定》进行了修正。

《出租汽车驾驶员从业资格管理规定》共分 7 章 48 条，分别为总则、考试、注册、继续教育、从业资格证件管理、法律责任和附则，并明确了国家对从事出租汽车客运服务的驾驶员实行从业资格管理制度。

出租汽车驾驶员从业资格包括巡游出租汽车驾驶员从业资格和网络预约出租汽车驾驶员从业资格。

出租汽车驾驶员从业资格管理应当公平、公正、公开和便民。

出租汽车驾驶员应当依法经营、诚实守信、文明服务、保障安全。

国务院交通运输主管部门负责指导全国出租汽车驾驶员从业资格管理工作。各省、自治区人民政府交通运输主管部门在本级人民政府领导下，负责指导本行政区域内出租汽车驾驶员从业资格管理工作。直辖市、设区的市级或者县级交通运输主管部门或者人民政府指定的其他出租汽车行政主管部门在本级人民政府领导下，负责具体实施出租汽车驾驶员从业资格管理。

一、考试

(一)考试科目与大纲

(1)出租汽车驾驶员从业资格考试包括全国公共科目和区域科目考试。全国公共科目考试是对国家出租汽车法律法规、职业道德、服务规范、安全运营等具有普遍规范要求的知识测试。巡游出租汽车驾驶员从业资格区域科目考试是对地方出租汽车政策法规、经营区域人文地理和交通路线等具有区域服务特征的知识测试。网络预约出租汽车驾驶员从业资格区域科目考试是对地方出租汽车政策法规等具有区域规范要求的知识测试。设区的市级以上地方人民政府出租汽车行政主管部门可以根据区域服务特征自行确定其他考试内容。

(2)全国公共科目考试实行全国统一考试大纲。全国公共科目考试大纲、考试题库由国务院交通运输主管部门负责编制。区域科目考试大纲和考试题库由设区的市级以上地方人民政府出租汽车行政主管部门负责编制。出租汽车驾驶员从业资格考试由设区的市级以上地方人民政府出租汽车行政主管部门按照交通运输部编制的考试工作规范和程序组织实施。鼓励推广使用信息化方式和手段组织实施出租汽车驾驶员从业资格考试。

(二)考试申请

(1)拟从事出租汽车客运服务的,应当填写《出租汽车驾驶员从业资格证申请表》,向所在地设区的市级出租汽车行政主管部门申请参加出租汽车驾驶员从业资格考试。

(2)申请参加出租汽车驾驶员从业资格考试的条件如下:

①取得相应准驾车型机动车驾驶证并具有3年以上驾驶经历。

②无交通肇事犯罪、危险驾驶犯罪记录,无吸毒记录,无饮酒后驾驶记录,最近连续3个记分周期内没有记满12分记录。

③无暴力犯罪记录。

④城市人民政府规定的其他条件。

(3)申请参加出租汽车驾驶员从业资格考试的应当提供以下证明或者承诺材料:

①机动车驾驶证及复印件。

②无交通肇事犯罪、危险驾驶犯罪记录,无吸毒记录,无饮酒后驾驶记录,最近连续3个记分周期内没有记满12分记录的材料。

③无暴力犯罪记录的材料。

④身份证明及复印件。

⑤城市人民政府规定的其他材料。

(三)考试管理

(1)设区的市级出租汽车行政主管部门对符合申请条件的申请人,应当按照出租汽车驾驶员从业资格考试工作规范及时安排考试。首次参加出租汽车驾驶员从业资格考试的申请人,全国公共科目和区域科目考试应当在首次申请考试的区域完成。

(2)设区的市级出租汽车行政主管部门应当在考试结束10日内公布考试成绩。考试合格成绩有效期为3年。全国公共科目考试成绩在全国范围内有效,区域科目考试成绩在所在地行政区域内有效。

(3)出租汽车驾驶员从业资格考试全国公共科目和区域科目考试均合格的,设区的市级出租汽车行政主管部门应当自公布考试成绩之日起10日内向巡游出租汽车驾驶员核发《巡游出租汽车驾驶员证》、向网络预约出租汽车驾驶员核发《网络预约出租汽车驾驶员证》(以下简称从业资格证)。从业资格证式样参照《道路运输从业人员从业资格证》式样。鼓励推广使用从业资格电子证件。采用电子证件的,应当包含证件式样所确定的相关信息。

(4)出租汽车驾驶员到从业资格证发证机关核定的范围外从事出租汽车客运服务的,应当参加当地的区域科目考试。区域科目考试合格的,由当地设区的市级出租汽车行政主管部门核发从业资格证。

二、注册

(1)取得从业资格证的出租汽车驾驶员,应当经出租汽车行政主管部门从业资格注册后,方可从事出租汽车客运服务。出租汽车驾驶员从业资格注册有效期为3年。

(2)出租汽车经营者应当聘用取得从业资格证的出租汽车驾驶员,并在出租汽车驾驶员办理从业资格注册后再安排上岗。

(3)巡游出租汽车驾驶员申请从业资格注册或者延续注册的,应当填写《巡游出租汽车驾驶员从业资格注册登记表》,持其从业资格证及与出租汽车经营者签订的劳动合同或者经营合同,到发证机关所在地出租汽车行政主管部门申请注册。个体巡游出租汽车经营者自己驾驶出租汽车从事经营活动的,持其从业资格证及车辆道路运输证申请注册。

(4)受理注册申请的出租汽车行政主管部门应当在5日内办理完结注册手续,并在从业资格证中加盖注册章。

(5)巡游出租汽车驾驶员注册有效期届满需继续从事出租汽车客运服务的,应当在有效期届满30日前,向所在地出租汽车行政主管部门申请延续注册。

(6)出租汽车驾驶员不具有完全民事行为能力,或者受到刑事处罚且刑事处罚尚未执行完毕的,不予延续注册。

(7)巡游出租汽车驾驶员在从业资格注册有效期内,与出租汽车经营者解除劳动合同或者经营合同的,应当在20日内向原注册机构报告,并申请注销注册。巡游出租汽车驾驶员变更服务单位的,应当重新申请注册。

(8)网络预约出租汽车驾驶员的注册,通过出租汽车经营者向发证机关所在地出租汽车行政主管部门报备完成,报备信息包括驾驶员从业资格证信息、与出租汽车经营者签订的劳动合同或者协议等。网络预约出租汽车驾驶员与出租汽车经营者解除劳动合同或者协议的,通过出租汽车经营者向发证机关所在地出租汽车行政主管部门报备完成注销。

三、继续教育

(1)出租汽车驾驶员在注册期内应当按规定完成继续教育。取得从业资格证超过3年未申请注册的,注册后上岗前应当完成不少于27学时的继续教育。

(2)交通运输部统一制定出租汽车驾驶员继续教育大纲并向社会公布。继续教育大纲内容包括出租汽车相关政策法规、社会责任和职业道德、服务规范、安全运营和节能减排知识等。

(3)出租汽车驾驶员继续教育由出租汽车经营者组织实施。

(4)出租汽车驾驶员完成继续教育后,应当由出租汽车经营者向所在地出租汽车行政主管部门报备,出租汽车行政主管部门在出租汽车驾驶员从业资格证中予以记录。

(5)出租汽车行政主管部门应当加强对出租汽车经营者组织继续教育情况的监督检查。

(6)出租汽车经营者应当建立学员培训档案,将继续教育计划、继续教育师资情况、参培学员登记表等纳入档案管理,并接受出租汽车行政主管部门的监督检查。

四、从业资格证件管理

(一)从业资格证的发放、补(换)发

(1)出租汽车驾驶员从业资格证由国务院交通运输主管部门统一制发并制定编号规则。设区的市级出租汽车行政主管部门负责从业资格证的发放和管理工作。

(2)出租汽车驾驶员从业资格证遗失、毁损的,应当到原发证机关办理证件补(换)发手续。

(3)出租汽车驾驶员办理从业资格证补(换)发手续,应当填写《出租汽车驾驶员从业资格证补(换)发登记表》。出租汽车行政主管部门应当对符合要求的从业资格证补(换)发申请予以办理。

(二)从业资格证使用与档案管理

(1)出租汽车驾驶员在从事出租汽车客运服务时,应当携带从业资格证。

(2)出租汽车驾驶员从业资格证不得转借、出租、涂改、伪造或者变造。

(3)出租汽车经营者应当维护出租汽车驾驶员的合法权益,为出租汽车驾驶员从业资格注册、继续教育等提供便利。

(4)出租汽车行政主管部门应当加强对出租汽车驾驶员的从业管理,将其违法行为记录作为服务质量信誉考核的依据。

(5)出租汽车行政主管部门应当建立出租汽车驾驶员从业资格管理档案。出租汽车驾驶员从业资格管理档案包括从业资格考试申请材料、从业资格证申请、注册及补(换)发记录、违法行为记录、交通责任事故情况、继续教育记录和服务质量信誉考核结果等。

(三)从业资格证的注销、撤销、延期注册

(1)出租汽车驾驶员有下列情形之一的,由发证机关注销其从业资格证。从业资格证被注销的,应当及时收回;无法收回的,由发证机关公告作废:

①持证人死亡的。

②持证人申请注销的。

③持证人达到法定退休年龄的。

④持证人机动车驾驶证被注销或者被吊销的。

⑤因身体健康等其他原因不宜继续从事出租汽车客运服务的。

(2)出租汽车驾驶员有下列不具备安全运营条件情形之一的,由发证机关撤销其从业资格证,并公告作废:

①持证人身体健康状况不再符合从业要求且没有主动申请注销从业资格证的。

②有交通肇事犯罪、危险驾驶犯罪记录,有吸毒记录,有饮酒后驾驶记录,有暴力犯罪记录,最近连续3个记分周期内有记满12分记录。

(3)出租汽车驾驶员在运营过程中,应当遵守法律法规、职业道德、服务规范、安全运营等方面的规定,文明行车、优质服务。出租汽车驾驶员不得有下列行为:

①途中甩客或者故意绕道行驶。

②不按照规定携带道路运输证、从业资格证。

③不按照规定使用出租汽车相关设备。

④不按照规定使用文明用语,车容车貌不符合要求。

⑤未经乘客同意搭载其他乘客。

⑥不按照规定出具相应车费票据。

⑦网络预约出租汽车驾驶员违反规定巡游揽客、站点候客。

⑧巡游出租汽车驾驶员拒载,或者未经约车人或乘客同意、网络预约出租汽车驾驶员无正当理由未按承诺到达约定地点提供预约服务。

⑨巡游出租汽车驾驶员不按照规定使用计程计价设备、违规收费或者网络预约出租汽车驾驶员违规收费。

⑩对举报、投诉其服务质量或者对其服务作出不满意评价的乘客实施报复。

出租汽车驾驶员有上述违法行为的,应当加强继续教育;情节严重的,出租汽车行政主管部门应当对其延期注册。

五、法律责任

(1)有下列行为之一的人员,由县级以上出租汽车行政主管部门责令改正,并处1万元以上3万元以下的罚款;构成犯罪的,依法追究刑事责任:

①未取得从业资格证或者超越从业资格证核定范围,驾驶出租汽车从事经营活动的。

②使用失效、伪造、变造的从业资格证,驾驶出租汽车从事经营活动的。

③转借、出租、涂改从业资格证的。

(2)出租汽车驾驶员有下列行为之一的,由县级以上出租汽车行政主管部门责令改正,并处200元以上2000元以下的罚款:

①从业资格证的未经出租汽车行政主管部门从业资格注册从事出租汽车客运服务的。

②途中甩客或者故意绕道行驶的。

③不按照规定携带道路运输证、从业资格证的。

④不按照规定使用出租汽车相关设备的。

⑤不按照规定使用文明用语,车容车貌不符合要求的。

⑥未经乘客同意搭载其他乘客的。

⑦不按照规定出具相应车费票据的。

⑧网络预约出租汽车驾驶员违反规定巡游揽客、站点候客的。

⑨巡游出租汽车驾驶员拒载,或者未经约车人或乘客同意、网络预约出租汽车驾驶员无正当理由未按承诺到达约定地点提供预约服务的。

⑩巡游出租汽车驾驶员不按照规定使用计程计价设备、违规收费或者网络预约出租汽

车驾驶员违规收费的。

⑪对举报、投诉其服务质量或者对其服务作出不满意评价的乘客实施报复的。

(3)聘用未取得从业资格证的人员,驾驶出租汽车从事经营活动的,由县级以上出租汽车行政主管部门责令改正,并处5000元以上1万元以下的罚款;情节严重的,处1万元以上3万元以下的罚款。

(4)有下列行为之一的出租汽车经营者,由县级以上出租汽车行政主管部门责令改正,并处1000元以上3000元以下的罚款:

①聘用未按规定办理注册手续的人员,驾驶出租汽车从事经营活动的。

②不按照规定组织实施继续教育的。

(5)违反本规定,出租汽车行政主管部门及工作人员有下列情形之一的,对直接负责的主管人员和其他直接责任人员,依法给予行政处分;构成犯罪的,依法追究刑事责任:

①未按规定的条件、程序和期限组织从业资格考试及核发从业资格证的。

②发现违法行为未及时查处的。

③索取、收受他人财物及谋取其他不正当利益的。

④其他违法行为。

(6)地方性法规、政府规章对出租汽车驾驶员违法行为需要承担的法律责任的,从其规定。

六、其他

其他预约出租汽车驾驶员的从业资格参照巡游出租汽车驾驶员执行。

第十二节 巡游出租汽车经营服务管理规定

为规范出租汽车经营服务行为,保障乘客、驾驶员和出租汽车经营者的合法权益,促进出租汽车行业健康发展,国务院交通运输主管部门依据有关法律、行政法规,颁布了《出租汽车经营服务管理规定》(交通运输部令2014年第16号),自2015年1月1日起施行;2016年8月26日修改为《巡游出租汽车经营服务管理规定》(交通运输部令2016年第64号),自2016年11月1日起施行。《巡游出租汽车经营服务管理规定》共分7章53条,包括总则、经营许可、运营服务、运营保障、监督管理、法律责任和附则等。从事出租汽车经营服务,应当遵守《巡游出租汽车经营服务管理规定》。

一、巡游出租汽车经营服务管理的原则

(一)巡游出租汽车发展原则

(1)出租汽车是城市综合交通运输体系的组成部分,是城市公共交通的补充,为社会公众提供个性化运输服务。优先发展城市公共交通,适度发展出租汽车。巡游出租汽车发展应当与城市经济社会发展相适应,与公共交通等客运服务方式协调发展。

(2)巡游出租汽车应当依法经营,诚实守信,公平竞争,优质服务。

(3)国家鼓励出租汽车实行规模化、集约化、公司化经营。

(4)县级以上地方人民政府交通运输主管部门或出租汽车行政主管部门应当根据经济社会发展和人民群众出行需要,按照巡游出租汽车功能定位,制定巡游出租汽车发展规划,并报经同级人民政府批准后实施。

(二)出租汽车管理主体

国务院交通运输主管部门负责指导全国巡游出租汽车管理工作。各省、自治区人民政府交通运输主管部门在本级人民政府领导下,负责指导本行政区域内巡游出租汽车管理工作。直辖市、设区的市级或者县级交通运输主管部门或者人民政府指定的其他出租汽车行政主管部门(以下简称出租汽车行政主管部门)在本级人民政府领导下,负责具体实施巡游出租汽车管理。

二、经营许可

(一)经营的资质条件

申请巡游出租汽车经营的,应当根据经营区域向相应的县级以上地方人民政府出租汽车行政主管部门提出申请,并符合下列条件:

(1)有符合机动车管理要求并满足以下条件的车辆或者提供保证满足以下条件的车辆承诺书:

①符合国家、地方规定的巡游出租汽车技术条件。

②取得巡游出租汽车车辆经营权。

(2)有符合要求并取得的从业资格证件的驾驶人员。

(3)有健全的经营管理制度、安全生产管理制度和服务质量保障制度。

(4)有固定的经营场所和停车场地。

(二)经营许可的申请材料

申请巡游出租汽车经营时,应当提交以下材料:

(1)《巡游出租汽车经营申请表》。

(2)投资人、负责人身份、资信证明及其复印件,经办人的身份证明及其复印件和委托书。

(3)巡游出租汽车车辆经营权证明及拟投入车辆承诺书,包括车辆数量、座位数、类型及等级、技术等级。

(4)聘用或者拟聘用驾驶员从业资格证及其复印件。

(5)巡游出租汽车经营管理制度、安全生产管理制度和服务质量保障制度文本。

(6)经营场所、停车场地有关使用证明等。

(三)许可的实施与期限

(1)县级以上地方人民政府出租汽车行政主管部门对巡游出租汽车经营申请予以受理的,应当自受理之日起20日内作出许可或者不予许可的决定。

(2)县级以上地方人民政府出租汽车行政主管部门对巡游出租汽车经营申请作出许可决定的,应当出具《巡游出租汽车经营行政许可决定书》,明确经营范围、经营区域、车辆数量及要求、巡游出租汽车车辆经营权期限等事项,并在10日内向被许可人发放《道路运输经营许可证》。对不符合规定条件的申请作出不予许可决定的,应当向申请人出具《不予行政许可决定书》。

(四)经营权的配置

(1)县级以上地方人民政府出租汽车行政主管部门应当按照当地巡游出租汽车发展规划,综合考虑市场实际供需状况、巡游出租汽车运营效率等因素,科学确定巡游出租汽车运力规模,合理配置巡游出租汽车的车辆经营权。

(2)国家鼓励通过服务质量招投标方式配置巡游出租汽车的车辆经营权。县级以上地方人民政府出租汽车行政主管部门应当根据投标人提供的运营方案、服务质量状况或者服务质量承诺、车辆设备和安全保障措施等因素,择优配置巡游出租汽车的车辆经营权,向中标人发放车辆经营权证明,并与中标人签订经营协议。

(3)巡游出租汽车车辆经营权的经营协议应当包括以下内容:

①巡游出租汽车车辆经营权的数量、使用方式、期限等。

②巡游出租汽车经营服务标准。

③巡游出租汽车车辆经营权的变更、终止和延续等。

④履约担保。

⑤违约责任。

⑥争议解决方式。

⑦双方认为应当约定的其他事项。

在协议有效期限内,确需变更协议内容的,协议双方应当在共同协商的基础上签订补充协议。

(五)经营者的义务

(1)被许可人应当按照巡游出租汽车经营行政许可决定书和经营协议,投入符合规定数量、座位数、类型及等级、技术等级等要求的车辆。原许可机关核实符合要求后,为车辆核发道路运输证。投入运营的巡游出租汽车车辆应当安装符合规定的计程计价设备、具有行驶记录功能的车辆卫星定位装置、应急报警装置,按照要求喷涂车身颜色和标识,设置有中英文"出租汽车"字样的顶灯和能显示空车、暂停运营、电召等运营状态的标志,按照规定在车辆醒目位置标明运价标准、乘客须知、经营者名称和服务监督电话。

(2)巡游出租汽车车辆经营权不得超过规定的期限,具体期限由县级以上地方人民政府出租汽车行政主管部门报本级人民政府根据投入车辆的车型和报废周期等因素确定。

(3)巡游出租汽车车辆经营权因故不能继续经营的,授予车辆经营权的出租汽车行政主管部门可优先收回。在车辆经营权有效期限内,需要变更车辆经营权经营主体的,应当到原许可机关办理变更许可手续。出租汽车行政主管部门在办理车辆经营权变更许可手续时,应当按规定审查新的车辆经营权经营主体的条件,提示车辆经营权期限等相关风险,并重新签订经营协议,经营期限为该车辆经营权的剩余期限。

(4)巡游出租汽车经营者在车辆经营权期限内,不得擅自暂停或者终止经营。需要变更许可事项或者暂停、终止经营的,应当提前30日向原许可机关提出申请,依法办理相关手续。巡游出租汽车经营者终止经营的,应当将相关的道路运输经营许可证和道路运输证等交回原许可机关。巡游出租汽车经营者取得经营许可后无正当理由超过180日不投入符合要求的车辆运营或者运营后连续180日以上停运的,视为自动终止经营,由原许可机关收回相应的巡游出租汽车车辆经营权。巡游出租汽车经营者合并、分立或者变更经营主体名称的,应当到原许可机关办理变更许可手续。

(六)服务质量信誉考核

巡游出租汽车车辆经营权到期后,巡游出租汽车经营者拟继续从事经营的,应当在车辆经营权有效期届满60日前,向原许可机关提出申请。原许可机关应当根据《出租汽车服务质量信誉考核办法》规定的出租汽车经营者服务质量信誉考核等级,审核巡游出租汽车经营者的服务质量信誉考核结果,并按照以下规定处理:

(1)考核等级在经营期限内均为AA级及以上的,应当批准其继续经营。

(2)考核等级在经营期限内有A级的,应当督促其加强内部管理,整改合格后准许其继续经营。

(3)考核等级在经营期限内有B级或者一半以上为A级的,可视情适当核减车辆经营权。

(4)考核等级在经营期限内有一半以上为B级的,应当收回车辆经营权,并按规定重新配置车辆经营权。

三、运营服务

(一)服务质量

1. 经营者应遵守的规定

巡游出租汽车经营者应当为乘客提供安全、便捷、舒适的出租汽车服务。鼓励巡游出租汽车经营者使用节能环保车辆和为残疾人提供服务的无障碍车辆,并遵守下列规定:

(1)在许可的经营区域内从事经营活动,超出许可的经营区域的,起讫点一端应当在许可的经营区域内。

(2)保证营运车辆性能良好。

(3)按照国家相关标准运营服务。

(4)保障聘用人员合法权益,依法与其签订劳动合同或者经营合同。

(5)加强从业人员管理和培训教育。

(6)不得将巡游出租汽车交给未经从业资格注册的人员运营。

2. 车容车貌、设施设备的要求

巡游出租汽车运营时,车容车貌、设施设备应当符合以下要求:

(1)车身外观整洁完好,车厢内整洁、卫生、无异味。

(2)车门功能正常,车窗玻璃密闭良好,无遮蔽物,升降功能有效。

(3)座椅牢固无塌陷,前排座椅可前后移动,靠背倾度可调,安全带和锁扣齐全、有效。

(4)座套、头枕套、脚垫齐全。

(5)计程计价设备、顶灯、运营标志、服务监督卡(牌)、车载信息化设备等完好有效。

3. 巡游出租汽车驾驶员应遵守的规定

巡游出租汽车驾驶员应当按照国家出租汽车服务标准提供服务,并遵守下列规定:

(1)做好运营前例行检查,保持车辆设施、设备完好,车容整洁,备齐发票、备足零钱。

(2)衣着整洁,语言文明,主动问候,提醒乘客系好安全带。

(3)根据乘客意愿升降车窗玻璃及使用空调、音响、视频等服务设备。

(4)乘客携带行李时,主动帮助乘客取放行李。

(5)主动协助老、幼、病、残、孕等乘客上下车。

(6)不得在车内吸烟,忌食有异味的食物。

(7)随车携带道路运输证、从业资格证,并按规定摆放、粘贴有关证件和标志。

(8)按照乘客指定的目的地选择合理路线行驶,不得拒载、议价、途中甩客、故意绕道行驶。

(9)在机场、火车站、汽车客运站、港口、公共交通枢纽等客流集散地载客时应当文明排队,服从调度,不得违反规定在非指定区域揽客。

(10)未经乘客同意不得搭载其他乘客。

(11)按规定使用计程计价设备,执行收费标准并主动出具有效车费票据。

(12)遵守道路交通安全法规,文明礼让行车。

4.巡游出租汽车驾驶员遇到特殊情形的办理方式

巡游出租汽车驾驶员遇到特殊情形时,可采取以下方式办理:

(1)乘客对服务不满意时,虚心听取批评意见。

(2)发现乘客遗失财物,设法及时归还失主。无法找到失主的,及时上交巡游出租汽车企业或者有关部门处理,不得私自留存。

(3)发现乘客遗留可疑危险物品的,立即报警。

(二)乘客应遵守的规定

(1)巡游出租汽车乘客应当遵守下列规定:

①不得携带易燃、易爆、有毒等危害公共安全的物品乘车。

②不得携带宠物和影响车内卫生的物品乘车。

③不得向驾驶员提出违反道路交通安全法规的要求。

④不得向车外抛洒物品,不得破坏车内设施设备。

⑤醉酒者或者精神病患者乘车的,应当有陪同(监护)人员。

⑥遵守电召服务规定,按照约定的时间和地点乘车。

⑦按照规定支付车费。

(2)乘客要求去偏远、冷僻地区或者夜间要求驶出城区的,驾驶员可以要求乘客随同到就近的有关部门办理验证登记手续;乘客不予配合的,驾驶员有权拒绝提供服务。

(3)巡游出租汽车运营过程中有下列情形之一的,乘客有权拒绝支付费用:

①驾驶员不按照规定使用计程计价设备,或者计程计价设备发生故障时继续运营的。

②驾驶员不按照规定向乘客出具相应车费票据的。

③驾驶员因发生道路交通安全违法行为接受处理,不能将乘客及时送达目的地的。

④驾驶员拒绝按规定接受刷卡付费的。

(三)电召服务

巡游出租汽车电召服务应当符合下列要求:

(1)根据乘客通过电信、互联网等方式提出的服务需求,按照约定时间和地点提供巡游出租汽车运营服务。

(2)巡游出租汽车电召服务平台应当提供24小时不间断服务。

(3)电召服务人员接到乘客服务需求后,应当按照乘客需求及时调派巡游出租汽车。

(4)巡游出租汽车驾驶员接受电召任务后,应当按照约定时间到达约定地点。乘客未按约定候车时,驾驶员应当与乘客或者电召服务人员联系确认。

(5)乘客上车后,驾驶员应当向电召服务人员发送乘客上车确认信息。

(四)运营监督

巡游出租汽车经营者应当自觉接受社会监督,公布服务监督电话,指定部门或者人员受理投诉。巡游出租汽车经营者应当建立24小时服务投诉值班制度,接到乘客投诉后,应当及时受理,10日内处理完毕,并将处理结果告知乘客。

四、运营保障

(一)运营保障管理

(1)县级以上地方人民政府出租汽车行政主管部门应当在本级人民政府的领导下,会同有关部门合理规划、建设巡游出租汽车综合服务区、停车场、停靠点等,并设置明显标识。巡游出租汽车综合服务区应当为进入服务区的巡游出租汽车驾驶员提供餐饮、休息等服务。

(2)县级以上地方人民政府出租汽车行政主管部门应当配合有关部门,按照有关规定,并综合考虑巡游出租汽车行业定位、运营成本、经济发展水平等因素合理制定运价标准,并适时进行调整。县级以上地方人民政府出租汽车行政主管部门应当配合有关部门合理确定巡游出租汽车电召服务收费标准,并纳入出租汽车专用收费项目。

(二)服务条件保障

(1)巡游出租汽车经营者应当建立健全和落实安全生产管理制度,依法加强管理,履行管理责任,提升运营服务水平。

(2)巡游出租汽车经营者应当按照有关法律法规的规定保障驾驶员的合法权益,规范与驾驶员签订的劳动合同或者经营合同。巡游出租汽车经营者应当通过建立替班驾驶员队伍、减免驾驶员休息日经营承包费用等方式保障巡游出租汽车驾驶员休息权。

(3)巡游出租汽车经营者应当合理确定承包、管理费用,不得向驾驶员转嫁投资和经营风险。

巡游出租汽车经营者应当根据经营成本、运价变化等因素及时调整承包费标准或者定额任务等。

(4)巡游出租汽车经营者应当建立车辆技术管理制度,按照车辆维护标准定期维护车辆。

(5)巡游出租汽车经营者应当按照《出租汽车驾驶员从业资格管理规定》,对驾驶员等从业人员进行培训教育和监督管理,按照规范提供服务。驾驶员有私自转包经营等违法行为的,应当予以纠正;情节严重的,可按照约定解除合同。

(6)巡游出租汽车经营者应当制定包括报告程序、应急指挥、应急车辆以及处置措施等内容的突发公共事件应急预案。

(7)巡游出租汽车经营者应当按照县级以上地方人民政府出租汽车行政主管部门要求,及时完成抢险救灾等指令性运输任务。

(8)各地应当根据实际情况发展巡游出租汽车电召服务,采取多种方式建设巡游出租汽车电召服务平台,推广人工电话召车、手机软件召车等巡游出租汽车电召服务,建立完善电召服务管理制度。巡游出租汽车经营者应当根据实际情况建设或者接入巡游出租汽车电召服务平台,提供巡游出租汽车电召服务。

五、监督管理

(1)县级以上地方人民政府出租汽车行政主管部门应当加强对巡游出租汽车经营行为的监督检查,会同有关部门纠正、制止非法从事巡游出租汽车经营及其他违法行为,维护出租汽车市场秩序。

(2)县级以上地方人民政府出租汽车行政主管部门应当对巡游出租汽车经营者履行经营协议情况进行监督检查,并按照规定对巡游出租汽车经营者和驾驶员进行服务质量信誉考核。

(3)巡游出租汽车不再用于经营的,县级以上地方人民政府出租汽车行政主管部门应当组织对巡游出租汽车配备的运营标志和专用设备进行回收处置。

(4)县级以上地方人民政府出租汽车行政主管部门应当建立投诉举报制度,公开投诉电话、通信地址或者电子邮箱,接受乘客、驾驶员以及经营者的投诉和社会监督。县级以上地方人民政府出租汽车行政主管部门受理的投诉,应当在10日内办结;情况复杂的,应当在30日内办结。

(5)县级以上地方人民政府出租汽车行政主管部门应当对完成政府指令性运输任务成绩突出,经营管理、品牌建设、文明服务成绩显著,有拾金不昧、救死扶伤、见义勇为等先进事迹的出租汽车经营者和驾驶员,予以表彰和奖励。

六、法律责任

(1)有下列行为之一的,由县级以上地方人民政府出租汽车行政主管部门责令改正,并处以5000元以上20000元以下罚款;构成犯罪的,依法追究刑事责任:

①未取得巡游出租汽车经营许可,擅自从事巡游出租汽车经营活动的。
②起讫点均不在许可的经营区域从事巡游出租汽车经营活动的。
③使用未取得道路运输证的车辆,擅自从事巡游出租汽车经营活动的。
④使用失效、伪造、变造、被注销等无效道路运输证的车辆从事巡游出租汽车经营活动的。

(2)巡游出租汽车经营者有下列行为之一的,由县级以上地方人民政府出租汽车行政主管部门责令改正,并处以10000元以上20000元以下罚款;构成犯罪的,依法追究刑事责任:

①擅自暂停、终止全部或者部分巡游出租汽车经营的。
②出租或者擅自转让巡游出租汽车车辆经营权的。
③巡游出租汽车驾驶员转包经营未及时纠正的。

④不按照规定保证车辆技术状况良好的。

⑤不按照规定配置巡游出租汽车相关设备的。

⑥不按照规定建立并落实投诉举报制度的。

（3）巡游出租汽车驾驶员有下列情形之一的，由县级以上地方人民政府出租汽车行政主管部门责令改正，并处以200元以上2000元以下罚款：

①拒载、议价、途中甩客或者故意绕道行驶的。

②未经乘客同意搭载其他乘客的。

③不按照规定使用计程计价设备、违规收费的。

④不按照规定出具相应车费票据的。

⑤不按照规定携带道路运输证、从业资格证的。

⑥不按照规定使用巡游出租汽车相关设备的。

⑦接受巡游出租汽车电召任务后未履行约定的。

⑧不按照规定使用文明用语，车容车貌不符合要求的。

（4）巡游出租汽车驾驶员有下列情形之一的，由县级以上地方人民政府出租汽车行政主管部门责令改正，并处以500元以上2000元以下罚款：

①在机场、火车站、汽车客运站、港口、公共交通枢纽等客流集散地不服从调度私自揽客的。

②转让、倒卖、伪造巡游出租汽车相关票据的。

（5）出租汽车行政主管部门的工作人员有下列情形之一的，依照有关规定给予行政处分；构成犯罪的，依法追究刑事责任：

①未按规定的条件、程序和期限实施行政许可的。

②参与或者变相参与巡游出租汽车经营的。

③发现违法行为不及时查处的。

④索取、收受他人财物，或者谋取其他利益的。

⑤其他违法行为。

（6）地方性法规、政府规章对巡游出租汽车经营违法行为需要承担的法律责任规定与上述规定不同的，从其规定。

七、其他

（1）除网络预约出租汽车以外的其他预约出租汽车经营服务参照《巡游出租汽车经营服务管理规定》执行。

（2）本规定中相关用语的含义如下：

①"巡游出租汽车经营服务"，是指可在道路上巡游揽客、站点候客，喷涂、安装出租汽车标识，以7座及以下乘用车和驾驶劳务为乘客提供出行服务，并按照乘客意愿行驶，根据行驶里程和时间计费的经营活动。

②"预约出租汽车经营服务"，是指以符合条件的7座及以下乘用车通过预约方式承揽乘客，并按照乘客意愿行驶、提供驾驶劳务，根据行驶里程、时间或者约定计费的经营活动。

③"网络预约出租汽车经营服务"，是指以互联网技术为依托构建服务平台，整合供需信

息,使用符合条件的车辆和驾驶员,提供非巡游的预约出租汽车服务的经营活动。

④"巡游出租汽车电召服务",是指根据乘客通过电信、互联网等方式提出的服务需求,按照约定时间和地点提供巡游出租汽车运营服务。

⑤"拒载",是指在道路上空车待租状态下,巡游出租汽车驾驶员在得知乘客去向后,拒绝提供服务的行为;或者巡游出租汽车驾驶员未按承诺提供电召服务的行为。

⑥"绕道行驶",是指巡游出租汽车驾驶员未按合理路线行驶的行为。

⑦"议价",是指巡游出租汽车驾驶员与乘客协商确定车费的行为。

⑧"甩客",是指在运营途中,巡游出租汽车驾驶员无正当理由擅自中断载客服务的行为。

第十三节 网络预约出租汽车经营服务管理暂行办法

为更好地满足社会公众多样化出行需求,促进出租汽车行业和互联网融合发展,规范网络预约出租汽车经营服务行为,保障运营安全和乘客合法权益,2016年7月27日国务院交通运输主管部门联合工业和信息化、公安、商务、工商行政管理、质量监督检验检疫、互联网信息等主管部门,依据国家有关法律、行政法规,颁布了《网络预约出租汽车经营服务管理暂行办法》(交通运输部 工业和信息化部 公安部 商务部 工商总局 质检总局 国家网信办令2016年第60号),自2016年11月1日起施行。2019年12月28日,国务院交通运输主管部门联合工业和信息化、公安、商务、市场监督管理、互联网信息等主管部门颁布了《关于修改〈网络预约出租汽车经营服务管理暂行办法〉的决定》(交通运输部令2019年第46号),对《网络预约出租汽车经营服务管理暂行办法》进行了修正。

《网络预约出租汽车经营服务管理暂行办法》共分7章40条,包括总则、网约车平台公司、网约车车辆和驾驶员、网约车经营行为、监督管理、法律责任和附则等。从事网络预约出租汽车(以下简称网约车)经营服务,应当遵守《网络预约出租汽车经营服务管理暂行办法》。

网约车经营服务是指以互联网技术为依托构建服务平台,整合供需信息,使用符合条件的车辆和驾驶员,提供非巡游的预约出租汽车服务的经营活动。网络预约出租汽车经营者(以下简称网约车平台公司)是指构建网络服务平台,从事网约车经营服务的企业法人。

一、网约车的管理原则

(1)坚持优先发展城市公共交通、适度发展出租汽车,按照高品质服务、差异化经营的原则,有序发展网约车。网约车运价实行市场调节价,城市人民政府认为有必要实行政府指导价的除外。

(2)国务院交通运输主管部门负责指导全国网约车管理工作。各省、自治区人民政府交通运输主管部门在本级人民政府领导下,负责指导本行政区域内网约车管理工作。直辖市、设区的市级或者县级交通运输主管部门或人民政府指定的其他出租汽车行政主管部门在本级人民政府领导下,负责具体实施网约车管理。其他有关部门依据法定职责,对网约车实施相关监督管理。

二、网约车平台公司

(一)资质条件

申请从事网约车经营的,应当具备线上线下服务能力,并符合下列条件:

(1)具有企业法人资格。

(2)具备开展网约车经营的互联网平台和与拟开展业务相适应的信息数据交互及处理能力,具备供交通运输、通信、公安、税务、网信等相关监管部门依法调取查询相关网络数据信息的条件,网络服务平台数据库接入出租汽车行政主管部门监管平台,服务器设置在中国内地,有符合规定的网络安全管理制度和安全保护技术措施。

(3)使用电子支付的,应当与银行、非银行支付机构签订提供支付结算服务的协议。

(4)有健全的经营管理制度、安全生产管理制度和服务质量保障制度。

(5)在服务所在地有相应服务机构及服务能力。

(6)法律法规规定的其他条件。

外商投资网约车经营的,除符合上述条件外,还应当符合外商投资相关法律法规的规定。

(二)许可申请

申请从事网约车经营的,应当根据经营区域向相应的出租汽车行政主管部门提出申请,并提交以下材料:

(1)《网络预约出租汽车经营申请表》。

(2)投资人、负责人身份、资信证明及其复印件,经办人的身份证明及其复印件和委托书。

(3)企业法人营业执照,属于分支机构的还应当提交营业执照。

(4)服务所在地办公场所、负责人员和管理人员等信息。

(5)具备互联网平台和信息数据交互及处理能力的证明材料,具备供交通运输、通信、公安、税务、网信等相关监管部门依法调取查询相关网络数据信息条件的证明材料,数据库接入情况说明,服务器设置在中国内地的情况说明,依法建立并落实网络安全管理制度和安全保护技术措施的证明材料。

(6)使用电子支付的,应当提供与银行、非银行支付机构签订的支付结算服务协议。

(7)经营管理制度、安全生产管理制度和服务质量保障制度文本。

(8)法律法规要求提供的其他材料。

首次从事网约车经营的,应当向企业注册地相应出租汽车行政主管部门提出申请,有关线上服务能力材料由网约车平台公司注册地省级交通运输主管部门商同级通信、公安、税务、网信、人民银行等部门审核认定,并提供相应认定结果,认定结果全国有效。网约车平台公司在注册地以外申请从事网约车经营的,应当提交有关线上服务能力认定结果。其他线下服务能力材料,由受理申请的出租汽车行政主管部门进行审核。

(三)许可决定

(1)出租汽车行政主管部门应当自受理之日起20日内作出许可或者不予许可的决定。20日内不能作出决定的,经实施机关负责人批准,可以延长10日,并应当将延长期限的理由告知申请人。

(2)出租汽车行政主管部门对于网约车经营申请作出行政许可决定的,应当明确经营范围、经营区域、经营期限等,并发放《网络预约出租汽车经营许可证》。

(3)出租汽车行政主管部门对不符合规定条件的申请作出不予行政许可决定的,应当向申请人出具《不予行政许可决定书》。

(4)网约车平台公司应当在取得相应《网络预约出租汽车经营许可证》并向企业注册地省级通信主管部门申请互联网信息服务备案后,方可开展相关业务。备案内容包括经营者真实身份信息、接入信息、出租汽车行政主管部门核发的《网络预约出租汽车经营许可证》等。涉及经营电信业务的,还应当符合电信管理的相关规定。网约车平台公司应当自网络正式联通之日起30日内,到网约车平台公司管理运营机构所在地的省级人民政府公安机关指定的受理机关办理备案手续。

(5)网约车平台公司暂停或者终止运营的,应当提前30日向服务所在地出租汽车行政主管部门书面报告,说明有关情况,通告提供服务的车辆所有人和驾驶员,并向社会公告。终止经营的,应当将相应《网络预约出租汽车经营许可证》交回原许可机关。

三、网约车车辆和驾驶员

(1)从事网约车经营的车辆,应当符合以下条件:
①7座及以下乘用车。
②安装具有行驶记录功能的车辆卫星定位装置、应急报警装置。
③车辆技术性能符合运营安全相关标准要求。车辆的具体标准和营运要求,由相应的出租汽车行政主管部门,按照高品质服务、差异化经营的发展原则,结合本地实际情况确定。

(2)服务所在地出租汽车行政主管部门依车辆所有人或者网约车平台公司申请,按规定条件审核后,对符合条件并登记为预约出租客运的车辆,发放《网络预约出租汽车运输证》。城市人民政府对网约车发放《网络预约出租汽车运输证》另有规定的,从其规定。

(3)从事网约车服务的驾驶员,应当符合以下条件:
①取得相应准驾车型机动车驾驶证并具有3年以上驾驶经历。
②无交通肇事犯罪、危险驾驶犯罪记录,无吸毒记录,无饮酒后驾驶记录,最近连续3个记分周期内没有记满12分记录。
③无暴力犯罪记录。
④城市人民政府规定的其他条件。

(4)服务所在地设区的市级出租汽车行政主管部门依驾驶员或者网约车平台公司申请,按规定的条件核查并按规定考核后,为符合条件且考核合格的驾驶员,发放《网络预约出租汽车驾驶员证》。

四、网约车经营行为

(1)网约车平台公司承担承运人责任,应当保证运营安全,保障乘客合法权益。

(2)网约车平台公司应当保证提供服务车辆具备合法营运资质,技术状况良好,安全性能可靠,具有营运车辆相关保险,保证线上提供服务的车辆与线下实际提供服务的车辆一致,并将车辆相关信息向服务所在地出租汽车行政主管部门报备。

(3)网约车平台公司应当保证提供服务的驾驶员具有合法从业资格,按照有关法律法规规定,根据工作时长、服务频次等特点,与驾驶员签订多种形式的劳动合同或者协议,明确双方的权利和义务。网约车平台公司应当维护和保障驾驶员合法权益,开展有关法律法规、职业道德、服务规范、安全运营等方面的岗前培训和日常教育,保证线上提供服务的驾驶员与线下实际提供服务的驾驶员一致,并将驾驶员相关信息向服务所在地出租汽车行政主管部门报备。网约车平台公司应当记录驾驶员、约车人在其服务平台发布的信息内容、用户注册信息、身份认证信息、订单日志、上网日志、网上交易日志、行驶轨迹日志等数据并备份。

(4)网约车平台公司应当公布确定符合国家有关规定的计程计价方式,明确服务项目和质量承诺,建立服务评价体系和乘客投诉处理制度,如实采集与记录驾驶员服务信息。在提供网约车服务时,提供驾驶员姓名、照片、手机号码和服务评价结果,以及车辆牌照等信息。

(5)网约车平台公司应当合理确定网约车运价,实行明码标价,并向乘客提供相应的出租汽车发票。

(6)网约车平台公司不得妨碍市场公平竞争,不得侵害乘客合法权益和社会公共利益。网约车平台公司不得有为排挤竞争对手或者独占市场、以低于成本的价格运营扰乱正常市场秩序、损害国家利益或者其他经营者合法权益等不正当价格行为,不得有价格违法行为。

(7)网约车应当在许可的经营区域内从事经营活动,超出许可的经营区域的,起讫点一端应当在许可的经营区域内。

(8)网约车平台公司应当依法纳税,为乘客购买承运人责任险等相关保险,充分保障乘客权益。

(9)网约车平台公司应当加强安全管理,落实运营、网络等安全防范措施,严格数据安全保护和管理,提高安全防范和抗风险能力,支持配合有关部门开展相关工作。

(10)网约车平台公司和驾驶员提供经营服务应当符合国家有关运营服务标准,不得途中甩客或者故意绕道行驶,不得违规收费,不得对举报、投诉其服务质量或者对其服务作出不满意评价的乘客实施报复行为。

(11)网约车平台公司应当通过其服务平台以显著方式将驾驶员、约车人和乘客等个人信息的采集和使用的目的、方式和范围进行告知。未经信息主体明示同意,网约车平台公司不得使用前述个人信息用于开展其他业务。网约车平台公司采集驾驶员、约车人和乘客的个人信息,不得超越提供网约车业务所必需的范围。除配合国家机关依法行使监督检查权或者刑事侦查权外,网约车平台公司不得向任何第三方提供驾驶员、约车人和乘客的姓名、联系方式、家庭住址、银行账户或者支付账户、地理位置、出行线路等个人信息,不得泄露地理坐标、地理标志物等涉及国家安全的敏感信息。发生信息泄露后,网约车平台公司应当及时向相关主管部门报告,并采取及时有效的补救措施。

(12)网约车平台公司应当遵守国家网络和信息安全有关规定,所采集的个人信息和生成的业务数据,应当在中国内地存储和使用,保存期限不少于 2 年,除法律法规另有规定外,上述信息和数据不得外流。网约车平台公司不得利用其服务平台发布法律法规禁止传播的信息,不得为企业、个人及其他团体、组织发布有害信息提供便利,并采取有效措施过滤阻断有害信息传播。发现他人利用其网络服务平台传播有害信息的,应当立即停止传输,保存有关记录,并向国家有关机关报告。网约车平台公司应当依照法律规定,为公安机关依法开展国家安全工作,防范、调查违法犯罪活动提供必要的技术支持与协助。

(13)任何企业和个人不得向未取得合法资质的车辆、驾驶员提供信息对接开展网约车经营服务。不得以私人小客车合乘名义提供网约车经营服务。网约车车辆和驾驶员不得通过未取得经营许可的网络服务平台提供运营服务。

五、监督检查

(1)出租汽车行政主管部门应当建设和完善政府监管平台,实现与网约车平台信息共享。共享信息应当包括车辆和驾驶员基本信息、服务质量以及乘客评价信息等。出租汽车行政主管部门应当加强对网约车市场监管,加强对网约车平台公司、车辆和驾驶员的资质审查与证件核发管理。出租汽车行政主管部门应当定期组织开展网约车服务质量测评,并及时向社会公布本地区网约车平台公司基本信息、服务质量测评结果、乘客投诉处理情况等信息。出租汽车行政主管、公安等部门有权根据管理需要依法调取查阅管辖范围内网约车平台公司的登记、运营和交易等相关数据信息。

(2)通信主管部门和公安、网信部门应当按照各自职责,对网约车平台公司非法收集、存储、处理和利用有关个人信息、违反互联网信息服务有关规定、危害网络和信息安全、应用网约车服务平台发布有害信息或者为企业、个人及其他团体组织发布有害信息提供便利的行为,依法进行查处,并配合出租汽车行政主管部门对认定存在违法违规行为的网约车平台公司进行依法处置。公安机关、网信部门应当按照各自职责监督检查网络安全管理制度和安全保护技术措施的落实情况,防范、查处有关违法犯罪活动。

(3)发展改革、价格、通信、公安、人力资源社会保障、商务、人民银行、税务、市场监管、网信等部门按照各自职责,对网约车经营行为实施相关监督检查,并对违法行为依法处理。

(4)各有关部门应当按照职责建立网约车平台公司和驾驶员信用记录,并纳入全国信用信息共享平台,同时将网约车平台公司行政许可和行政处罚等信用信息在国家企业信用信息公示系统上予以公示。

(5)出租汽车行业协会组织应当建立网约车平台公司和驾驶员不良记录名单制度,加强行业自律。

六、法律责任

(1)有下列行为之一的,由县级以上出租汽车行政主管部门责令改正,予以警告,并处以1万元以上3万元以下罚款;构成犯罪的,依法追究刑事责任:

①未取得经营许可,擅自从事或者变相从事网约车经营活动的。

②伪造、变造或者使用伪造、变造、失效的《网络预约出租汽车运输证》《网络预约出租汽车驾驶员证》从事网约车经营活动的。

(2)网约车平台公司有下列行为之一的,由县级以上出租汽车行政主管部门和价格主管部门按照职责责令改正,对每次违法行为处以5000元以上1万元以下罚款;情节严重的,处以1万元以上3万元以下罚款:

①提供服务车辆未取得《网络预约出租汽车运输证》,或者线上提供服务车辆与线下实际提供服务车辆不一致的。

②提供服务驾驶员未取得《网络预约出租汽车驾驶员证》,或者线上提供服务驾驶员与线下实际提供服务驾驶员不一致的。

③未按照规定保证车辆技术状况良好的。

④起讫点均不在许可的经营区域从事网约车经营活动的。

⑤未按照规定将提供服务的车辆、驾驶员相关信息向服务所在地出租汽车行政主管部门报备的。

⑥未按照规定制定服务质量标准、建立并落实投诉举报制度的。

⑦未按照规定提供共享信息,或者不配合出租汽车行政主管部门调取查阅相关数据信息的。

⑧未履行管理责任,出现甩客、故意绕道、违规收费等严重违反国家相关运营服务标准行为的。

网约车平台公司不再具备线上线下服务能力或者有严重违法行为的,由县级以上出租汽车行政主管部门依据相关法律法规的有关规定责令停业整顿、吊销相关许可证件。

(3)网约车驾驶员有下列情形之一的,由县级以上出租汽车行政主管部门和价格主管部门按照职责责令改正,对每次违法行为处以50元以上200元以下罚款:

①未按照规定携带《网络预约出租汽车运输证》《网络预约出租汽车驾驶员证》的。

②途中甩客或者故意绕道行驶的。

③违规收费的。

④对举报、投诉其服务质量或者对其服务作出不满意评价的乘客实施报复行为的。

网约车驾驶员不再具备从业条件或者有严重违法行为的,由县级以上出租汽车行政主管部门依据相关法律法规的有关规定撤销或者吊销从业资格证件。对网约车驾驶员的行政处罚信息计入驾驶员和网约车平台公司信用记录。

(4)网约车平台公司违反有关规定的,由网信部门、公安机关和通信主管部门按各自职责依照相关法律法规规定给予处罚;给信息主体造成损失的,依法承担民事责任;涉嫌犯罪的,依法追究刑事责任。网约车平台公司及网约车驾驶员违法使用或者泄露约车人、乘客个人信息的,由公安、网信等部门依照各自职责处以2000元以上1万元以下罚款;给信息主体造成损失的,依法承担民事责任;涉嫌犯罪的,依法追究刑事责任。网约车平台公司拒不履行或者拒不按要求为公安机关依法开展国家安全工作,防范、调查违法犯罪活动提供技术支持与协助的,由公安机关依法予以处罚;构成犯罪的,依法追究刑事责任。

七、其他

(1)私人小客车合乘(拼车、顺风车),按城市人民政府有关规定执行。

(2)网约车行驶里程达到60万千米时强制报废。行驶里程未达到60万千米但使用年限达到8年时,退出网约车经营。小、微型非营运载客汽车登记为预约出租客运的,按照网约车报废标准报废。其他小、微型营运载客汽车登记为预约出租客运的,按照该类型营运载客汽车报废标准和网约车报废标准中先行达到的标准报废。

(3)省、自治区、直辖市人民政府有关部门要结合本地实际情况,制定网约车报废标准的具体规定,并报国务院商务、公安、交通运输等部门备案。

第十四节　机动车驾驶员培训管理规定

为加强机动车驾驶员培训行业管理,提高培训质量,保障人民生命财产安全,维护培训业户和学员的合法权益,满足道路运输发展和人民生活水平日益提高的需要,根据国务院有关文件精神,国务院交通主管部门于1996年12月23日颁布了《机动车驾驶员培训管理规定》(交通部令1996年第11号),自1996年12月23日起施行;为规范机动车驾驶员培训经营活动,维护机动车驾驶员培训市场秩序,保护各方当事人的合法权益,根据《道路交通安全法》《道路运输条例》等有关法律、行政法规,国务院交通主管部门于2006年1月12日重新颁布了《机动车驾驶员培训管理规定》(交通部令2006年第2号),自2006年4月1日起施行;此后,国务院交通运输主管部门于2016年4月21日以《关于修改〈机动车驾驶员培训管理规定〉的决定》(交通运输部令2016年第51号)对《机动车驾驶员培训管理规定》进行了修正。

《机动车驾驶员培训管理规定》分为7章55条,分别总则、经营许可、教练员管理、经营管理、监督检查、法律责任和附则等。从事机动车驾驶员培训业务,应当遵守《机动车驾驶员培训管理规定》。

一、机动车驾驶员培训及其管理主体

(1)机动车驾驶员培训是指以培训学员的机动车驾驶能力或者以培训道路运输驾驶人员的从业能力为教学任务,为社会公众有偿提供驾驶培训服务的活动,包括对初学机动车驾驶人员、增加准驾车型的驾驶人员和道路运输驾驶人员所进行的驾驶培训、继续教育以及机动车驾驶员培训教练场经营等业务。

(2)机动车驾驶员培训实行社会化,从事机动车驾驶员培训业务应当依法经营,诚实信用,公平竞争。

(3)机动车驾驶员培训管理应当公平、公正、公开和便民。

(4)国务院交通运输主管部门主管全国机动车驾驶员培训管理工作。县级以上地方人民政府交通运输主管部门负责组织领导本行政区域内的机动车驾驶员培训管理工作。县级以上道路运输管理机构负责具体实施本行政区域内的机动车驾驶员培训管理工作。

二、经营许可

机动车驾驶员培训依据经营项目、培训能力和培训内容实行分类许可。

(一)机动车驾驶员培训类别及范围

1. 机动车驾驶员培训类别

机动车驾驶员培训业务根据经营项目分为普通机动车驾驶员培训、道路运输驾驶员从业资格培训、机动车驾驶员培训教练场经营三类。

普通机动车驾驶员培训根据培训能力分为一级普通机动车驾驶员培训、二级普通机动车驾驶员培训和三级普通机动车驾驶员培训三类。

道路运输驾驶员从业资格培训根据培训内容分为道路客货运输驾驶员从业资格培训和

危险货物运输驾驶员从业资格培训两类。

2. 机动车驾驶员培训范围

（1）获得一级普通机动车驾驶员培训许可的，可以从事三种（含三种）以上相应车型的普通机动车驾驶员培训业务；获得二级普通机动车驾驶员培训许可的，可以从事两种相应车型的普通机动车驾驶员培训业务；获得三级普通机动车驾驶员培训许可的，只能从事一种相应车型的普通机动车驾驶员培训业务。

（2）获得道路客货运输驾驶员从业资格培训许可的，可以从事经营性道路旅客运输驾驶员、经营性道路货物运输驾驶员的从业资格培训业务；获得危险货物运输驾驶员从业资格培训许可的，可以从事道路危险货物运输驾驶员从业资格培训业务。获得道路运输驾驶员从业资格培训许可的，还可以从事相应车型的普通机动车驾驶员培训业务。

（3）获得机动车驾驶员培训教练场经营许可的，可以从事机动车驾驶员培训教练场经营业务。

（二）普通机动车驾驶员培训的资质条件

申请从事普通机动车驾驶员培训业务的，应当符合下列条件：

（1）取得企业法人资格。

（2）有健全的培训机构，包括教学、教练员、学员、质量、安全、结业考试和设施设备管理等组织机构，并明确负责人、管理人员、教练员和其他人员的岗位职责。具体要求按照《机动车驾驶员培训机构资格条件》（GB/T 30340）相关条款的规定执行。

（3）有健全的管理制度，包括安全管理制度、教练员管理制度、学员管理制度、培训质量管理制度、结业考试制度、教学车辆管理制度、教学设施设备管理制度、教练场地管理制度、档案管理制度等。具体要求按照《机动车驾驶员培训机构资格条件》（GB/T 30340）相关条款的规定执行。

（4）有与培训业务相适应的教学人员。

①有与培训业务相适应的理论教练员。机动车驾驶员培训机构聘用的理论教练员应当具备以下条件：持有机动车驾驶证，具有汽车及相关专业中专以上学历或者汽车及相关专业中级以上技术职称，具有2年以上安全驾驶经历，熟练掌握道路交通安全法规、驾驶理论、机动车构造、交通安全心理学、常用伤员急救等安全驾驶知识，了解车辆环保和节约能源的有关知识，了解教育学、教育心理学的基本教学知识，具备编写教案、规范讲解的授课能力。

②有与培训业务相适应的驾驶操作教练员。机动车驾驶员培训机构聘用的驾驶操作教练员应当具备以下条件：持有相应的机动车驾驶证，年龄不超过60周岁，符合一定的安全驾驶经历和相应车型驾驶经历，熟练掌握道路交通安全法规、驾驶理论、机动车构造、交通安全心理学和应急驾驶的基本知识，熟悉车辆维护和常见故障诊断、车辆环保和节约能源的有关知识，具备驾驶要领讲解、驾驶动作示范、指导驾驶的教学能力。

③所配备的理论教练员数量要求及每种车型所配备的驾驶操作教练员数量要求应当按照《机动车驾驶员培训机构资格条件》（GB/T 30340）相关条款的规定执行。

（5）有与培训业务相适应的管理人员，包括理论教学负责人、驾驶操作训练负责人、教学车辆管理人员、结业考核人员和计算机管理人员。具体要求按照《机动车驾驶员培训机构资格条件》（GB/T 30340）相关条款的规定执行。

(6)有必要的教学车辆:

①所配备的教学车辆应当符合国家有关技术标准要求,并装有副后视镜、副制动踏板、灭火器及其他安全防护装置。具体要求按照《机动车驾驶员培训机构资格条件》(GB/T 30340)相关条款的规定执行。

②从事一级普通机动车驾驶员培训的,所配备的教学车辆不少于80辆;从事二级普通机动车驾驶员培训的,所配备的教学车辆不少于40辆;从事三级普通机动车驾驶员培训的,所配备的教学车辆不少于20辆。具体要求按照《机动车驾驶员培训机构资格条件》(GB/T 30340)相关条款的规定执行。

(7)有必要的教学设施、设备和场地。

具体要求按照《机动车驾驶员培训机构资格条件》(GB/T 30340)相关条款的规定执行。租用教练场地的,还应当持有书面租赁合同和出租方土地使用证明,租赁期限不得少于3年。

(三)道路运输驾驶员从业资格培训的资质条件

申请从事道路运输驾驶员从业资格培训业务的,应当具备下列条件。

(1)取得企业法人资格。

(2)具备相应车型的普通机动车驾驶员培训资格:

①从事道路客货运输驾驶员从业资格培训业务的,应当同时具备大型客车、城市公交车、中型客车、小型汽车(含小型自动挡汽车)4种车型中至少1种车型的普通机动车驾驶员培训资格和通用货车半挂车(牵引车)、大型货车2种车型中至少1种车型的普通机动车驾驶员培训资格。

②从事危险货物运输驾驶员从业资格培训业务的,应当具备通用货车半挂车(牵引车)、大型货车2种车型中至少1种车型的普通机动车驾驶员培训资格。

(3)有与培训业务相适应的教学人员:

①从事道路客货运输驾驶员从业资格培训业务的,应当配备2名以上教练员。教练员应当具有汽车及相关专业大专以上学历或者汽车及相关专业高级以上技术职称,熟悉道路旅客运输法规、货物运输法规以及机动车维修、货物装卸保管和旅客急救等相关知识,具备相应的授课能力,具有2年以上从事普通机动车驾驶员培训的教学经历,且近2年无不良的教学记录。

②从事危险货物运输驾驶员从业资格培训业务的,应当配备2名以上教练员。教练员应当具有化工及相关专业大专以上学历或者化工及相关专业高级以上技术职称,熟悉危险货物运输法规、危险化学品特性、包装容器使用方法、职业安全防护和应急救援等知识,具备相应的授课能力,具有2年以上化工及相关专业的教学经历,且近2年无不良的教学记录。

(4)有必要的教学设施、设备和场地:

①从事道路客货运输驾驶员从业资格培训业务的,应当配备相应的机动车构造、机动车维护、常见故障诊断和排除、货物装卸保管、医学救护、消防器材等教学设施、设备和专用场地。

②从事危险货物运输驾驶员从业资格培训业务的,还应当同时配备常见危险化学品样本、包装容器、教学挂图、危险化学品实验室等设施、设备和专用场地。

(四)机动车驾驶员培训教练场经营的资质条件

申请从事机动车驾驶员培训教练场经营业务的,应当具备下列条件:

(1)取得企业法人资格。

(2)有与经营业务相适应的教练场地。具体要求按照《机动车驾驶员培训教练场技术要求》(GB/T 30341)相关条款的规定执行。

(3)有与经营业务相适应的场地设施、设备,办公、教学、生活设施以及维护服务设施。具体要求按照《机动车驾驶员培训教练场技术要求》(GB/T 30341)相关条款的规定执行。

(4)具备相应的安全条件。包括场地封闭设施、训练区隔离设施、安全通道以及消防设施、设备等。具体要求按照《机动车驾驶员培训教练场技术要求》(GB/T 30341)相关条款的规定执行。

(5)有相应的管理人员。包括教练场安全负责人、档案管理人员以及场地设施、设备管理人员。

(6)有健全的安全管理制度。包括安全检查制度、安全责任制度、教学车辆安全管理制度以及突发事件应急预案等。

(五)机动车驾驶员培训的申请材料

申请从事机动车驾驶员培训经营的,应当依法向市场监督管理机构办理有关登记手续后,向所在地县级道路运输管理机构提出申请,并提交以下材料:

(1)《交通运输行政许可申请书》。

(2)申请人身份证明及复印件。

(3)经营场所使用权证明或产权证明及复印件。

(4)教练场地使用权证明或产权证明及复印件。

(5)教练场地技术条件说明。

(6)教学车辆技术条件、车型及数量证明(申请从事机动车驾驶员培训教练场经营的无须提交)。

(7)教学车辆购置证明(申请从事机动车驾驶员培训教练场经营的无须提交)。

(8)各类设施、设备清单。

(9)拟聘用人员名册、职称证明。

(10)申请人办理的营业执照正、副本及复印件。

(11)根据规定需要提供的其他相关材料。

申请从事普通机动车驾驶员培训业务的,在递交申请材料时,应当同时提供由公安交警部门出具的相关人员安全驾驶经历证明,安全驾驶经历的起算时间自申请材料递交之日起倒计。

(六)机动车驾驶员培训许可的实施

(1)道路运输管理机构应当按照《道路运输条例》和《交通行政许可实施程序规定》规范的程序实施机动车驾驶员培训业务的行政许可。

(2)道路运输管理机构应当对申请材料中关于教练场地、教学车辆以及各种设施、设备的实质内容进行核实。

(3)道路运输管理机构对机动车驾驶员培训业务申请予以受理的,应当自受理申请之日起15日内审查完毕,作出许可或者不予许可的决定。对符合法定条件的,道路运输管理机构作出准予行政许可的决定,向申请人出具《交通运输行政许可决定书》,并在10日内向被许可人颁发机动车驾驶员培训许可证件,明确许可事项;对不符合法定条件的,道路运输管理机构作出不予许可的决定,向申请人出具《不予交通运输行政许可决定书》,说明理由,并告知申请人享有依法申请行政复议或者提起行政诉讼的权利。

(七)机动车驾驶员培训许可证件管理

机动车驾驶员培训许可证件实行有效期制。从事普通机动车驾驶员培训业务和机动车驾驶员培训教练场经营业务的证件有效期为6年;从事道路运输驾驶员从业资格培训业务的证件有效期为4年。

机动车驾驶员培训许可证件由省级道路运输管理机构统一印制并编号,县级道路运输管理机构按照规定发放和管理。

机动车驾驶员培训机构应当在许可证件有效期届满前30日到作出原许可决定的道路运输管理机构办理换证手续。

(八)机动车驾驶员培训许可的变更与注销

机动车驾驶员培训机构变更许可事项的,应当向原作出许可决定的道路运输管理机构提出申请;符合法定条件、标准的,实施机关应当依法办理变更手续。机动车驾驶员培训机构变更名称、法定代表人等事项的,应当向原作出许可决定的道路运输管理机构备案。

机动车驾驶员培训机构需要终止经营的,应当在终止经营前30日到原作出许可决定的道路运输管理机构办理行政许可注销手续。

三、教练员管理

(1)鼓励教练员同时具备理论教练员和驾驶操作教练员的教学水平。

(2)机动车驾驶培训教练员应当按照统一的教学大纲规范施教,并如实填写《教学日志》和《培训记录》。

(3)机动车驾驶员培训机构应当加强对教练员的职业道德教育和驾驶新知识、新技术的再教育,对教练员每年进行至少1周的脱岗培训,提高教练员的职业素质。

(4)机动车驾驶员培训机构应当加强对教练员教学情况的监督检查,定期对教练员的教学水平和职业道德进行评议,公布教练员的教学质量排行情况,督促教练员提高教学质量。

(5)省级道路运输管理机构应当制定机动车驾驶培训教练员教学质量信誉考核办法,对机动车驾驶培训教练员实行教学质量信誉考核制度。机动车驾驶培训教练员教学质量信誉考核内容应当包括教练员的基本情况、教学业绩、教学质量排行情况、参加再教育情况、不良记录等。

(6)省级道路运输管理机构应当建立教练员档案,使用统一的数据库和管理软件,实行计算机联网管理,并依法向社会公开教练员信息。机动车驾驶培训教练员教学质量信誉考核结果是教练员档案的重要组成部分。

四、经营管理

(一)培训业务公示及经营区域

(1)在未取得机动车驾驶员培训许可证件前,任何单位或者个人不得开展机动车驾驶员培训经营活动。机动车驾驶员培训机构应当按照经批准的行政许可事项开展培训业务。

(2)机动车驾驶员培训机构应当将机动车驾驶员培训许可证件悬挂在经营场所的醒目位置,公示其经营类别、培训范围、收费项目、收费标准、教练员、教学场地等情况。

(3)机动车驾驶员培训机构应当在注册地开展培训业务,不得采取异地培训、恶意压价、欺骗学员等不正当手段开展经营活动,不得允许社会车辆以其名义开展机动车驾驶员培训经营活动。

(二)培训制度

(1)机动车驾驶员培训实行学时制,按照学时合理收取费用。机动车驾驶员培训机构应当将学时收费标准报所在地道路运输管理机构备案。对每个学员理论培训时间每天不得超过6个学时,实际操作培训时间每天不得超过4个学时。

(2)机动车驾驶员培训机构应当建立学时预约制度,并向社会公布联系电话和预约方式。

(3)参加机动车驾驶员培训的人员,在报名时应当填写《学员登记表》,并提供身份证明及复印件。参加道路运输驾驶员从业资格培训的人员,还应当同时提供驾驶证及复印件。报名人员应当对所提供材料的真实性负责。

(4)机动车驾驶员培训机构应当按照全国统一的教学大纲进行培训。培训结束时,应当向结业人员颁发《结业证书》。《结业证书》由省级道路运输管理机构按照全国统一式样印制并编号。

(5)机动车驾驶员培训机构应当建立学员档案。学员档案主要包括《学员登记表》《教学日志》《培训记录》《结业证书》复印件等。学员档案保存期不少于4年。

(三)教学车辆

(1)机动车驾驶员培训机构应当使用符合标准并取得牌证、具有统一标识的教学车辆。教学车辆的统一标识由省级道路运输管理机构负责制定,并组织实施。

(2)机动车驾驶员培训机构应当按照国家的有关规定对教学车辆进行定期维护和检测,保持教学车辆性能完好,满足教学和安全行车的要求,并按照国家有关规定及时更新。禁止使用报废的、检测不合格的和其他不符合国家规定的车辆从事机动车驾驶员培训业务。不得随意改变教学车辆的用途。

(3)机动车驾驶员培训机构应当建立教学车辆档案。教学车辆档案主要内容包括车辆基本情况、维护和检测情况、技术等级记录、行驶里程记录等。教学车辆档案应当保存至车辆报废后1年。

(四)培训实施

(1)机动车驾驶员培训机构在道路上进行培训活动,应当遵守公安交通管理部门指定的路线和时间,并在教练员随车指导下进行,与教学无关的人员不得乘坐教学车辆。

(2)机动车驾驶员培训机构应当保持教学设施、设备的完好,充分利用先进的科技手段,提高培训质量。

(3)机动车驾驶员培训机构应当按照有关规定向县级以上道路运输管理机构报送《培训记录》以及有关统计资料。《培训记录》应当经教练员审核签字。

(4)道路运输管理机构应当根据机动车驾驶员培训机构执行教学大纲、颁发《结业证书》等情况,对《培训记录》及统计资料进行严格审查。

(五)培训质量信誉考评

省级道路运输管理机构应当建立机动车驾驶员培训机构质量信誉考评体系,制定机动车驾驶员培训监督管理的量化考核标准,并定期向社会公布对机动车驾驶员培训机构的考核结果。机动车驾驶员培训机构质量信誉考评应当包括培训机构的基本情况、教学大纲执行情况、《结业证书》发放情况、《培训记录》填写情况、教练员的质量信誉考核结果、培训业绩、考试情况、不良记录等内容。

五、监督检查

(1)各级道路运输管理机构应当加强对机动车驾驶员培训经营活动的监督检查,积极运用信息化技术手段,科学、高效地开展工作。

(2)道路运输管理机构的工作人员应当严格按照职责权限和程序进行监督检查,不得滥用职权、徇私舞弊,不得乱收费、乱罚款,不得妨碍培训机构的正常工作秩序。

(3)道路运输管理机构实施现场监督检查,应当指派2名以上执法人员参加。执法人员应当向当事人出示交通运输部监制的交通行政执法证件。执法人员实施现场监督检查,可以行使下列职权:

①询问教练员、学员以及其他相关人员,并可以要求被询问人提供与违法行为有关的证明材料。

②查阅、复制与违法行为有关的《教学日志》《培训记录》及其他资料;核对与违法行为有关的技术资料。

③在违法行为发现场所进行摄影、摄像取证。

④检查与违法行为有关的教学车辆和教学设施、设备。

执法人员应当如实记录检查情况和处理结果,并按照规定归档。当事人有权查阅监督检查记录。

(4)机动车驾驶员培训机构在许可机关管辖区域外违法从事培训活动的,违法行为发生地的道路运输管理机构应当依法对其予以处罚,同时将违法事实、处罚结果抄送许可机关。

(5)机动车驾驶员培训机构、管理人员、教练员、学员以及其他相关人员应当积极配合执法人员的监督检查工作,如实反映情况,提供有关资料。

六、法律责任

(1)未经许可擅自从事机动车驾驶员培训业务,有下列情形之一的,由县级以上道路运输管理机构责令停止经营;有违法所得的,没收违法所得,并处违法所得2倍以上10倍以下的罚款;没有违法所得或者违法所得不足1万元的,处2万元以上5万元以下的罚款;构成犯罪的,依法追究刑事责任:

①未取得机动车驾驶员培训许可证件,非法从事机动车驾驶员培训业务的。

②使用无效、伪造、变造、被注销的机动车驾驶员培训许可证件,非法从事机动车驾驶员培训业务的。

③超越许可事项,非法从事机动车驾驶员培训业务的。

(2)机动车驾驶员培训机构非法转让、出租机动车驾驶员培训许可证件的,由县级以上道路运输管理机构责令停止违法行为,收缴有关证件,处2000元以上1万元以下的罚款;有违法所得的,没收违法所得。对于接受非法转让、出租的受让方,按照未经许可擅自从事机动车驾驶员培训业务的规定处罚。

(3)机动车驾驶员培训机构不严格按照规定进行培训或者在培训结业证书发放时弄虚作假,有下列情形之一的,由县级以上道路运输管理机构责令改正;拒不改正的,由原许可机关吊销其经营许可。

①未按照全国统一的教学大纲进行培训的。
②未向培训结业的人员颁发《结业证书》的。
③向培训未结业的人员颁发《结业证书》的。
④向未参加培训的人员颁发《结业证书》的。
⑤使用无效、伪造、变造《结业证书》的。
⑥租用其他机动车驾驶员培训机构《结业证书》的。

(4)机动车驾驶员培训机构有下列情形之一的,由县级以上道路运输管理机构责令限期整改;逾期整改不合格的,予以通报:

①未在经营场所醒目位置悬挂机动车驾驶员培训经营许可证件的。
②未在经营场所公示其经营类别、培训范围、收费项目、收费标准、教练员、教学场地等情况的。
③未按照要求聘用教学人员的。
④未按规定建立学员档案、教学车辆档案的。
⑤未按规定报送《培训记录》和有关统计资料的。
⑥使用不符合规定的车辆及设施、设备从事教学活动的。
⑦存在索取、收受学员财物,或者谋取其他利益等不良行为的。
⑧未定期公布教练员教学质量排行情况的。
⑨违反本规定其他有关规定的。

(5)机动车驾驶培训教练员有下列情形之一的,由县级以上道路运输管理机构责令限期整改;逾期整改不合格的,予以通报:

①未按照全国统一的教学大纲进行教学的。
②填写《教学日志》《培训记录》弄虚作假的。
③教学过程中有道路交通安全违法行为或者造成交通事故的。
④存在索取、收受学员财物,或者谋取其他利益等不良行为的。
⑤未按照规定参加驾驶新知识、新技能再教育的。
⑥违反本规定其他有关规定的。

(6)道路运输管理机构的工作人员,有下列情形之一的,依法给予行政处分;构成犯罪的,依法追究刑事责任:

①不按规定的条件、程序和期限实施行政许可的。
②参与或者变相参与机动车驾驶员培训业务的。

③发现违法行为不及时查处的。
④索取、收受他人财物,或者谋取其他利益的。
⑤有其他违法违纪行为的。

第十五节　机动车维修管理规定

为规范机动车维修经营活动,维护机动车维修市场秩序,保护机动车维修各方当事人的合法权益,保障机动车运行安全,保护环境,节约能源,促进机动车维修业的健康发展,根据《道路运输条例》及有关法律、行政法规的规定,国务院交通主管部门于2005年6月24日颁布了《机动车维修管理规定》(交通部令2005年第7号),自2005年8月1日起施行。此后,国务院交通运输主管部门于2015年8月8日以《关于修改〈机动车维修管理规定〉的决定》(交通运输部令2015年17号)对《机动车维修管理规定》进行了第一次修正;2016年4月19日,以《关于修改〈机动车维修管理规定〉的决定》(交通运输部令2016年第37号)对《机动车维修管理规定》进行了第二次修正;2019年6月21日,以《关于修改〈机动车维修管理规定〉的决定》(交通运输部令2019年第20号)对《机动车维修管理规定》进行了第三次修正。

《机动车维修管理规定》分为7章55条,分别为总则、经营许可、维修经营、质量管理、监督检查、法律责任和附则。从事机动车维修经营,应当遵守《机动车维修管理规定》。

一、机动车维修发展原则与管理主体

(一)机动车维修经营

机动车维修经营是指以维持或者恢复机动车技术状况和正常功能,延长机动车使用寿命为作业任务所进行的维护、修理以及维修救援等相关经营活动。

(二)机动车维修业发展原则

(1)机动车维修经营者应当依法经营,诚实信用,公平竞争,优质服务,落实安全生产主体责任和维修质量主体责任。

(2)机动车维修管理,应当公平、公正、公开和便民。

(3)任何单位和个人不得封锁或者垄断机动车维修市场。托修方有权自主选择维修经营者进行维修。除汽车生产厂家履行缺陷汽车产品召回、汽车质量"三包"责任外,任何单位和个人不得强制或者变相强制指定维修经营者。鼓励机动车维修企业实行集约化、专业化、连锁经营,促进机动车维修业的合理分工和协调发展。鼓励推广应用机动车维修环保、节能、不解体检测和故障诊断技术,推进行业信息化建设和救援、维修服务网络化建设,提高机动车维修行业整体素质,满足社会需要。鼓励机动车维修企业优先选用具备机动车检测维修国家职业资格的人员,并加强技术培训,提升从业人员素质。

(三)机动车维修管理主体

国务院交通运输主管部门主管全国机动车维修管理工作。县级以上地方人民政府交通运输主管部门负责组织领导本行政区域的机动车维修管理工作。县级以上道路运输管理机构负责具体实施本行政区域内的机动车维修管理工作。

二、经营备案

(一)机动车维修业务的类别及分类备案

从事机动车维修经营业务的,应当在依法向市场监督管理机构办理有关登记手续后,向所在地县级道路运输管理机构进行备案。

机动车维修经营依据维修车型种类、服务能力和经营项目实行分类备案。

道路运输管理机构应当按照《道路运输条例》和《机动车维修管理规定》实施机动车维修经营备案。道路运输管理机构不得向机动车维修经营者收取备案相关费用。

1. 机动车维修业务分类

机动车维修经营业务根据维修对象分为汽车维修经营业务、危险货物运输车辆维修经营业务、摩托车维修经营业务和其他机动车维修经营业务4类。

汽车维修经营业务、其他机动车维修经营业务根据经营项目和服务能力分为一类维修经营业务、二类维修经营业务和三类维修经营业务。

摩托车维修经营业务根据经营项目和服务能力分为一类维修经营业务和二类维修经营业务。

2. 机动车维修经营范围

(1)一类、二类汽车维修经营业务或者其他机动车维修经营业务,可以从事相应车型的整车修理、总成修理、整车维护、小修、维修救援、专项修理和维修竣工检验工作;三类汽车维修经营业务(含汽车综合小修)或者三类其他机动车维修经营业务,可以分别从事汽车综合小修或者发动机维修、车身维修、电气系统维修、自动变速器维修、轮胎动平衡及修补、四轮定位检测调整、汽车润滑与养护、喷油泵和喷油器维修、曲轴修磨、气缸镗磨、散热器维修、空调维修、汽车美容装潢、汽车玻璃安装及修复等汽车专项维修工作。具体有关经营项目按照《汽车维修业开业条件》(GB/T 16739)相关条款的规定执行。

(2)一类摩托车维修经营业务,可以从事摩托车整车修理、总成修理、整车维护、小修、专项修理和竣工检验工作;二类摩托车维修经营业务,可以从事摩托车维护、小修和专项修理工作。

(3)危险货物运输车辆维修经营业务,除可以从事危险货物运输车辆维修经营业务外,还可以从事一类汽车维修经营业务。

(二)汽车维修或者其他机动车维修经营的条件

从事汽车维修经营业务或者其他机动车维修经营业务的,应当符合下列条件:

(1)有与其经营业务相适应的维修车辆停车场和生产厂房。租用的场地应当有书面的租赁合同,且租赁期限不得少于1年。停车场和生产厂房面积按照《汽车维修业开业条件》(GB/T 16739)相关条款的规定执行。

(2)有与其经营业务相适应的设备、设施。所配备的计量设备应当符合国家有关技术标准要求,并经法定检定机构检定合格。从事汽车维修经营业务的设备、设施的具体要求按照《汽车维修业开业条件》(GB/T 16739)相关条款的规定执行;从事其他机动车维修经营业务的设备、设施的具体要求,参照《汽车维修业开业条件》(GB/T 16739)执行,但所配备设施、设备应与其维修车型相适应。

(3)有必要的技术人员:

①从事一类和二类维修业务的应当各配备至少1名技术负责人员、质量检验人员、业务接待人员以及从事机修、电器、钣金、涂漆的维修技术人员。技术负责人员应当熟悉汽车或者其他机动车维修业务,并掌握汽车或者其他机动车维修及相关政策法规和技术规范;质量检验人员应当熟悉各类汽车或者其他机动车维修检测作业规范,掌握汽车或者其他机动车维修故障诊断和质量检验的相关技术,熟悉汽车或者其他机动车维修服务收费标准及相关政策法规和技术规范,并持有与承修车型种类相适应的机动车驾驶证;从事机修、电器、钣金、涂漆的维修技术人员应当熟悉所从事工种的维修技术和操作规范,并了解汽车或者其他机动车维修及相关政策法规。各类技术人员的配备要求按照《汽车维修业开业条件》(GB/T 16739)相关条款的规定执行。

②从事三类维修业务的,按照其经营项目分别配备相应的机修、电器、钣金、涂漆的维修技术人员;从事汽车综合小修、发动机维修、车身维修、电气系统维修、自动变速器维修的,还应当配备技术负责人员和质量检验人员。各类技术人员的配备要求按照《汽车维修业开业条件》(GB/T 16739)相关条款的规定执行。

(4)有健全的维修管理制度。包括质量管理制度、安全生产管理制度、车辆维修档案管理制度、人员培训制度、设备管理制度及配件管理制度。具体要求按照《汽车维修业开业条件》(GB/T 16739)相关条款的规定执行。

(5)有必要的环境保护措施。具体要求按照《汽车维修业开业条件》(GB/T 16739)相关条款的规定执行。

(三)危险货物运输车辆维修经营的条件

从事危险货物运输车辆维修的汽车维修经营者,除具备汽车维修经营一类维修经营业务的条件外,还应当具备下列条件:

(1)有与其作业内容相适应的专用维修车间和设备、设施,并设置明显的指示性标志。

(2)有完善的突发事件应急预案,应急预案包括报告程序、应急指挥以及处置措施等内容。

(3)有相应的安全管理人员。

(4)有齐全的安全操作规程。

危险货物运输车辆维修是指对运输易燃、易爆、腐蚀、放射性、剧毒等性质货物的机动车维修,不包含对危险货物运输车辆罐体的维修。

(四)摩托车维修经营的条件

从事摩托车维修经营的,应当符合下列条件。

(1)有与其经营业务相适应的摩托车维修停车场和生产厂房。租用的场地应有书面的租赁合同,且租赁期限不得少于1年。停车场和生产厂房的面积按照《摩托车维修业开业条件》(GB/T 18189)相关条款的规定执行。

(2)有与其经营业务相适应的设备、设施。所配备的计量设备应符合国家有关技术标准要求,并经法定检定机构检定合格。具体要求按照《摩托车维修业开业条件》(GB/T 18189)

相关条款的规定执行。

(3) 有必要的技术人员:

①从事一类维修业务的应当至少有 1 名质量检验人员。质量检验人员应当熟悉各类摩托车维修检测作业规范,掌握摩托车维修故障诊断和质量检验的相关技术,熟悉摩托车维修服务收费标准及相关政策法规和技术规范。

②按照其经营业务分别配备相应的机修、电器、钣金、涂漆的维修技术人员。机修、电器、钣金、涂漆的维修技术人员应当熟悉所从事工种的维修技术和操作规范,并了解摩托车维修及相关政策法规。

(4) 有健全的维修管理制度。包括质量管理制度、安全生产管理制度、摩托车维修档案管理制度、人员培训制度、设备管理制度及配件管理制度。具体要求按照《摩托车维修业开业条件》(GB/T 18189) 相关条款的规定执行。

(5) 有必要的环境保护措施。具体要求按照《摩托车维修业开业条件》(GB/T 18189) 相关条款的规定执行。

(五) 备案的实施

(1) 从事机动车维修经营的,应当向所在地的县级道路运输管理机构进行备案,提交《机动车维修经营备案表》,附送下列材料,并保证材料真实完整:

①维修经营者的营业执照复印件。

②经营场地(含生产厂房和业务接待室)、停车场面积材料、土地使用权及产权证明等相关材料。

③技术人员汇总表,以及各相关人员的学历、技术职称或职业资格证明等相关材料。

④维修设备设施汇总表,维修检测设备及计量设备检定合格证明等相关材料。

⑤维修管理制度等相关材料。

⑥环境保护措施等相关材料。

(2) 从事机动车维修连锁经营服务的,其机动车维修连锁经营企业总部应先完成备案。机动车维修连锁经营服务网点可由机动车维修连锁经营企业总部向连锁经营服务网点所在地县级道路运输管理机构进行备案,提交《机动车维修经营备案表》,附送下列材料,并对材料真实性承担相应的法律责任:

①连锁经营协议书副本。

②连锁经营的作业标准和管理手册。

③连锁经营服务网点符合机动车维修经营相应条件的承诺书。

连锁经营服务网点的备案经营项目应当在机动车维修连锁经营企业总部备案经营项目范围内。

(3) 道路运输管理机构收到备案材料后,对材料齐全且符合备案要求的应当予以备案,并编号归档;对材料不全或者不符合备案要求的,应当场或者自收到备案材料之日起 5 日内一次性书面通知备案人需要补充的全部内容。

(4) 机动车维修经营者名称、法定代表人、经营范围、经营地址等备案事项发生变化的,应当向原办理备案的道路运输管理机构办理备案变更。机动车维修经营者需要终止经营的,应当在终止经营前 30 日告知原备案机构。

(5)道路运输管理机构应当向社会公布已备案的机动车维修经营者名单并及时更新,便于社会查询和监督。

三、维修经营

机动车维修经营者应当按照备案的经营范围开展维修服务。

(一)维修业务公示

(1)机动车维修经营者应当将《机动车维修标志牌》悬挂在经营场所的醒目位置。《机动车维修标志牌》由机动车维修经营者按照统一式样和要求自行制作。

(2)机动车维修经营者不得擅自改装机动车,不得承修已报废的机动车,不得利用配件拼装机动车。托修方要改变机动车车身颜色,更换发动机、车身和车架的,应当按照有关法律、法规的规定办理相关手续,机动车维修经营者在查看相关手续后方可承修。

(二)安全管理

机动车维修经营者应当加强对从业人员的安全教育和职业道德教育,确保安全生产。机动车维修从业人员应当执行机动车维修安全生产操作规程,不得违章作业。

(三)环境保护

机动车维修产生的废弃物,应当按照国家的有关规定进行处理。

(四)维修工时定额和收费

(1)机动车维修经营者应当公布机动车维修工时定额和收费标准,合理收取费用。机动车维修工时定额可按各省机动车维修协会等行业中介组织统一制定的标准执行,也可按机动车维修经营者报所在地道路运输管理机构备案后的标准执行,也可按机动车生产厂家公布的标准执行。当上述标准不一致时,优先适用机动车维修经营者备案的标准。机动车维修经营者应当将其执行的机动车维修工时单价标准报所在地道路运输管理机构备案。机动车生产、进口企业应当在新车型投放市场后 6 个月内,向社会公布其生产、进口机动车车型的维修技术信息和工时定额。具体要求按照国家有关部门关于汽车维修技术信息公开的规定执行。

(2)机动车维修经营者应当使用规定的结算票据,并向托修方交付维修结算清单,作为托修方追责依据。维修结算清单中,工时费与材料费应当分项计算。维修结算清单应当符合有关标准要求,维修结算清单内容应包括托修方信息、承修方信息、维修费用明细单等。机动车维修经营者不出具规定的结算票据和结算清单的,托修方有权拒绝支付费用。

(五)维修统计

机动车维修经营者应当按照规定,向道路运输管理机构报送统计资料。道路运输管理机构应当为机动车维修经营者保守商业秘密。

(六)连锁经营

机动车维修连锁经营企业总部应当按照统一采购、统一配送、统一标识、统一经营方针、统一服务规范和价格的要求,建立连锁经营的作业标准和管理手册,加强对连锁经营服务网点经营行为的监管和约束,杜绝不规范的商业行为。

四、质量管理

(一)维修规范

(1)机动车维修经营者应当按照国家、行业或者地方的维修标准规范和机动车生产、进口企业公开的维修技术信息进行维修。尚无标准或规范的,可参照机动车生产企业提供的维修手册、使用说明书和有关技术资料进行维修。机动车维修经营者不得通过临时更换机动车污染控制装置、破坏机动车车载排放诊断系统等维修作业,使机动车通过排放检验。

(2)机动车维修经营者不得使用假冒伪劣配件维修机动车。机动车维修配件实行追溯制度。机动车维修经营者应当记录配件采购、使用信息,查验产品合格证等相关证明,并按规定留存配件来源凭证。托修方、维修经营者可以使用同质配件维修机动车。同质配件是指产品质量等同或者高于装车零部件标准要求,且具有良好装车性能的配件。机动车维修经营者对于换下的配件、总成,应当交托修方自行处理。机动车维修经营者应当将原厂配件、同质配件和修复配件分别标识,明码标价,供用户选择。

(二)维修检验

(1)机动车维修经营者对机动车进行二级维护、总成修理、整车修理的,应当实行维修前诊断检验、维修过程检验和竣工质量检验制度。承担机动车维修竣工质量检验的机动车维修企业或机动车综合性能检测机构应当使用符合有关标准并在检定有效期内的设备,按照有关标准进行检测,如实提供检测结果证明,并对检测结果承担法律责任。

(2)机动车维修竣工质量检验合格的,维修质量检验人员应当签发《机动车维修竣工出厂合格证》;未签发机动车维修竣工出厂合格证的机动车,不得交付使用,车主可以拒绝交费或接车。

(三)机动车维修档案

机动车维修经营者应当建立机动车维修档案,并实行档案电子化管理。维修档案应当包括维修合同(托修单)、维修项目、维修人员及维修结算清单等。对机动车进行二级维护、总成修理、整车修理的,维修档案还应当包括质量检验单、质量检验人员、竣工出厂合格证(副本)等。

机动车维修经营者应当按照规定如实填报、及时上传承修机动车的维修电子数据记录至国家有关汽车维修电子健康档案系统。机动车生产厂家或者第三方开发、提供机动车维修服务管理系统的,应当向汽车维修电子健康档案系统开放相应数据接口。

机动车托修方有权查阅机动车维修档案。

(四)维修从业人员管理

道路运输管理机构应当加强机动车维修从业人员管理,建立健全从业人员信用档案,加强从业人员诚信监管。机动车维修经营者应当加强从业人员从业行为管理,促进从业人员诚信、规范从业维修。

(五)维修质量监督与保证期制度

(1)道路运输管理机构应当加强对机动车维修经营的质量监督和管理,采用定期检查、随机抽样检测检验的方法,对机动车维修经营者维修质量进行监督。道路运输管理机构可以委托具有法定资格的机动车维修质量监督检验单位,对机动车维修质量进行监督检验。

(2)机动车维修实行竣工出厂质量保证期制度。

①汽车和危险货物运输车辆整车修理或总成修理质量保证期为车辆行驶2万千米或者100日;二级维护质量保证期为车辆行驶5000千米或者30日;一级维护、小修及专项修理质量保证期为车辆行驶2000千米或者10日。

②摩托车整车修理或者总成修理质量保证期为摩托车行驶7000千米或者80日;维护、小修及专项修理质量保证期为摩托车行驶800千米或者10日。

③其他机动车整车修理或者总成修理质量保证期为机动车行驶6000千米或者60日;维护、小修及专项修理质量保证期为机动车行驶700千米或者7日。

质量保证期中行驶里程和日期指标,以先达到者为准。机动车维修质量保证期,从维修竣工出厂之日起计算。

(3)在质量保证期和承诺的质量保证期内,因维修质量原因造成机动车无法正常使用,且承修方在3日内不能或者无法提供因非维修原因而造成机动车无法使用的相关证据的,机动车维修经营者应当及时无偿返修,不得故意拖延或者无理拒绝。在质量保证期内,机动车因同一故障或维修项目经2次修理仍不能正常使用的,机动车维修经营者应当负责联系其他机动车维修经营者,并承担相应修理费用。

(4)机动车维修经营者应当公示承诺的机动车维修质量保证期。所承诺的质量保证期不得低于规定的保证期。

(六)机动车维修质量纠纷处理

(1)道路运输管理机构应当受理机动车维修质量投诉,积极按照维修合同约定和相关规定调解维修质量纠纷。

(2)机动车维修质量纠纷双方当事人均有保护当事车辆原始状态的义务。必要时可拆检车辆有关部位,但双方当事人应同时在场,共同认可拆检情况。

(3)对机动车维修质量的责任认定需要进行技术分析和鉴定,且承修方和托修方共同要求道路运输管理机构出面协调的,道路运输管理机构应当组织专家组或委托具有法定检测资格的检测机构作出技术分析和鉴定。鉴定费用由责任方承担。

(七)机动车维修经营质量信誉考核

(1)对机动车维修经营者实行质量信誉考核制度。机动车维修质量信誉考核办法另行制定。机动车维修质量信誉考核内容应当包括经营者基本情况、经营业绩(含奖励情况)、不良记录等。

(2)道路运输管理机构应当采集机动车维修企业信用信息,并建立机动车维修企业信用档案,除涉及国家秘密、商业秘密外,应当依法公开,供公众查阅。机动车维修质量信誉考核结果、汽车维修电子健康档案系统维修电子数据记录上传情况及车主评价、投诉和处理情况是机动车维修信用档案的重要组成部分。

(3)建立机动车维修经营者和从业人员黑名单制度,县级道路运输管理机构负责认定机动车维修经营者和从业人员黑名单。

五、监督检查

(1)道路运输管理机构应当加强对机动车维修经营活动的监督检查。道路运输管理机构应当依法履行对维修经营者的监管职责,对维修经营者是否依法备案或者备案事项是否属实进行监督检查。道路运输管理机构的工作人员应当严格按照职责权限和程序进行监督检查,不得滥用职权、徇私舞弊,不得乱收费、乱罚款。

(2)道路运输管理机构应当积极运用信息化技术手段,科学、高效地开展机动车维修管理工作。

(3)道路运输管理机构的执法人员在机动车维修经营场所实施监督检查时,应当有2名以上人员参加,并向当事人出示交通运输部监制的交通行政执法证件。道路运输管理机构实施监督检查时,可以采取下列措施:

①询问当事人或者有关人员,并要求其提供有关资料。

②查询、复制与违法行为有关的维修台账、票据、凭证、文件及其他资料,核对与违法行为有关的技术资料。

③在违法行为发现场所进行摄影、摄像取证。

④检查与违法行为有关的维修设备及相关机具的有关情况。

对检查的情况和处理结果应当记录,并按照规定归档。当事人有权查阅监督检查记录。

(4)从事机动车维修经营活动的单位和个人,应当自觉接受道路运输管理机构及其工作人员的检查,如实反映情况,提供有关资料。

六、法律责任

(1)从事机动车维修经营业务,未按规定进行备案的,由县级以上道路运输管理机构责令改正;拒不改正的,处5000元以上2万元以下的罚款。

(2)从事机动车维修经营业务不符合国务院交通运输主管部门制定的机动车维修经营业务标准的,由县级以上道路运输管理机构责令改正;情节严重的,由县级以上道路运输管理机构责令停业整顿。

(3)机动车维修经营者使用假冒伪劣配件维修机动车,承修已报废的机动车或者擅自改装机动车的,由县级以上道路运输管理机构责令改正;有违法所得的,没收违法所得,处违法所得2倍以上10倍以下的罚款;没有违法所得或者违法所得不足1万元的,处2万元以上5万元以下的罚款,没收假冒伪劣配件及报废车辆;情节严重的,由县级以上道路运输管理机构责令停业整顿;构成犯罪的,依法追究刑事责任。

(4)机动车维修经营者签发虚假机动车维修竣工出厂合格证的,由县级以上道路运输管理机构责令改正;有违法所得的,没收违法所得,处以违法所得2倍以上10倍以下的罚款;没有违法所得或者违法所得不足3000元的,处以5000元以上2万元以下的罚款;情节严重的,由县级以上道路运输管理机构责令停业整顿;构成犯罪的,依法追究刑事责任。

(5)有下列行为之一的,由县级以上道路运输管理机构责令其限期整改;限期整改不合格的,予以通报:

①机动车维修经营者未按照规定执行机动车维修质量保证期制度的。

②机动车维修经营者未按照有关技术规范进行维修作业的。
③伪造、转借、倒卖机动车维修竣工出厂合格证的。
④机动车维修经营者只收费不维修或者虚列维修作业项目的。
⑤机动车维修经营者未在经营场所醒目位置悬挂机动车维修标志牌的。
⑥机动车维修经营者未在经营场所公布收费项目、工时定额和工时单价的。
⑦机动车维修经营者超出公布的结算工时定额、结算工时单价向托修方收费的。
⑧机动车维修经营者未按规定建立机动车维修档案并实行档案电子化管理,或者未及时上传维修电子数据记录至国家有关汽车维修电子健康档案系统的。

(6)道路运输管理机构的工作人员有下列情形之一的,由同级地方人民政府交通运输主管部门依法给予行政处分;构成犯罪的,依法追究刑事责任:

①不按照规定实施备案和黑名单制度的。
②参与或者变相参与机动车维修经营业务的。
③发现违法行为不及时查处的。
④索取、收受他人财物或谋取其他利益的。
⑤其他违法违纪行为。

第十六节 国际道路运输管理规定

为规范国际道路运输经营活动,维护国际道路运输市场秩序,保护国际道路运输各方当事人的合法权益,促进国际道路运输业的发展,国务院交通主管部门根据《道路运输条例》和我国政府与有关国家政府签署的汽车运输协定,于2005年4月13日颁布了《国际道路运输管理规定》(交通部令2005年第3号),自2005年6月1日起施行。《国际道路运输管理规定》共分7章47条,包括总则、经营许可、运营管理、许可证管理、监督检查、法律责任和附则。

国际道路运输包括国际道路旅客运输和国际道路货物运输,从事我国与相关国家间的国际道路运输经营活动,应当遵守《国际道路运输管理规定》。

国际道路运输坚持平等互利、公平竞争、共同发展的原则。国际道路运输管理遵循公平、公正、公开和便民的原则。

国务院交通运输主管部门主管全国国际道路运输管理工作,省级人民政府交通运输主管部门负责组织领导本行政区域内的国际道路运输管理工作,省级道路运输管理机构负责具体实施本行政区域内的国际道路运输管理工作。

一、经营许可

(一)国际道路运输经营资质条件

(1)已经取得国内道路运输经营许可证的企业法人。

(2)从事国内道路运输经营满3年,且近3年内未发生重大以上道路交通责任事故(道路交通责任事故是指驾驶人员负同等或者以上责任的交通事故)。

(3)有符合规定要求的驾驶人员;从事国际道路危险货物运输还需要有符合相关要求的

危险货物运输的驾驶员、装卸管理员、押运员。

(4)拟投入国际道路运输经营的运输车辆技术等级达到一级。

(5)建立健全的安全生产管理制度。

(二)国际道路运输驾驶人员资质条件

(1)取得相应的机动车驾驶证。

(2)年龄不超过60周岁。

(3)经设区的市级道路运输管理机构分别对有关国际道路运输法规、外事规定、机动车维修、货物装载、保管和旅客急救基本知识考试合格,并取得《国际道路运输从业资格证》。

(4)从事旅客运输的驾驶人员3年内无重大以上交通责任事故记录。

(三)国际道路运输经营许可的申请

从事国际道路运输经营,应向所在地省级道路运输管理机构提出申请,并提交以下材料:

(1)国际道路运输经营申请表。

(2)《道路运输经营许可证》及复印件。

(3)法人营业执照及复印件。

(4)企业近3年内无重大以上道路交通责任事故证明。

(5)拟投入国际道路运输经营的车辆的道路运输证和拟购置车辆承诺书,包括车辆数量、类型、技术性能、购车时间等内容。

(6)拟聘用驾驶员的机动车驾驶证、从业资格证,近3年内无重大以上道路交通责任事故证明。

(7)国际道路运输的安全管理制度,包括安全生产责任制度、安全生产业务操作规程、安全生产监督检查制度、驾驶员和车辆安全生产管理制度等。从事定期国际道路旅客运输,还应当提交定期国际道路旅客班线运输的线路、站点、班次方案。从事国际危险货物运输,还应当提交驾驶员、装卸管理员、押运员的从业资格证等。

(四)新增定期国际旅客运输班线许可

已取得国际道路运输经营许可,拟新增定期国际旅客运输班线,应向所在地省级道路运输管理机构提出申请,并提交以下材料:

(1)《道路运输经营许可证》及复印件。

(2)拟新增定期国际道路旅客班线运输的线路、站点、班次方案。

(3)拟投入国际道路旅客运输营运的车辆的道路运输证和拟购置车辆的承诺书。

(4)拟聘用驾驶员的机动车驾驶证、从业资格证,驾驶员近3年内无重大以上道路交通责任事故证明。

(五)国际道路运输许可的实施

(1)省级道路运输管理机构收到申请后,应当按照《交通行政许可实施程序规定》要求的程序、期限,对申请材料进行审查,作出许可或者不予许可的决定。

(2)予以许可的,向被许可人颁发《道路运输经营许可证》或者《道路旅客运输班线经营许可证明》。不能直接颁发经营证件的,向被许可人出具《国际道路运输经营许可决定书》或者《国际道路旅客运输班线经营许可决定书》,并在作出行政许可决定之日起10日内,向被许可人颁发《道路运输经营许可证》或者《道路旅客运输班线经营许可证明》。

(3)《道路运输经营许可证》应当注明经营范围;《道路旅客运输班线经营许可证明》应当注明班线起讫地、线路、停靠站点以及班次。

(4)省级道路运输管理机构予以许可后,由省级交通运输主管部门向国务院交通运输主管部门备案。

(5)不予许可的,应当在受理之日起20日内向申请人送达《不予交通运输行政许可决定书》,并说明理由,告知申请人享有依法申请行政复议或者提起行政诉讼的权利。

(6)非边境省、自治区、直辖市的申请人拟从事国际道路运输经营的,向所在地省级道路运输管理机构提出申请。受理该申请的省级道路运输管理机构在作出许可决定前,应当与运输线路拟通过口岸所在地的省级道路运输管理机构协商;协商不成由省级交通运输主管部门报国务院交通运输主管部门决定。国务院交通运输主管部门按照相关程序作出许可或者不予许可的决定,通知所在地省级交通运输主管部门,并由所在地省级道路运输管理机构按照规定颁发许可证件或者《不予交通运输行政许可决定书》。

(六)被许可人义务

(1)被许可人应按照承诺书的要求购置运输车辆。对于购置的车辆和已有的车辆经道路运输管理机构核实,道路运输管理机构向符合条件的拟投入运输的车辆配发道路运输证。

(2)从事国际道路运输经营的申请人凭道路运输经营许可证及许可文件到外事、海关、出入境等部门办理有关运输车辆、人员的出入境手续。

(3)国际道路运输经营者变更许可事项、扩大经营范围,按照新开办企业申请许可。国际道路运输经营者变更名称、地址等,应当向省级道路运输管理机构备案。

(4)取得经营许可后,国际道路旅客运输经营者应在180日内履行被许可的事项。有正当理由在180日内未经营或者停业时间超过180日的,应当告知省级道路运输管理机构。国际道路运输经营者需要终止经营应当在终止经营之日30日前告知省级道路运输管理机构,办理有关注销手续。

(七)外国企业设置常驻代表机构的申请

(1)外国道路运输企业在我国境内设立国际道路运输常驻代表机构,应当向交通运输部提出申请,并提供以下材料:

①企业的董事长或总经理签署的申请书,包括常驻代表机构的名称、负责人、业务范围、驻在期限、驻在地点等。

②企业所在国家或地区有关商业登记当局出具的开业合法证明或营业注册副本。

③由所在国金融机构出具的资本信用证明书。

④企业委任常驻代表机构人员的授权书和常驻人员的简历及照片。提交的外文资料需同时附中文翻译件。

(2)交通运输部应当按照《交通行政许可实施程序规定》要求的程序、期限,对申请材料进行审查,作出许可或者不予许可的决定。予以许可向外国道路运输企业出具并送达《外国

(境外)运输企业在中国设立常驻代表机构许可决定书》，同时通知外国(境外)运输企业在中国常驻代表机构所在地的省级交通运输主管部门；不予许可应当出具并送达《不予交通运输行政许可决定书》，并说明理由。

二、运营管理

（1）国际道路运输线路由起讫地、途经地国家交通运输主管部门协商确定。交通运输部及时向社会公布中国政府与有关国家政府确定的国际道路运输线路。

（2）从事国际道路运输的车辆应当按照规定的口岸通过，进入对方国家境内后，应当按照规定的线路运行。从事定期国际道路旅客运输的车辆，应当按照规定的行车路线、班次及停靠站点运行。

（3）从事国际道路运输的车辆应当标明本国的国际道路运输国籍识别标志。省级道路运输管理机构按照交通运输部规定的《国际道路运输国籍识别标志》，负责《国际道路运输国籍识别标志》的印制、发放、管理和监督使用。

（4）我国从事国际道路旅客、货物运输的经营者，应当分别使用《国际道路旅客运输行车路单》和《国际道路货物运单》。

（5）进入我国境内的外国经营者应遵守以下规定：

①外国国际道路运输车辆在我国境内运输，应当具有本国车辆登记牌照、登记证件。驾驶人员应当持有与其驾驶的车辆类别相符的本国或国际驾驶证件。

②进入我国境内从事国际道路运输的外国车辆，应当符合我国有关运输车辆外廓尺寸、轴荷以及载质量的规定。我国与外国签署有关运输车辆外廓尺寸、轴荷以及载质量具体协议的，按协议执行。

③进入我国境内运载不可解体大型物件的外国国际道路运输经营者，车辆超限应当遵守我国超限运输车辆在公路上行驶的相关规定，办理相关手续后，方可运输。

④进入我国境内运输危险货物的外国国际道路运输经营者，应当遵守我国危险货物运输有关法律、法规和规章的规定。

⑤禁止外国国际道路运输经营者从事我国国内道路旅客和货物运输经营。外国国际道路运输经营者在我国境内应当在批准的站点上下旅客或者按照运输合同商定的地点装卸货物。运输车辆要按照我国道路运输管理机构指定的停靠站(场)停放。禁止外国国际道路运输经营者在我国境内自行承揽货物或者招揽旅客。

（6）国际道路运输经营者应当使用符合国家规定标准的车辆从事国际道路运输经营，并定期进行运输车辆维护和检测。

（7）国际道路运输经营者应当制定境外突发事件的道路运输应急预案。应急预案应当包括报告程序、应急指挥、应急车辆和设备的储备以及处置措施等内容。

（8）国际道路旅客运输的价格，按边境口岸地省级交通运输主管部门与相关国家政府交通运输主管部门签订的协议执行。没有协议的，按边境口岸所在地省级物价部门核定的运价执行。国际道路货物运输的价格，由国际道路货物运输的经营者自行确定。

（9）对进出我国境内从事国际道路运输的外国运输车辆的费用收取，应当按照我国与相关国家政府签署的有关协定执行。

三、行车许可证管理

(1) 国际道路运输实行行车许可证制度。行车许可证是国际道路运输经营者在相关国家境内从事国际道路运输经营时行驶的通行凭证。我国从事国际道路运输的车辆进出相关国家,应当持有相关国家的国际汽车运输行车许可证。外国从事国际道路运输的车辆进出我国,应当持有我国国际汽车运输行车许可证。

(2) 我国国际汽车运输行车许可证分为《国际汽车运输行车许可证》和《国际汽车运输特别行车许可证》。在我国境内从事国际道路旅客运输经营和一般货物运输经营的外国运输车辆,使用《国际汽车运输行车许可证》。在我国境内从事国际道路危险货物运输经营的外国运输车辆,应当向拟通过口岸所在地的省级道路运输管理机构提出申请,由省级道路运输管理机构商有关部门批准后,向外国经营者的运输车辆发放《国际汽车运输特别行车许可证》。

(3)《国际汽车运输行车许可证》《国际汽车运输特别行车许可证》的式样,由交通运输部与相关国家政府交通运输主管部门商定。边境省级道路运输管理机构按照商定的式样,负责行车许可证的统一印制,并负责与相关国家交换。交换过来的相关国家《国际汽车运输行车许可证》,由边境省级道路运输管理机构负责发放和管理。我国从事国际道路运输的经营者,向拟通过边境口岸所在地的省级道路运输管理机构申领《国际汽车运输行车许可证》。

(4)《国际汽车运输行车许可证》《国际汽车运输特别行车许可证》实行一车一证,应当在有效期内使用。运输车辆为半挂汽车列车、全挂汽车列车时,仅向牵引车发放行车许可证。

(5) 禁止伪造、变造、倒卖、转让、出租《国际汽车运输行车许可证》《国际汽车运输特别行车许可证》。

四、监督检查

(1) 县级以上道路运输管理机构在本行政区域内依法实施国际道路运输监督检查工作。口岸国际道路运输管理机构负责口岸地包括口岸查验现场的国际道路运输管理及监督检查工作。口岸国际道路运输管理机构应当悬挂"中华人民共和国××口岸国际道路运输管理站"标识牌;在口岸查验现场悬挂"中国运输管理"的标识,并实行统一的国际道路运输查验签章。道路运输管理机构和口岸国际道路运输管理机构工作人员在实施国际道路运输监督检查时,应当出示交通运输部统一制式的交通行政执法证件。

(2) 口岸国际道路运输管理机构的职责如下:

① 查验《国际汽车运输行车许可证》《国际道路运输国籍识别标志》、国际道路运输有关牌证等。

② 记录、统计出入口岸的车辆、旅客、货物运输量以及《国际汽车运输行车许可证》;定期向省级道路运输管理机构报送有关统计资料。

③ 监督检查国际道路运输的经营活动。

④ 协调出入口岸运输车辆的通关事宜。

(3) 国际道路运输经营者应当接受当地县级以上道路运输管理机构和口岸国际道路运

输管理机构的检查。

五、法律责任

（1）有下列行为之一的，由县级以上道路运输管理机构以及口岸国际道路运输管理机构责令停止经营；有违法所得的，没收违法所得，处违法所得2倍以上10倍以下的罚款；没有违法所得或者违法所得不足2万元的，处3万元以上10万元以下的罚款；构成犯罪的，依法追究刑事责任：

①未取得道路运输经营许可，擅自从事国际道路运输经营的。

②使用失效、伪造、变造、被注销等无效道路运输经营许可证件从事国际道路运输经营的。

③超越许可的事项，非法从事国际道路运输经营的。

（2）非法转让、出租、伪造《道路运输经营许可证》《道路旅客运输班线经营许可证明》《国际汽车运输行车许可证》《国际汽车运输特别行车许可证》《国际道路运输国籍识别标志》的，由县级以上道路运输管理机构以及口岸国际道路运输管理机构责令停止违法行为，收缴有关证件，处2000元以上1万元以下的罚款；构成犯罪的，依法追究刑事责任。

（3）国际道路运输经营者的运输车辆不按照规定标明《国际道路运输国籍识别标志》、携带《国际汽车运输行车许可证》或者《国际汽车运输特别行车许可证》的，由县级以上道路运输管理机构以及口岸国际道路运输管理机构责令改正，处20元以上200元以下的罚款。

（4）国际道路运输经营者有下列情形之一的，由县级以上道路运输管理机构以及口岸国际道路运输管理机构责令改正，处1000元以上3000元以下的罚款；情节严重的，由原许可机关吊销道路运输经营许可证：

①不按批准的国际道路运输线路、站点、班次运输的。

②在运输途中擅自变更运输车辆或者将旅客移交他人运输的。

③未报告原许可机关，擅自终止国际道路旅客运输经营的。

（5）国际道路运输经营者违反道路旅客、货物运输有关规定的，按照相关规定予以处罚。

（6）外国国际道路运输经营者有下列行为之一的，由县级以上道路运输管理机构以及口岸国际道路运输管理机构责令停止运输或责令改正，有违法所得的，没收违法所得，处违法所得2倍以上10倍以下的罚款；没有违法所得或者违法所得不足1万元的，处3万元以上6万元以下的罚款：

①未取得我国有效的《国际汽车运输行车许可证》或者《国际汽车运输特别行车许可证》，擅自进入我国境内从事国际道路运输经营或者运输危险货物的。

②从事我国国内道路旅客或货物运输的。

③在我国境内自行承揽货源或招揽旅客的。

④未按规定的运输线路、站点、班次、停靠站(场)运行的。

⑤未标明本国《国际道路运输国籍识别标志》的。

（7）外国道路运输经营者，未经批准在我国境内设立国际道路运输常驻代表机构的，由省级道路运输管理机构予以警告，并责令改正。

（8）县级以上道路运输管理机构以及口岸国际道路运输管理机构有下列行为之一的，对

负有责任的主管人员和责任人员,视情节轻重,依法给予行政处分;造成严重后果、构成犯罪的,依法追究其刑事责任:

①不按照规定的条件、程序和期限实施国际道路运输行政许可的。

②参与或者变相参与国际道路运输经营的。

③发现未经批准的单位和个人擅自从事国际道路运输经营活动,或者发现国际道路运输经营者有违法行为不及时查处的。

④违反规定拦截、检查正常行驶的道路运输车辆的。

⑤违法扣留运输车辆、道路运输证的。

⑥索取、收受他人财物,或者谋取其他利益的。

⑦违法实施行政处罚的。

⑧其他违法行为。

复习思考题

1. 道路运输从业人员包括哪些人员?这些人员的从业资格条件分别是什么?
2. 申请道路旅客运输经营的条件是什么?
3. 从事道路旅客运输经营应遵守哪些规定?
4. 申请道路货物运输经营的条件是什么?
5. 从事道路货物运输经营应遵守哪些规定?
6. 申请危险货物运输经营的条件是什么?
7. 从事危险货物运输经营应遵守哪些规定?
8. 申请道路客运站、货运站场经营的条件是什么?
9. 从事道路客运站、货运站场经营应遵守哪些规定?
10. 道路旅客运输、道路货物运输许可的程序和期限是怎样规定的?
11. 申请出租汽车运输经营的条件是什么?
12. 从事出租汽车运输经营应遵守哪些规定?
13. 为什么要对出租汽车驾驶员开展继续教育?
14. 申请机动车驾驶员培训经营的条件是什么?
15. 从事机动车驾驶员培训经营应遵守哪些规定?
16. 申请机动车维修经营的条件是什么?
17. 从事机动车维修经营应遵守哪些规定?
18. 申请国际道路运输经营的条件是什么?
19. 从事国际道路运输经营应遵守哪些规定?

第四章 交通运输经营法律、法规

第一节 交通运输经营法律、法规概述

一、交通运输经营法律、法规概念

从《民法典》而言,经营是指以营利为目的、连续的商事行为。经营主要是指企业(法人)的经济活动,即指企业依靠人力资源、设施设备、运用财产和非财产的手段谋取经济利益的活动,实质上就是营利性质的经济活动。

交通运输经营的法律、法规就是调整交通运输市场中,具有平等主体资格的法人、经济组织之间发生的生产与协作关系的各项法律规范的总称。

二、交通运输经营法律、法规调整的对象

在社会主义市场经济条件下,市场中的各平等主体之间,在相互竞争中从事各项交易及经济协作等的经济活动应当遵循自愿、平等、公平、诚实、守信的原则。就交通运输企业与其他市场主体之间发生的特定的经济关系而言,交通运输经营法律、法规调整的对象可归纳为以下3种经济关系:

(1)交通运输企业与其他市场主体之间的商品交易关系。商品交易是市场经济产生的必然结果。这种交易关系是交通运输经营法律、法规调整对象不可避免的经济关系。

(2)交通运输企业与其他市场主体之间的竞争关系。这种竞争关系应当遵守《中华人民共和国反不正当竞争法》(以下简称《反不正当竞争法》)的规定,确保交通运输企业与其他市场主体进行公平的竞争。

(3)交通运输企业与其他市场主体之间的经济协作关系。这种协作关系是社会化大生产和市场经济的必然结果。国家通过立法,规范各个市场主体在经济协作活动中的权利和义务,保证市场主体行为沿着健康的方向发展。

三、交通运输经营法律、法规适用

就交通运输而言,交通运输经营法律、法规所调整的是运输中平等的民事主体之间发生的财产、经济关系,包括承运人同托运人、收货人或旅客之间的关系,还包括车辆所有人、经营人、出租人、承租人之间,车辆抵押权人同抵押人之间的关系。适用于这些关系的法律、法规及规章主要包括《民法典》以及《道路旅客运输及客运站管理规定》《道路货物运输及站场管理规定》等。

为规范市场主体行为,避免恶性竞争,体现优胜劣汰的原则,适用这些关系的法律还包

括《反不正当竞争法》等。

除上述道路运输适用的法律、法规外,从事国际道路运输或国际多式联运的企业,还应当符合有关国际条约、公约的规定,如我国政府与周边国家政府签订国际道路运输协定以及我国加入的《国际道路运输公约》(TIR公约)和《联合国国际货物多式联运公约》等。

交通运输企业与市场主体之间的法律关系,通过双方签订的运输合同加以约束。

第二节 道路旅客运输合同

一、概念、特征与种类

(一)概念

根据《民法典》,道路旅客运输合同是承运人将旅客从起运地点运输到约定地点,由旅客支付票款的合同。道路旅客运输不仅涉及旅客自身,还涉及旅客随身携带的物品与行李包裹两类。旅客作为一方当事人,运送旅客的另一方当事人(交通运输企业)为承运人;使用的运输工具称为客车;车站上的站务人员及客车上的驾乘人员统称为客运人员,他们是承运人的代理人或受雇人,而非承运人本身。

(二)特征

道路客运合同除具有运输合同的一般特征外,还具有其独特的法律特征:

(1)道路客运合同一般采用票证形式,如客票、包车票、行李票、包裹票等。但旅客也可以与承运人签订具体的书面合同。

(2)道路客运合同的标的是运送旅客的行为,旅客本身又是运输合同的一方当事人。即旅客既是运输对象,又是运输合同的主体。

(3)道路客运合同本身应包括对旅客行李运送的内容。承运人应当按照有关规定或约定运送旅客一定数量的行李。旅客行李分为自带行李和托运行李。自带行李是旅客自行携带、保管或者放置在身边的行李,托运行李是根据客运合同由承运人载运的物品。自带行李由承运人无偿运送,托运行李由旅客支付一定的运输费用。

(三)种类

道路旅客运输可以用不同的方法划分为若干种,因此,道路客运合同也相应划分为若干种。基本的划分方法主要以营运方式为依据,分为班车客运、旅游客运、巡游出租汽车客运和包车客运四种合同。

(1)班车客运合同。班车客运合同指班车客运经营者与旅客订立的运输合同。班车客运实行"运送强制",即对旅客符合规定购买客票订立合同的要约,客运经营者不得拒绝。

(2)旅游客运合同。旅游客运合同指旅游客运经营者与旅游旅客之间订立的运输合同。

(3)巡游出租汽车客运合同。指巡游出租汽车客运经营者(承运人)与乘客订立的运输合同。巡游出租汽车客运属于旅客运输。经营者与乘客之间的关系不是出租人与承租人间的租赁关系,而是承运人与乘客的旅客运输合同关系。

(4)包车客运合同。包车客运合同指承运人与用户(旅客)就将客车全部包给用户,在用户的指示下进行运输的合同。包车客运属于旅客运输的经营方式,其特点是承运人遵照用户的指示进行运输,按行驶里程或者按包用时间或者二者兼顾收取运费。需要说明的是,包车不同于租车,包车属于运输合同,而租车则属于租赁合同,二者的区别在于包车由受雇于承运人的驾驶员驾驶;租车则是由租赁人驾驶或受雇于租赁人的驾驶员驾驶。

二、合同的订立与成立

(一)合同的订立

道路客运合同的订立须经过要约与承诺两个阶段。

班车客运和旅游客运,要约为旅客购买客票的意思,承运人(车站)发售客票的意思为承诺。这种情况实行"运送强制",当旅客提出购买客票的意思时,除非车票售罄,承运人一般不得拒绝承诺。

巡游出租汽车客运,要约为乘客招拦搭乘的意思,巡游出租汽车停车允许乘客乘车的意思为承诺。巡游出租汽车客运同样实行"运送强制",空驶的巡游出租汽车不得拒载。

包车客运,用户填写"道路旅客运输包车预约书"的意思为要约,包车经营者(承运人)盖章允诺的意思为承诺。包车客运不实行"运送强制",包车经营者对用户之要约没有必须承诺的义务,但具有承诺的资格。

(二)一般规定

《民法典》规定:
(1)从事公共运输的承运人不得拒绝旅客通常、合理的运输要求。
(2)承运人应当在约定期限或者合理期限内将旅客安全运输到约定地点。
(3)承运人应当按照约定的或者通常的运输路线将旅客运输到约定地点。
(4)旅客应当支付票款。承运人未按照约定路线或者通常路线运输增加票款的,旅客可以拒绝支付增加部分的票款。

(三)合同的成立

《民法典》规定,客运合同自承运人向旅客出具客票时成立,但是当事人另有约定或者另有交易习惯的除外。在实践中,道路客运合同成立包括以下4种情况:
(1)在采用先购票的方式下,客运合同自承运人向旅客交付客票时成立。
(2)在采用先上车后购票方式下,客运合同自旅客登上客车时成立。
(3)在采用预订取票方式下,客运合同自承运人交付客票时成立。
(4)在采用预订送票方式下,客运合同自旅客签收客票时成立。

需要说明的是,客运合同的成立并不是合同的生效,合同自检票时生效。客运合同成立后尚未检票,合同并未生效,作为合同主体的旅客可以取消或变更合同,即客票可以退票或改签。

(四)客票的法律性质

道路客运合同的表现形式为客票,它同时又是旅客和承运人之间就运输事宜达成协议的依据。客票具有以下3种法律性质。

(1)客票是承运人与旅客之间存在运输合同关系的凭证。承运人向旅客交付客票,就证明客运合同成立,承运人就负有运送持有客票旅客的义务。

(2)客票具有有价证券的性质。客票不仅表明旅客乘运的班次、时间,而且还表明了旅客旅行的费用。客票具有有价性,但在检票前可以退票(解除客运合同)。变造、伪造客票应受到法律制裁。

(3)客票是确定承运人与旅客之间基本权利和义务的凭证。承运人与旅客双方的基本权利、义务记载于客票上。客票作为道路客运合同一般记载以下内容:

①发站、到站,即起运地和目的地。

②票价,即客票的具体价格。

③班次,即运输旅客的具体车班次。

④乘运日期。

⑤座位号。

⑥合同双方当事人约定的其他内容。

三、合同的履行

道路客运合同一经成立并发生法律效力,旅客与承运人双方均应严格履行各自义务,并享有法律和合同规定的权利。

(一)旅客的权利及义务

1. 旅客的权利

(1)乘运权。旅客有权按照票面载明的时间及班次乘坐约定的客车。承运人迟延运输或者有其他不能正常运输情形的,应当及时告知和提醒旅客,采取必要的安置措施,并根据旅客的要求安排改乘其他班次或者退票;除了不可归责于承运人的外,由此造成旅客损失的,承运人应当承担赔偿责任。

实名制客运合同的旅客丢失客票的,可以请求承运人挂失补办,承运人不得再次收取票款和其他不合理费用。

(2)变更、解除合同的权利。《民法典》规定,旅客因自己的原因不能按照客票记载的时间乘坐的,应当在约定的期限内办理退票或者变更手续。

按时乘运是旅客的权利,但旅客不在规定的时间内退票,仍然要承担不利的法律后果。这是为了保证运输有序、高效的需要;同时也说明旅客解除、变更合同的权利是有限制的,必须在规定的时间内行使。

(3)携带权。《民法典》规定,旅客随身携带行李应当符合约定的限量和品类要求,超过限量或者违反品类要求携带行李的,应当办理托运手续。

《交通运输部　国家发展改革委关于深化道路运输价格改革的意见》(交运规〔2019〕17号)规定,每1成人旅客可携带1名6周岁(含6周岁)以下或者身高1.2米(含1.2米)以下,且不单独占用座位的儿童免费乘车;需单独占用座位或者超过1名时,超过的人数执行客票半价优待,并提供座位。

(4)请求承运人提供必要服务或方便的权利。

(5)获得赔偿的权利。

2.旅客的义务

(1)支付运费的义务。支付运费是旅客的基本义务,旅客支付的运费就是购票时付出的票款。

(2)按照约定或票面指定的时间、地点乘车的义务。旅客应持有效客票乘坐,所谓有效客票是承运人在规定售票地点出售的、旅客在指定日期、指定班次和指定交通工具上使用的客票。

《民法典》规定,旅客无票乘坐、超程乘坐、越级乘坐或者持不符合减价条件的优惠客票乘坐的,应当补交票款,承运人可以按照规定加收票款;旅客不支付票款的,承运人可以拒绝运输。旅客因自己的原因不能按照客票记载的时间乘坐的,应当在约定的期限内办理退票或者变更手续;逾期办理的,承运人可以不退票款,并不再承担运输义务。

(3)遵守客运安全规定的义务。《民法典》规定,旅客对承运人为安全运输所做的合理安排应当积极协助和配合。旅客不得随身携带或者在行李中夹带易燃、易爆、有毒、有腐蚀性、有放射性以及可能危及运输工具上人身和财产安全的危险物品或者违禁物品。旅客违反规定的,承运人可以将危险物品或者违禁物品卸下、销毁或者送交有关部门。旅客坚持携带或者夹带危险物品或者违禁物品的,承运人应当拒绝运输。

同时,《道路旅客运输及客运站管理规定》也规定了旅客应对遵守客运安全规定的义务。

(二)承运人的权利及义务

1.承运人的权利

(1)收取运费权。承运方有获得票价和行李、包裹运费、客运服务费及其他费用的权利。

需要注意的是,在先乘车后购票情形下,承运人应按规定或依约定收取运费,不得任意加收运费,乘车旅客亦不得少付运费。对承运人多收运费的情况,旅客有权拒付,并可以向有关部门反映,请求予以处理;对旅客少付运费的,承运人有请求旅客赔偿损失的权利;对于符合减免条件优惠的旅客应当依规减免运费。

(2)检、验票权。为使债权人特定化,承运人有权对持客票进入客车的旅客验证检查。验证客票真伪并剪(撕)票确认,除检、验客票外,承运人对旅客携带物品有检验权,旅客应予配合。

(3)对旅客托运货物的处置权。对于托运的旅客行李,在规定期限内无法交付的,承运人有权依有关规定予以处理。

(4)基于运送需要而进行必要管理的权利。根据运送需要,承运人享有包括治安管理在内的其他权利。

2.承运人的义务

(1)告知义务。《民法典》规定,承运人应当严格履行安全运输义务,及时告知旅客安全运输应当注意的事项。

在旅客运输中,旅客一般处于被动状态,因而承运人有义务向旅客告知与旅客运输有关的信息,它包括两个方面:一是影响正常运输的重要事由,二是有关安全运输应当注意的事项。因承运人信息告知不够而导致纠纷的,承运人应当承担相应责任。但在承运人已履行告知义务,而旅客未按告知去做而受损害时,承运人可以依法免责。

(2)按时将旅客及行李运达目的地的义务。这是承运人的一项基本义务。《民法典》规定,承运人应当按照有效客票记载的时间、班次和座位号运输旅客。承运人迟延运输或者有其他不能正常运输情形的,应当及时告知和提醒旅客,采取必要的安置措施,并根据旅客的要求安排改乘其他班次或者退票;由此造成旅客损失的,承运人应当承担赔偿责任,但不可归责于承运人的除外。

(3)保证服务标准的义务。服务是承运人履行客运合同的基本内容。承运人要完善服务设施,保证服务标准。《民法典》规定,承运人擅自降低服务标准的,应当根据旅客的请求退票或者减收票款;提高服务标准的,不得加收票款。

(4)救助的义务。《民法典》规定,承运人在运输过程中,应当尽力救助患有急病、分娩、遇险的旅客。这一强行性规定是社会主义道德的法律体现,有利于保证公民的人身安全和加强承运人的职业道德。

(5)保证旅客安全的义务。这是承运人的最基本义务。《民法典》规定,承运人应当对运输过程中旅客的伤亡承担赔偿责任;但是,伤亡是旅客自身健康原因造成的或者承运人证明伤亡是旅客故意、重大过失造成的除外。这一规定还适用于按照规定免票、持优待票或者经承运人许可搭乘的无票旅客。

《民法典》还规定,在运输过程中旅客随身携带物品毁损、灭失,承运人有过错的,应当承担赔偿责任;旅客托运的行李毁损、灭失的,适用货物运输的有关规定。

第三节　道路货物运输合同

一、概念及一般规定

(一)概念

道路货物运输合同又称道路货运合同,是承运人将货物从起运地点运输到约定地点,托运人或者收货人支付运输费用的合同。

(二)特征

(1)大宗货物的道路货运合同一般为诺成合同,双方当事人在合同上签字后合同即告成立;零担货物和集装箱货物的运输合同一般为实践合同,以货物的交付验收为成立要件,以承运人在运单上加盖承运日期戳之时合同成立。

(2)道路货运合同往往涉及第三人。货运合同由托运人与承运人双方订立,托运人与承运人为合同的当事人。但是,托运人既可以是为自己的利益托运货物,也可以是为第三人的利益托运货物;自己可以是收货人,第三人也可以是收货人。在托运人与收货人不一致的情况下,货运合同就涉及第三人。收货人虽不是订立合同的当事人,但却是合同的利害关系人,享受合同的权利并承担相应的义务。在此情况下,货物运输合同就属于为第三人利益订立的合同。

(3)货运合同以将货物交付收货人为履行完毕。货运合同与客运合同一样,都是以承运人的运送行为为标的。在客运合同中,承运人将旅客运送到目的地,即为履行完合同义务;而在货运合同中,承运人将货物运送到目的地,其履行义务并未完结,只有在将货物交付给合同约定的收货人后,才履行完合同义务。

(4)货物运输合同可以采取留置的方式担保。

(三)道路货运合同的分类

道路货物运输可以按不同标准划分为若干种,与此相对应的道路货运合同也相应划分为若干种。道路货物运输可按如下标准分类。

(1)以货物多少和载运方法为依据,可分为整车运输、零担运输和集装箱汽车运输。

①凡一批货物的质量、性质、体积、形状需要以一辆或一辆以上货车装运的,为整车运输。托运人托运同一到站的货物数量不足一车而又不能按零担办理时,要求将同一线路上2个或最多不超过3个到站的货物拼装一车时,按整车分卸办理。

②托运人需要运送的货物不足一车,则作为零星货物交付运输,承运人将不同货主的货物按同一到站拼装一车后再发运的运送形式为零担运输。

③凡以集装箱为盛装器具,使用汽车运输的为集装箱汽车运输。

(2)以货物运输对载运车辆的要求,可分为普通车辆运输和特种车辆运输。凡由于货物性质、体积或质量的要求,需要大件运输以及容罐车、冷藏车、保温车等车辆运输的,为特种车辆运输。反之,则为普通车辆运输。

(3)以货物特性对运输的要求为依据,可分为普通货物运输和特种货物运输。凡是对运输有特殊要求的,可称为特种货物运输;反之称为普通货物运输。

(4)以运输方式多少为依据,可分为道路单一方式运输和多种运输方式的多式联运。

(5)以营运方式划分,可分为定点(时)定线的班车货物运输和不定点(时)不定线的包车运输。

(6)以货物装卸责任划分,可分为托运人或收货人自理(或负责)装卸车运输和承运人负责装卸车运输。

(7)以合同是否以书面形式为依据,可分为书面协议运输和口头协议运输。书面合同运输又可分为定期运输合同、一次性运输合同和道路货物运单(以下简称运单)。

(8)以货物是否保价、投保运输险或赔偿方式划分,可分为货物保价运输、货物保险运输以及既未保价也未保险的运输等。

二、道路货运合同的订立

(一)订立原则

道路货运合同由托运方和承运方协商签订。订立道路货运合同的双方必须按照《民法典》的规定,遵循合同订立的一般原则:

(1)合同的形式符合法定要求。除个别情况(如短途运输少量货物)双方当事人可以即时清结运费以外,一般应采用书面形式。在道路货物运输中,运单和货票本身就是书面形式的合同;此外,当事人协商同意的有关修改合同的文书、传真等同样也是合同的组成部分。

(2)必须遵循道路运输法律规范中关于货物运输的规定。

(3)必须遵循平等、自愿、公平、诚实、信用、协商一致的原则。

(4)代理人应当依法在代理权限范围内从事代理活动,不得违法代理;代理人不得超越代理权限签订合同或以被代理人的名义同自己或自己所代理的其他人签订合同。

(5)不得违反国家利益和社会公共利益。当事人违反上述原则而签订的运输合同无效。经人民法院确认全部无效的(如承、托运双方互相勾结偷运禁运品、他人物品等),该合同自一开始就全部无法律效力,而部分无效的不影响合同其他条款的效力。

(二)一般规定

《民法典》规定:

(1)从事公共运输的承运人不得拒绝托运人通常、合理的运输要求。

(2)承运人应当在约定期限或者合理期限内将货物安全运输到约定地点。

(3)承运人应当按照约定的或者通常的运输路线将货物运输到约定地点。

(4)托运人或者收货人应当支付运输费用。承运人未按照约定路线或者通常路线运输增加运输费用的,托运人或者收货人可以拒绝支付增加部分的运输费用。

(三)订立形式

道路货运合同可以采用书面形式、口头形式和其他形式。

口头合同简便易行,是道路货运中一种不可缺少的合同形式。但是,口头合同缺乏文字依据,一旦发生纠纷,容易出现口说无凭、举证困难等不利后果。

一般而言,对于标的数额较大、履行期限较长、不能及时结清费用的合同应采用书面形式。

道路货运书面合同的种类可分为定期运输合同、一次性运输合同和运单。定期运输合同适用承运人、托运人、货运代理人之间在商定的时间内的批量货物运输;一次性运输合同适用于每次货物运输;以运单作为合同形式的适用于每车次或每日多次短途货物运输,运单被视为货物运输合同成立的凭证。

(四)道路货运合同的内容

1. 定期道路货运合同的内容

定期道路货运合同包括如下内容:

(1)托运人、收货人和承运人的名称(姓名)、地址(住所)、电话、邮政编码。

(2)货物的种类、名称、性质。

(3)货物质量、数量、规格或月、季、年度货物批量。

(4)起运地、到达地。

(5)货物的包装方式。

(6)运输质量及安全要求。

(7)合同期限。

(8)装卸责任。

(9)货物价值,是否保价、保险。

(10)运输费用的结算方式。

(11)违约责任。

(12)解决争议的方法。

2. 一次性运输合同、运单的内容

一次性运输合同、运单包括如下内容：

(1)托运人、收货人和承运人的名称(姓名)、地址(住所)、电话、邮政编码。

(2)货物名称、性质、规格、质量、数量、体积。

(3)装货地点、卸货地点、运距。

(4)货物的包装方式。

(5)承运日期和运到期限。

(6)运输质量及安全要求。

(7)装卸责任。

(8)货物价值、是否保价、保险。

(9)运输费用的结算方式。

(10)违约责任。

(11)解决争议的方法。

(五)道路货运合同的成立时间

根据《民法典》，当事人采用合同书形式订立的合同，自双方当事人签字或者盖章时合同成立。当事人采用信函、数据电文等形式订立合同的，可以要求签订确认书，签订确认书时合同成立。

三、合同的履行

(一)道路货运合同履行的含义及要求

道路货运合同的履行，是指合同的托运人、承运人、收货人依法完成合同所约定的义务，使双方当事人订立货运合同的目的得以实现的法律行为。根据法律规定，道路货运合同一经生效，就必须履行合同规定的义务并承担相应的法律后果。

合同的履行，首先是货物交运和受理承运，这是履行合同的重要环节。货物的交运应按合同约定的时间进行。交运的货物应按承托双方约定的方式包装。凡国家规定有包装标准的，必须按国家标准包装；国家没有规定标准，依部颁标准包装；对包装方式没有约定或者约定不明确的，可以协议补充；不能达成协议补充的，按照通用的方式包装。没有通用方式的，应在足以保证运输、装卸作业安全和货物完好的原则下进行包装。对特殊货物，托运人应根据货物性质和运输要求，按照国家规定，在货物包装上做好运输标志和包装储运图示标志。托运人不得违规包装。对需要办理专项手续的货物，托运人应办理准运证、许可证，有的货物需托运人跟车押运的，在货物交运时一并履行相应手续，承运人应给予方便。

货物在装卸和运输过程中，合同双方当事人都应该按照合同规定办好交验手续，做到责任分明。装货时，双方当事人应到现场交接，包装货物采取件交件收，集装箱货物及其他施封的货物凭封志交接，散装货物原则上要磅交磅收或采用承托双方协商的交接方式交接，承运人确认无误后，应在托运方发货单上签字，货物运达指定地点后，收货人与承运人应在现场交接，收货人确认无误后，应在承运人所持的运费结算凭证上签字。发现有差错，双方应共同查明情况，分清责任，由收货人在运费凭证上批注清楚，以便于结算。

货物的交付完成,标志着货物运输合同履行的结束。货物的交付方式,因运送货物种类不同而不同,一般采取两种方式:一是在指定地点交付,主要适用于整批货物的运输,指定地点一般是指收货人所在地。这种交付方式,是以收货人签收为标志,收货人一经签收即交付完毕。二是在货运站场交付,一般零担货物的收货人都要到货运站场自提货物,货运站场交付主要适用于零担货物运输。这种交付方式是在货运站场的货场或仓库进行的,即收货人到货物运达的货运站场提取货物,并由货运站场工作人员在货场或仓库把货物交给收货人,货物一经脱离货场或仓库,即交付完毕。

在道路货物运输的交付中,无论采取何种方式,收货人都必须持有领取货物的凭证。凡领取货物的凭证遗失的,应及时向货运站场说明并进行登记,经货运场站确认后,可凭相关证明或其他有效证件提取货物。如收货人向货运站场说明前,货物已被他人持票提走,货运场站不负责赔偿,但应协助查询。

(二)托运人的权利和义务

1. 托运人的权利

托运人具有如下权利:

(1)请求承运人按照合同约定的时间和地点发运货物并将货物运送到目的地的权利。

(2)请求解除、变更货运合同的权利。

2. 托运人的义务

托运人具有如下义务:

(1)告知义务。《民法典》规定,托运人办理货物运输,应当向承运人准确表明收货人的姓名、名称或者凭指示的收货人,货物的名称、性质、质量、数量、收货地点等有关货物运输的必要情况。因托运人申报不实或者遗漏重要情况,造成承运人损失的,托运人应当承担赔偿责任。

(2)有关文件交付义务。我国的法律、法规规定对某些特定货物的运输需要办理审批、检验等文件。《民法典》规定,货物运输需要办理审批、检验等手续的,托运人应当将办理完有关手续的文件提交承运人。托运人须对提交文件的真实性负责。

此外,《民法典》还规定,托运人托运易燃、易爆、有毒、有腐蚀性、有放射性等危险物品的,应当按照国家有关危险物品运输的规定对危险物品妥善包装,做出危险物品标志和标签,并将有关危险物品的名称、性质和防范措施的书面材料提交承运人。托运人违反这一规定,承运人可以拒绝运输,也可以采取相应措施以避免损失的发生,因此产生的费用由托运人负担。

(3)支付运费、运杂费的义务。承运人以运输为主业,请求支付运费及运杂费是承运人的重要权利;与此相对应,托运人因运输而实现货物位移的目的,支付运费及运杂费就成为托运人的第一义务。

运费的支付时间应为承运人将货物运抵目的地能够交付收货人的时间。运输合同作为合同的一种,依当事人意思自治原则,运费支付时间当然也可由承托双方自行约定。

(4)包装所运货物的义务。《民法典》规定,托运人应当按照约定的方式包装货物。对包装方式没有约定或者约定不明确的,应当按照通用的方式包装;没有通用方式的,应当采取足以保护标的物且有利于节约资源、保护生态环境的包装方式。托运人若违背该义务,承运人可以拒绝运输。

(三)承运人的权利与义务

1. 承运人的权利

承运人具有如下权利:

(1)收取运费的权利。

(2)承运人在托运人违反有关规定的情况下,有拒绝运输或者采取相应措施的权利。

(3)留置权。《民法典》规定,托运人或者收货人不支付运费、保管费或者其他费用的,承运人对相应的运输货物享有留置权,但是当事人另有约定的除外。

《民法典》对承运人享有的留置权作了两点限制:第一,承运人只能对相应的货物享有留置权,这里相应的货物有两层含义,一是承运人只对托运人或者收货人没有支付应交费用的货物享有留置权,对托运人或者收货人的已经支付了全部费用的货物不得留置,二是承运人只能按照应当清偿运费的价额留置等值的货物;第二,当事人另有约定的,承运人不享有留置权,如当事人订立货物合同时已经约定了以定金作为货运合同履行的担保,承运人在托运人或者收货人不支付应交费用时,就不得留置其货物。

此外需要说明的是,承运人对留置货物负有妥善保管义务。不经托运人或者收货人同意,不得使用、出租、抵押留置物。

需要注意的是,在处理货运事故中,不允许收货人扣留车辆,承运人扣留货物。因为货运事故并不是由于不支付有关运输费用而引发的事件。

(4)提存权。《民法典》规定,收货人不明或者收货人无正当理由拒绝受领货物的,承运人依法可以提存货物。

承运人提存运输的货物有两个前提条件:一是收货人不明,收货人不明是指不知道收货人的名称、姓名或者收货人下落不明,在这种情况下,承运人无法履行交付义务,承运人应当本着诚信原则对收货人进行查找;二是收货人无正当理由拒绝受领货物。出现以上两种情况时,承运人应本着公平、诚信原则通知托运人,请求托运人作出货物处分的指示。在托运人下落不明无法指示、托运人在合理期限内怠于指示或者托运人指示明显不当事实上无法实行时,承运人就可以依照《民法典》的规定提存货物。

2. 承运人的义务

承运人具有如下义务:

(1)按时运送的义务。承运人应按照承托双方约定的时间起运和运达目的地。

(2)货物的保管义务。承运人的保管义务系指承运人在承运责任期间(自受理运送物之时至交付时止)内,应妥善保管所运送的货物。对于托运方派有押运人员的情况,承运人也应协助押运人员负责共同做好货物运输的保管工作。

(3)依托运人的指示而处分的义务。《民法典》规定,托运人对承运人享有对其货物的处分权。所谓处分权指承运人还未将货物交付收货人之前,托运人有权请求承运人中止运输、返还货物或者其他处分的权利。处分权为单方法律行为,承运人负有遵从的义务,但可以向承运人要求赔偿相应的损失。

(4)告知义务。《民法典》规定,货物运输到达后,承运人知道收货人的,应当及时通知收货人,收货人应当及时提货。

(5)货物的交付义务。经收货人的请求,承运人有将所运货物交付收货人的义务,承运人将货物交付完毕,承运人的义务即告终结。

(6)按约定进行装卸的义务。承、托双方可约定由承运人负责装卸,承运人装卸时,应按照有关规定进行装卸,不得野蛮装卸。

(7)损害赔偿义务。《民法典》规定,承运人对运输过程中货物的毁损、灭失承担赔偿责任。但是,承运人证明货物的毁损、灭失是因不可抗力、货物本身的自然性质或者合理损耗以及托运人、收货人的过错造成的,不承担赔偿责任。

(8)举证的义务。《民法典》规定,承运人要自己证明货物损失的原因在免责事项范围内。这是对承运人在引用免责事项时的限制。同理,承运人因不可抗力单方面要停止履行合同时,也应当在合理期限内自己提供证明。

(9)不可抗力条件下不得收取运费的义务。《民法典》规定,货物在运输过程中因不可抗力灭失,未收取运费的,承运人不得请求支付运费;已经收取运费的,托运人可以请求返还。

(四)收货人的权利和义务

1.收货人的权利

收货人具有如下权利:

(1)承运人将货物运到约定地点后,收货人有持凭证领取货物的权利。

(2)收货人向承运人索赔的权利。货物在运输中毁损、灭失的,收货人有权向承运人索赔。

2.收货人的义务

收货人具有如下义务:

(1)检验货物的义务。《民法典》规定,收货人提货时应当按照约定的期限检验货物。对检验货物的期限没有约定或者约定不明确的,应当在合理期限内检验货物。收货人在约定的期限或者合理期限内对货物的数量、毁损等未提出异议的,视为承运人已经按照运输单证的记载交付的初步证据。

(2)及时提货的义务。《民法典》规定,收货人逾期提货的,应当向承运人支付保管费等费用。

(五)共同义务

货物装卸运输过程中,合同当事人(包括第三人)都应按合同约定办理货物交接手续,做到责任分明。

四、变更与解除

《民法典》规定,依法成立的合同,自成立时生效,但是法律另有规定或者当事人另有约定的除外。由此可见,依法成立的合同即具有法律约束力,当事人必须全面履行合同规定的义务。但是,在履行合同过程中,当事人的实际情况或客观条件常常会发生变化,影响到原定合同的履行,需要对已订立的合同进行必要的修改、补充甚至解除合同。因此,法律允许按照法定程序对原订合同进行变更或解除。

道路货运合同的变更是指合同当事人在合同成立之后,尚未履行前或者尚未完全履行以前,当事人双方通过协议或一方行使法定的变更权对合同的内容进行修改或者补充。

道路货运合同的解除是指合同有效成立之后,尚未履行前或者尚未完全履行以前,当事人双方通过协议或一方行使法定的或约定的解除权,使合同权利、义务关系提前终止。

(一)变更与解除的形式

运输合同的变更与解除应当采用书面形式。合同的变更与解除容易发生纠纷,为慎重起见,不允许采用口头形式。

(二)变更与解除的条件

1. 双方协商一致而变更、解除合同

合同变更与解除的实质为双方订立了一个新合同。因此,既然合同可因双方协商一致而成立,同样也可因双方协商一致而变更或解除。变更或解除合同不能损害国家和社会公共利益,否则,即使双方协商一致变更或解除合同也是无效的。

2. 当事人一方有权变更、解除合同

当事人一方有权变更或解除道路货运合同的条件,一般有以下3点:

(1) 由于不可抗力使合同无法履行。

(2) 由于合同当事人一方的原因,在合同的约定期限内确实无法履行。

(3) 合同当事人违约,使合同的履行成为不可能或不必要。

只要满足以上3个条件之一,当事人一方就有权变更或解除合同。

3. 承运中的不可抗力变更、解除合同

承运中因不可抗力造成的道路阻塞导致运输阻滞的,承运人应及时与托运人联系,协商处理办法。

4. 托运人单方有权变更、解除合同

《民法典》规定,在承运人将货物交付收货人之前,托运人可以要求承运人中止运输、返还货物、变更到达地或者将货物交给其他收货人,但是应当赔偿承运人因此受到的损失。

中止运输的规定系保护托运人的权利而设立,如当发生收货方(买方)信誉下降时,法律赋予托运人以中止运送的权利,能够有效地避免托运人(卖方)的权利落空。

五、违约责任与免责条件

运输合同签订以后,当事人没有按照合同的要求履行义务,除了法律规定因无过错可免除责任的外,应承担违约责任,违约一方应向另一方支付违约金。如果由于违约已给对方造成的损失超过违约金的,还应进行赔偿,以补偿违约金不足的部分。违约金的数额由托、承双方约定。

(一)承运人违反运输合同的责任

1. 承运人应负赔偿责任的情形

道路货物运输承运人在下列情况下应负赔偿责任:

(1) 承运人在承运责任期间因过错造成承运的货物灭失、短少、变质、污染或损坏的,应予以赔偿。货物在起运前交给承运人保管,以及运到后在承运人保管期间,因承运人责任造成损失的,承运人也应负赔偿责任。另外,承运人委托第三者组织装卸,因装卸原因造成货物损失,承运人也应先向托运人负赔偿责任,然后再向第三者追偿。

(2)货物运输途中,发生交通事故造成货物损坏或灭失的,承运人应先行向托运人赔偿,再由其向事故的责任方追偿。

(3)承运人未遵守合同约定的运输条件和特别约定事项,由此造成托运人经济损失的,承运人应按约定负责赔偿。

(4)如果经证实属于承运人故意行为造成的货物损失,承运人除了承担民事赔偿外,还应承担相应的行政责任,构成犯罪的,还将依法追究责任人的刑事责任。

需要说明的是,如果货物损失或托运人其他经济损失是因承运人和托运人责任共同所致,则双方应按过错程度大小分别承担自己相应的责任。

2. 承运人不负赔偿责任的情形

对因下列原因之一造成的货物损失,承运人不负赔偿责任:

(1)不可抗力原因。

(2)货物本身的自然性质或者合理损耗,如因货物本身的原因引起的碎裂、生锈、减量、变质等。

(3)货物的包装完整无损而内装货物短少、变质。

(4)货物包装不符合标准而承运时无法从外部发现的。

(5)托运人错报、匿报造成的损失。

(6)托运人所派押运人有过错且不属承运人责任的。

(7)托运人违反国家法令托运货物,如在普通货物中夹带禁运品、托运违法犯罪得到的赃物等,这些货物在运输途中被有关部门查扣、弃置或作其他处理的。

(8)其他经查证非承运人责任造成的损失。

此外,在集装箱货物运输中,整箱货物在承运责任期间内,在保持箱体完好、封志完整的情况下,箱内货物发生灭失、短少、变质、污染、损坏的,承运人不负赔偿责任;但承运人负责装、拆箱的除外。

3. 承运人应支付违约金的情形

道路货物运输承运人在下列情况下应支付违约金:

(1)不按合同规定的时间和要求配车运送的。未在合同规定的时间内提供车辆可称为车辆延滞,主要包括未按装车协议及商定的车种、车型配备足够的车辆;未在商定的时间提供车辆,或者对托运人自装的货车,车辆未按约定时间抵达装货地点;调配车辆的性能状态不适合所运货物的要求;由于承运人的责任停止装车或使托运人无法按约定将货物搬入装车地点等。

此外,承、托运双方对车辆延滞、装货落空都有责任的,托、承双方应按各自所造成的损失相互抵消后,偿付差额。

(2)对错运到达地或错交收货人的,承运人应无偿将货物运至合同规定的目的地,交给指定的收货人;如果货物因此逾期运到,应偿付逾期交付货物的违约金。

(3)未按约定的或规定的运输期限运达交付货物的,为迟延交付,按约定应向收货人偿付违约金。

(4)合同约定的其他情况。

(二)托运人、收货人违反运输合同的责任

(1)由于下列原因之一发生损害事故,造成运输设备损坏、腐蚀,或者造成人身伤亡以及涉及第三人损失的,应由托运人向承运人或受损害的第三人按照实际损失承担赔偿责任:

①托运人匿报或错报货物的性质、质量和规格的。
②在普通货物中夹带危险品或其他违反危险品运输规定的。
③货物包装质量不符合标准而无法从外部发现的。
④未按规定条件在货物包装上标明包装储运图示标志或错制标志的。
⑤托运人其他过错造成损害的。

(2)托运人错报、误填货物名称和装卸地点,造成承运人错运误送、装货落空以及由此而引起的其他损失,托运人负责赔偿。

(3)在下列情况下,托运人应支付违约金:

①未按运输合同规定的时间和要求提供托运的货物,应按合同约定向承运人支付违约金。
②货物运达后无人提货或收货人拒收货物,而造成的车辆延滞及其他损失,托运人应负违约或延滞责任。

(4)收货人在与承运人办理货物交接过程中,应按约定支付应付的运费或其他费用。

(5)收货人因过错造成承运人经济损失的,如卸车不当造成车辆损坏等,应承担相应的赔偿责任。

(6)属于下列原因之一造成托运人未按合同约定的时间和要求提供货物或货物运达后无人提货的,托运人不负责任:

①不可抗力原因。
②执行国家法令或政府命令,抢险救灾。
③承运人过错造成的。

六、合同纠纷的索赔时效

索赔时效亦即仲裁或诉讼的时效。当事人只有在索赔时效内提起仲裁或诉讼,其权利才能得到保护,否则,即丧失追诉权。

《民法典》规定,一般合同纠纷的仲裁或诉讼的时效为3年。

道路货物运输合同产生纠纷时,受损方应在仲裁或诉讼的时效期限内提出赔偿要求,逾期提出的要求无效。

一方当事人要求另一方当事人赔偿时,须提出赔偿要求书,并附相应的证明文件。要求退还运费的,还应附发票或收据。

明确赔偿责任的方式可以是当事人协商达成一致,也可以是经调解机关调解达成一致,还可以是仲裁裁决、法院判决的方式。

七、合同纠纷的处理

道路货运合同争议的解决方式有协商、调解、仲裁、诉讼4种。当承运人、托运人、收货人等当事人在履行运输合同或处理货运事故时,发生纠纷、争议,应及时协商解决或申请相

关部门调解解决;当事人不愿协商、调解或者协商、调解不成的,可依仲裁协议申请仲裁机构仲裁;当事人没有订立仲裁协议或仲裁协议无效的,可以向人民法院起诉。

第四节　多式联运合同

一、概述

《民法典》规定,两个以上承运人以同一运输方式联运的,与托运人订立合同的承运人应当对全程运输承担责任;损失发生在某一运输区段的,与托运人订立合同的承运人和该区段的承运人承担连带责任。《民法典》所指的"联运"是两个以上承运人以同一运输方式所进行的联运,也称之为"连续运输"。在运输活动中,连续运输是普遍存在的。连续运输主要有3个特征:一是有两个以上承运人;二是承运人以同一种运输方式开展运输;三是托运人或旅客只与第一承运人签订运输合同,实行"一票到底制"。

多式联运是指由多式联运经营人以两种及其以上的运输方式所进行的运输。多式联运合同就是由多式联运经营人(承运人)以两种及以上的运输方式将货物从起运地点运输到约定地点,托运人支付运输费用的合同。多式联运合同包括货物多式联运合同、国际多式联运合同和国内多式联运合同。

二、多式联运合同的法律特征

多式联运合同具有以下法律特征:

(1)它有一个多式联运经营人。多式联运经营人是指本人或者委托他人以本人名义与托运人订立多式联运合同的人。多式联运经营人至少是两个及以上并且为不同运输方式的法人。

(2)多式联运合同的各承运人以不同的运输方式开展衔接运输。多式联运使用两种及其以上的运输工具进行运送,各承运人之间必须做到相互衔接。每一区段的承运人都负有实现自己运输区段的安全运送义务,并协同实现全程安全运送义务。

(3)多式联运经营人对全程运输负责。《民法典》规定,多式联运经营人负责履行或者组织履行多式联运合同,对全程运输享有承运人的权利,承担承运人的义务。因此,多式联运经营人的运输责任期间是从托运人交付运输的货物起,直至货物交付收货人为止。由此可见,各实际承运人在运送中造成的运送迟延或者给货物造成的损害,均由联运经营人承担赔偿责任。多式联运经营人赔偿后,有权向负有责任的实际承运人追偿。

(4)托运人只需一次交费并使用同一运送凭证。在多式联运方式下,托运人只需与多式联运经营人订立联运合同即可,不必与每个不同运输方式的实际承运人逐一订立合同。托运人只需一次交费,并且使用同一运送凭证,就可通过不同的运输方式到达约定地点。

(5)多式联运合同的实际承运人为两人及以上。

三、多式联运合同的形式和内容

(一)多式联运合同的形式

在货运中,多式联运合同的形式是多式联运单据。《民法典》规定,多式联运经营人收到托运人交付的货物时,应当签发多式联运单据。单据记载的内容表明货物运输的情况,承运人要依单据的记载对托运人或者收货人负责。按照托运人的要求,多式联运单据可以是可转让单据,也可以是不可转让单据。多式联运单据具有以下法律性质。

1. 多式联运单据是多式联运合同的证明

托运人持有多式联运单据,则表明该托运人与多式联运承运人之间存在合同关系,单据记载内容表明当事人之间的权利和义务。

2. 多式联运单据是联运经营人收到货物的凭证

多式联运单据是联运经营人收到货物并验收后签发的单据,它表明其接管了货物。在货物运达约定地点后,凭此单据作为交付凭证。

3. 多式联运单据是收货人提货的凭证

多式联运单据是代表货物的物权凭证,单据持有人对货物享有所有权。收货人凭此单据提取货物。

4. 多式联运单据具有流通性

可转让的多式联运单据可通过背书的方式转让或以其他方式流通。

(二)多式联运合同的内容

多式联运合同(单据)一般应当记载以下内容:多式联运经营人的名称和地址;托运人和收货人的名称和地址;多式联运承运人接管货物的地点和日期;换装站(站场、港口、机场);交付货物的时间和地点;联运单据签发的时间和地点;货物的质量、数量、性质、包装等事宜;托运人与承运人约定的其他事项。

四、多式联运经营人的法律地位

多式联运经营人是指与托运人缔结多式联运合同,并负责履行或组织履行合同,全程享有承运人权利、承担承运人义务的人。多式联运经营人的法律地位表现为如下两个方面:

(1)多式联运经营人是与托运人直接缔约的当事人。多式联运经营人承揽了运输业务后,再按照不同区段或不同运输方式交由各个实际承运人去完成。但托运人只与联运经营人发生直接合同关系,而不与各区段的实际承运人发生直接合同关系。

(2)多式联运经营人是全程运输的组织者和责任人。多式联运经营人就全程运输与托运人订立运输合同,享有承运人的全部权利,承担承运人的全部义务;对各区段实际承运人在运送中造成迟延或者给货物造成的损害,联运经营人应承担赔偿责任。

五、多式联运经营人与实际承运人之间的关系

《民法典》规定,多式联运经营人可以与参加多式联运的各区段承运人就多式联运合同的各区段运输约定相互之间的责任;但是,该约定不影响多式联运经营人对全程运输承担的义务。这表明在多式联运中,不仅存在多式联运经营人与托运人之间订立的多式联运合同关系,而且还存在多式联运经营人与实际承运人之间订立的运输合同关系。在后一种合同关系中,多式联运经营人处于托运人地位,而实际托运人与实际承运人并不发生合同关系。这种合同关系是联运经营人与实际承运人之间的内部约定。这种责任的约定可以看作是运输合同,实际承运人享有运费和其他费用的请求权,负有实现自己区段的安全运送义务;联

运经营人应对实际承运人负担运费及其他费用的支付。此外,在货物运输中实际承运人还可代理多式联运经营人行使留置权和提存权,并对本区段运输中造成损失负损害赔偿责任。需要说明的是,多式联运经营人与实际承运人之间的约定,不影响其对全程运输承担的义务。

六、多式联运经营人的赔偿责任和责任限额

《民法典》规定,货物的毁损、灭失发生于多式联运的某一运输区段的,多式联运经营人的赔偿责任和责任限额,适用调整该区段运输方式的有关法律规定。货物毁损、灭失的运输区段不能确定的,依照《民法典》的规定承担损害赔偿责任。由此表明多式联运经营人对能够区分运输区段的毁损、灭失承担损害赔偿责任且责任限额采取网状责任制,货损区段不明的采用统一责任制。所谓网状责任制指联运经营人对不同运输区段发生的货损分别根据各该区段法律规定的责任原则和赔偿限额负赔偿责任;而统一责任制是指联运经营人对货损按共同责任原则,即统一一个责任标准,并按共同的一个责任限额来确定赔偿责任。

这里所谓的赔偿责任主要包括多式联运的归责原则、免责事项等。责任限额主要包括赔偿范围以及最高赔偿金额。当多式联运货损发生后,依据其运输区段的不同,其归责原则、免责事项、赔偿范围以及最高赔偿金额适用《中华人民共和国铁路法》《中华人民共和国民用航空法》《中华人民共和国海商法》等法律的有关规定。若货损发生区段不明或法律未有专项规定的,则应适用《民法典》里的有关规定,即采取无过错责任原则,损失由联运经营人赔偿后,再按照实际承运人收取运费的比例分担。此外,承运人因不可抗力、货物本身的自然性质以及托运人、收货人自身的过错造成的损失,部分或全部免除赔偿责任。

多式联运承运人的责任期间自接收货物时起至货物交付时止。因此,多式联运承运人对全程运输负责,不同运输区段的实际承运人负连带责任。

对于托运人而言,《民法典》规定,因托运人托运货物时的过错造成多式联运经营人损失的,即使托运人已经转让多式联运单据,托运人仍然应当承担赔偿责任。

第五节 道路货物保价运输

道路货物保价运输,是指道路货物托运人在托运货物时声明货物价格并向承运人支付保价费用,由承运人在货物损失时按声明价格赔偿的一种货物运输。货物保价运输的目的是保护托运人或收货人的正当利益不受损失。

一、保价运输的原则

道路货物运输实行自愿保价原则。也就是说,对托运的货物是否保价完全取决于托运人的自愿,托运人可以办理保价运输,也可以在办理保价运输的同时投保货物运输保险,还可以不办理保价运输。包括承运人在内的其他任何人不得以任何方式强迫托运人办理或不办理保价运输。

二、托运、承运的办法

一张运单托运的货物只能选择保价或未保价中的一种,对一批办理托运的货物,不得只

保价其中一部分而不保价另一部分。

货物的价格包括税款、包装费用和已发生的运输费用,由托运人托运时自己声明,这种价格即为货物的保价金额。托运人在办理保价运输时,应在货物运单价格栏内准确注明全批货物总的声明价格。按保价运输的货物,除运杂费外,托运人还应缴付保价费。货物的保价费按声明价格乘以保价费率计算。

承运人应在运单上加盖"保价运输"戳记。

三、保价运输的变更或解除

保价运输货物变更目的地后,保价运输继续有效。承运人承运货物后,在发送前取消托运的,货物保价费应全部退还托运人。

四、保价运输的赔偿处理

对办理保价运输的货物在运输过程中因承运人责任造成的货物灭失、短少、变质、污染或损坏的赔偿处理,按道路货运合同中的相关规定办理。

对分程运输或多个承运人共同完成的同一货物运输的,第一承运人应与以后程承运人或其他承运人就货物保价费的分成办法、违约或货运事故的赔偿责任等内容事先进行约定。在实际处理货运赔偿时,托运人办理了货物全程保价,如后程承运人与第一承运人没有协议,后程承运人则按实际损失赔偿,第一承运人按保价货物运输的规定赔偿;如后程承运人与第一承运人有协议,则第一承运人和后程承运人都按货物保价运输的规定赔偿。具体程序是:第一承运人先向托运人(收货人)赔偿,然后再向后程承运人以托运人的身份按有保价运输或无保价运输协议的规定索赔。

复习思考题

1. 简述道路客运合同的特征与分类。
2. 如何理解道路客运合同的要约与承诺?
3. 如何理解客票的法律性质?
4. 履行道路客运合同时,乘客的权利及义务有哪些?
5. 履行道路客运合同时,承运人的权利及义务有哪些?
6. 承运人对旅客承担责任的条件及旅客对承运人承担责任的条件分别有哪些?
7. 简述道路货物运输合同的概念与特征。
8. 简述道路货物运输合同的订立原则。
9. 在履行货物运输合同时,托运人的权利及义务有哪些?
10. 在履行货物运输合同时,承运人的权利及义务有哪些?
11. 承运人未将货物交付收货人之前,为什么法律规定托运人有权解除和变更货运合同?
12. 承运人承担的违反货物运输合同的违约责任免责条件是什么?
13. 托运人承担的违反货物运输合同的违约责任免责条件是什么?
14. 简述多式联运合同的法律特征。

参 考 文 献

[1] 黄薇.中华人民共和国民法典合同编释义[M].北京:法律出版社,2020.
[2] 江必新,等.民法典重点修改及新条文解读[M].北京:中国法制出版社,2020.
[3] 胡锦光.新时代法治政府建设与行政执法规范[M].北京:中国政法大学出版社,2019.
[4] 马怀德.行政法学[M].3版.北京:中国政法大学出版社,2019.
[5] 应松年.行政许可法教程[M].北京:法律出版社,2012.
[6] 应松年.行政处罚法教程[M].北京:法律出版社,2012.
[7] 应松年.行政强制法教程[M].北京:法律出版社,2013.
[8] 郜风涛.行政复议法教程[M].北京:中国法制出版社,2011.
[9] 江必新,等.行政诉讼法理论与实务[M].2版.北京:北京大学出版社,2011.
[10] 应松年.行政诉讼法学[M].6版.北京:中国政法大学出版社,2015.
[11] 江必新,等.国家赔偿法教程[M].北京:中国法制出版社,2011.
[12] 高殿民.道路运输行政执法典型案例评析[M].北京:人民交通出版社,2007.